utb 5343

Eine Arbeitsgemeinschaft der Verlage

Böhlau Verlag · Wien · Köln · Weimar
Verlag Barbara Budrich · Opladen · Toronto
facultas · Wien
Wilhelm Fink · Paderborn
Narr Francke Attempto Verlag / expert Verlag · Tübingen
Haupt Verlag · Bern
Verlag Julius Klinkhardt · Bad Heilbrunn
Mohr Siebeck · Tübingen
Ernst Reinhardt Verlag · München
Ferdinand Schöningh · Paderborn
transcript Verlag · Bielefeld
Eugen Ulmer Verlag · Stuttgart
UVK Verlag · München
Vandenhoeck & Ruprecht · Göttingen
Waxmann · Münster · New York
wbv Publikation · Bielefeld

Michael Benesch

Der Dialog in Beratung und Coaching

facultas

Bibliografische Information der Deutschen Nationalbibliothek
Die Deutsche Nationalbibliothek verzeichnet diese Publikation in der Deutschen
Nationalbibliografie; detaillierte bibliografische Daten sind im Internet über
http://dnb.d-nb.de abrufbar.
Alle Angaben in diesem Fachbuch erfolgen trotz sorgfältiger Bearbeitung ohne Gewähr,
eine Haftung des Autors oder des Verlages ist ausgeschlossen.

Der Verlag hat sich bemüht, alle Urheber der in diesem Buch dargestellten Abbildungen zu
erheben und die rechtliche Seite abzuklären. Sollte es bei einer Abbildung nicht gelungen sein,
den tatsächlichen Urheber zu eruieren, bitten wir diesen, sollten Ansprüche gestellt werden,
sich mit dem Verlag in Verbindung zu setzen.

1. Auflage 2020
Copyright © 2020 Facultas Verlags- und Buchhandels AG
facultas, Universitätsverlag, Stolberggasse 26, 1050 Wien, Österreich
Alle Rechte, insbesondere das Recht der Vervielfältigung und der Verbreitung
sowie der Übersetzung, sind vorbehalten.

Umschlagfoto: © mediaphotos/iStock
Lektorat: Astrid Fischer, Berlin
Satz: Wandl Multimedia-Agentur
Druck und Bindung: CPI – Ebner & Spiegel, Ulm
Printed in Germany

UTB-Nummer: 5343
ISBN 978-3-8252-5343-1
ISBN Online-Leserecht 978-3-8385-5343-6
eISBN 978-3-8463-5343-1

Inhaltsverzeichnis

Vorwort 7
Prolog: Der Dialog in Beratung und Coaching 9

1 Psychologie und Dialog 13
1.1 Theory of Mind 15
1.2 Spiegelneurone 17
1.3 Heuristiken, Automatismen und Bauchgefühl 18
1.4 Sozialer Druck 21
1.5 Konstruktivismus und Dialog 23

2 Begriffe des Dialogs 33
2.1 Thinking und Thought 33
2.2 Feelings und Felts / Embodiment 36
2.3 Fragmentierung 40
2.4 Inner State und das Unbewusste 42
2.5 Emotionen 48
2.6 Mentale Modelle 53
2.7 Die Philosophie des „Ich und Du" von Martin Buber 61

3 Ein dialogisches Beratungsmodell für die Praxis 65
3.1 Das DI•ARS-Beratungsmodell 66
3.2 Die Primären Felder des DI•ARS-Beratungsmodells 72
    3.2.1 Das Primäre Feld „Holismus" 73
    3.2.2 Das Primäre Feld „Detailtreue" 74
    3.2.3 Das Primäre Feld „Motivation/Intention" 75
    3.2.4 Das Primäre Feld „Tun" 77
    3.2.5 Die Vermittlerin „Emotionale Regulation" 80
3.3 Das DI•ARS-Modell in der Anwendung: Coaching 85
3.4 Interventionen: Eine Übersicht 99
    3.4.1 Vom Holismus zur Detailtreue 99
    3.4.2 Von der Detailtreue zum Holismus 100
    3.4.3 Von der Motivation/Intention zum Tun 101
    3.4.4 Vom Tun zur Motivation/Intention 102

4 „Erleichterer" für die dialogische Beratung 104
4.1 Aktives Zuhören 109
4.2 Synchronisierung auf (körper-)sprachlicher Ebene 111
4.3 Humor und humorgeleitete Provokation 113
4.4 Bildhafte Sprache mit allen Sinnen und Pausen im Präsens 114

4.5	Vage Sprache	116
4.6	Persönlichkeitsanteile wahrnehmen	119
4.7	Denkprozesse anstatt Denkprodukte	121
4.8	Verschränkung von Ausdrucksebenen: Sprache, Bilder, Gefühle	125
5	**Rahmenbedingungen dialogischer Gesprächsführung in der Gruppe**	**129**
5.1	Symbole und Regeln	130
	5.1.1 Hierarchie vernichtet Dialog	131
	5.1.2 Das Redesymbol	133
	5.1.3 Die Mitte	133
5.2	Vielfalt im Gruppendialog	134
6	**Grundkompetenzen einer dialogischen Berater-Haltung**	**143**
6.1	Der Umgang mit widersprüchlichen Wahrnehmungen	148
6.2	Erkunden und Plädieren	150
6.3	Systemisches Denken	152
6.4	Zwölf dialogische Kompetenzbereiche	156
7	**Fallbeispiele dialogischer Prozesse**	**161**
7.1	Dialog in der Gruppe	161
7.2	Das DI·ARS-Modell als Tool für Führungsaufgaben	170
8	**Praktische Übungen zur dialogischen Kompetenzerweiterung**	**177**
8.1	Übungen zur Stärkung des Feldes „Holismus"	181
8.2	Übungen zur Stärkung des Feldes „Detailtreue"	183
8.3	Übungen zur Stärkung des Feldes „Motivation/Intention"	186
8.4	Übungen zur Stärkung des Feldes „Tun"	190
8.5	Übungen zum Suspendieren von Annahmen	194
8.6	Übungen zum Entschleunigen, Schweigen und Zuhören	197
8.7	Übungen zu Beobachten versus Bewerten	200
8.8	Übungen zum Verändern von Mustern	205
8.9	Übungen zu mentalen Modellen	208
Nachwort		**213**
Abbildungsverzeichnis		**215**
Tabellenverzeichnis		**217**
Quellenverzeichnis für Abbildungen und Tabellen		**219**
Literaturverzeichnis		**221**
Zum Autor		**227**
Personenregister		**229**
Sachregister		**231**

Vorwort

Der Dialog als Kommunikationshaltung findet seit den 1990er-Jahren auch im deutschen Sprachraum immer mehr Zuspruch. Dabei ist gar nicht klar, was mit „Dialog" gemeint ist, solange man den Begriff nicht irgendwie definiert und anhand praktischer Beispiele erklärt. So unterschiedlich wie die (theoretischen) Zugänge sind auch die Anwendungsfelder und Zielgruppen der „Dialoge".

Seit meinem ersten Dialogbuch („Psychologie des Dialogs"), erschienen 2011 in diesem Verlag, hat sich mein persönlicher Zugang verändert, auch – aber nicht nur – weil ich vieles aus dem Bohm'schen Dialog-Gerüst für mich adaptiert und mit eigenen Erfahrungen aus der Beratungspraxis als Arbeits- und Wirtschaftspsychologe kombiniert habe. Im Laufe der Jahre war für mich vieles, von dem ich früher überzeugt war, unwichtig, oft auch unbrauchbar geworden. So halte ich den „weichen" dialogischen Zugang (und dabei geht es keineswegs immer um Kerzen, Blumenkränze und Kreistänze) zwar im privaten Bereich durchaus für spannend und sinnvoll, im Kontext von Organisationen und professioneller Beratung von Gruppen und Einzelpersonen ist er jedoch zumeist ungeeignet.

Transferiert man diese weicheren dialogischen Ansätze also in Unternehmen, verlieren sie oft ihre Einzigartigkeit, auch wenn das Vorgehen auf seriösen Fundamenten aufgebaut ist. Sie sind mehr alter Wein in neuen Schläuchen als das, was einen Dialogprozess im Bohm'schen Sinn ausmacht. Dieser nimmt sehr viel Zeit in Anspruch und erfordert ein hohes Maß an Anstrengung, Überzeugungsarbeit und Geduld. Die daraus entstehenden längerfristigen Konsequenzen wären für gewinnorientierte Unternehmen durchaus die Mühe wert, aber das ist ein eigenes Thema …

So haben für mich die klassischen Rahmenbedingungen, unter denen Dialoge meist stattfinden und wie sie von vielen Autoren – nicht nur von David Bohm – kommuniziert werden, mittlerweile an Bedeutung eingebüßt. An ihre Stelle ist eine bestimmte „dialogische Grundhaltung" gerückt, die von diesen Rahmenbedingungen nahezu unberührt bleibt. Dies ist sicher zu einem erheblichen Teil meinem gewachsenen Interesse an der Arbeit mit Hypnose sowie der psychologischen PSI-Theorie (Persönlichkeits-System-Interaktionen) von Julius Kuhl geschuldet, dessen Ansatz zur Erklärung der menschlichen Persönlichkeit ich aus zwei Gründen für enorm wichtig halte: Zum einen ist sie wissenschaftlich hochseriös, philosophisch sowie erkenntnistheoretisch außerordentlich spannend und zudem in vielen Bereichen empirisch fundiert. Zum anderen hat Kuhl aus vielen bekannten Theorien und Modellen das Beste genommen, in die PSI-Theorie integriert und daraus (v. a. in Zusammenarbeit mit Maja Storch) praktisch umsetzbare Prozesse abgeleitet. Ich halte es für bedauerlich, dass die PSI-Theorie in der universitären Lehre, zumindest in Österreich, noch nicht wirklich angekommen ist. Jedenfalls bildet sie die Grundlage (und viel mehr) für die Vernetzungen mit meinen eigenen beraterischen Erfahrungen und hypnosystemischen Zugängen, was bei der Lektüre des Kapitels über das DI·ARS-Modell für jeden sofort ersichtlich sein wird, der schon Bekanntschaft mit der PSI-Theorie gemacht hat. Ebenso hat mich die Arbeit von Manfred Prior sehr positiv beeinflusst, was sich wohl bei der Lektüre über die „Erleichterer" in diesem Buch und in Kenntnis von Priors Werken und Seminaren unmittelbar erschließt.

Das DI·ARS-Modell hilft mir dabei, meine Beratungs- und Coachingprozesse zu strukturieren und gleichzeitig wichtige dialogische Prinzipien in der Arbeit mit meinen Klienten nie außer Acht zu lassen. Aus diesem Grund nimmt es einen breiten Raum im Buch ein. Das ist das Schöne am Beraterberuf: Letztlich lernt man bei der Arbeit mit Menschen ständig dazu und durchlebt kontinuierlich Entwicklungsprozesse, was gerade aus dialogischer Sicht wesentlich ist für die Qualität der Arbeit. Wenn in der Literatur von der „Haltung des Lernenden" die Rede ist, zielt dies genau darauf ab.

Bedanken möchte ich mich an dieser Stelle bei meinem alten Studienfreund Rudi Adamcyk für die kritische Durchsicht einiger Kapitel und wertvolle Anregungen, die mein Denken stets sehr bereichern, und bei Mag. Attila Amon, der bereit war, zwei Fallbeispiele zu Papier zu bringen, die darstellen, wie er das DI·ARS-Modell im Rahmen der Mitarbeiterführung praktisch einsetzt. Mein Dank gilt auch MMag. Dr. Sigrid Mannsberger-Nindl vom Facultas Verlag, die als verlässliche Ansprechpartnerin nun schon bei meinem vierten Buch den Entstehungsprozess im bestmöglichen Sinn unterstützt hat.

Waidhofen an der Thaya, im Mai 2020   Dr. Michael Benesch

Anmerkung:
Auf geschlechtergerechte Formulierungen wird im Text zur besseren Lesbarkeit verzichtet, personenbezogene Begriffe beziehen sich stets auf alle Geschlechter.

Prolog: Der Dialog in Beratung und Coaching

Das Wort Dialog steht praktisch synonym für Unterredung, für mündliche oder schriftliche Kommunikation zwischen zwei oder mehreren Personen, mit abgeleiteten Begriffen wie Monolog, Trialog oder Polylog. Bekannt ist der sogenannte Sokratische Dialog, dessen Ziel es ist, durch geschicktes Fragen dem Gegenüber dabei zu helfen, verborgene Erkenntnisse zu gewinnen, Verschüttetes an die Oberfläche zu befördern und so einer Problemlösung zugänglich zu machen. Man spricht von der Mäeutik, der Hebammenkunst, weil man – einer Hebamme gleich – neuen Gedanken zur Geburt verhilft.

Zum Dialog, meist verbunden mit dem Namen David Bohm (und Martin Buber als Quelle für philosophische Grundlagen des Dialogs, wenngleich der US-amerikanische Physiker Bohm den Namen des jüdischen Religionsphilosophen Buber höchstwahrscheinlich gar nicht kannte), gibt es mittlerweile eine Reihe von Büchern, es werden Seminare und Ausbildungen angeboten, Dialog-Runden im öffentlichen wie privaten Raum und vieles mehr veranstaltet. Ein allgemein akzeptierter, einheitlicher Rahmen für den „Dialog" ist nicht vorhanden, es gibt keine kongruente oder gar empirisch fundierte Theorie dahinter, sondern eben viele Zugänge aus ganz unterschiedlichen Richtungen. Deshalb muss, möchte man sicherstellen, vom Gleichen zu sprechen, der Begriff Dialog definiert werden: Was versteht man darunter? Gibt es Rahmenbedingungen, unter welchen dialogisiert wird? Orientieren wir uns an dem sehr offenen Zugang von David Bohm oder blicken wir zu William Isaacs, der (am Massachusetts Institute of Technology in Boston) einen an den Begriff der Lernenden Organisation angelehnten Dialog-Zugang entwickelt hat?

Hat man für sich eine Idee, eine einigermaßen konsistente Definition von „Dialog" entwickelt, kann man nach Wegen suchen, diese Idee in eigenen Beratungsprozessen so umzusetzen, dass man – und dies ist besonders wichtig – zum einen authentisch mit der eigenen Persönlichkeit und zum anderen mit klaren, überlegten Zielen vor Augen willensstark den eigenen Weg als „dialogischer Berater" zu gehen vermag.

Dass es keine empirische „Dialog-Theorie" gibt und somit auch jeder vollkommen frei ist, den Dialog in seinem Sinne zu verwenden, ist einerseits eine Chance, andererseits aber eben auch mit der Notwendigkeit verbunden, zunächst klarzustellen, was man unter Dialog versteht. Wer ein Dialog-Seminar bucht, kann sich in der Situation wiederfinden, unter freiem Himmel, bei Lagerfeuer und Tänzen der germanischen Muttergöttin Frigg zu huldigen oder auch in einem neutralen Besprechungsraum mit Flip-Chart und Beamer zu sitzen und sachlich dialogische Ideen, Ansätze, Prinzipien und Abläufe zu besprechen und einzuüben, mit dem Ziel, die Gesprächskultur im Unternehmen zu verbessern. Es kann sein, dass die Vertreter ersteren Zugangs das, was sich im Besprechungsraum abspielt, gar nicht als dialogisch in ihrem Sinn verstehen und vice versa. Oft liegen dem persönlichen Dialog-Begriff (auch implizite) Annahmen zugrunde, die – gar nicht dialogisch – verteidigt werden. Alles ist möglich, was auch gut ist, denn jeder Topf soll die Chance haben, seinen Deckel zu finden, und jeder kann sich frei entscheiden, in welche Richtung er gehen möchte. Die Welt ist vielfältig.

Wie immer man den Dialog definieren möchte, es gibt wohl eine Reihe von Charakteristika, welche von den meisten Anwendern als zentral aufgefasst werden. Exemplarisch seien erwähnt: nicht durcheinander sprechen (egal, ob man ein Redesymbol verwendet oder nicht), alle Ansichten sind bedeutsam, man begegnet den anderen mit einem gewissen Respekt (auch wenn es manchmal schwerfällt), Buber'sche Gedanken vom Ich und Du werden zumindest gestreift und es sollen Denkprozesse sichtbar gemacht und nicht nur Meinungen verteidigt werden (was wiederum bedingt, dass man sich an gewisse Grundsätze in der Gesprächsführung hält).

Dabei ist es überhaupt nicht von Bedeutung, ob zwei Individuen versuchen, miteinander „dialogisch" umzugehen, oder ob es sich um eine Gruppe von 40 Personen handelt – oder ob man daran geht, dialogische Prinzipien auf sich selbst anzuwenden. Wesentlich ist das kreative, offene Kommunikationsfeld, das bis zu einem gewissen Maß das Unbestimmte, Unvorhersehbare, man kann sagen: das Chaotische, zulässt – natürlich innerhalb gewisser Grenzen.

Der Mensch, so auch der Rat- oder Hilfesuchende, hat oft Angst vor dem unerforschten Gebiet, aber bringt (hoffentlich) die Neugier mit, es zu betreten, ebenso wie der Berater. In einem derartigen sozialen Interaktionsprozess muss eine Balance gefunden werden zwischen kreativem Chaos und geregelten Bedingungen. Wenn man glaubt, alles kontrollieren zu müssen, ist dies das Ende jedweder Kreativität. Der dialogische Zugang bedeutet auch die Suche nach dieser Balance zwischen dem angstmachenden, unerforschten, wilden Gebiet und der ordnenden, vertrauten, ritualgeprägten kulturellen Welt des Vorhersehbaren und Vertrauten.

Im vorliegenden Buch werden zwei Ansätze verfolgt. Zum einen geht es um die „Psychologie des Dialogs": um Denkprozesse, verzerrte Wahrnehmungen, soziale Einflüsse auf die Kommunikation, die Rolle von Intuition und Emotionen und dergleichen. Es ist wichtig, sich als Berater damit zu beschäftigen, welche Strukturen und Muster unserem Denken zugrunde liegen. Zum anderen werden Wege aufgezeigt, die einen Berater, der seine Tätigkeit dialogischer gestalten möchte, dabei unterstützen können. Das DI•ARS-Beratungsmodell liefert dafür eine Struktur, weil es den Berater immer wieder daran erinnert, sich Hypothesen zu bilden, die auch wieder verworfen werden können (und sollen, alleine schon deshalb, weil sich Menschen und Situationen verändern), und weil es die Komplexität des Beratungsgeschehens mithilfe eines relativ einfachen Modells herunterbricht, was zur Übersichtlichkeit beiträgt.

Diesen beiden Ansätzen nähert sich das Buch in drei Schritten: Zunächst werden in Kapitel 1, 2 und 3 die Grundlagen ausgeführt. Dabei geht es einerseits um ausgesuchte Aspekte der Psychologie, darum zu verstehen, was unser Verhalten und unsere Wahrnehmung sowohl als Individuum als auch als soziales Wesen in der Gruppe ausmacht.

Zum anderen werden die wesentlichen Begriffe des Dialogs nach David Bohm sowie das DI•ARS-Modell vorgestellt, das dabei unterstützen soll, dialogische Prinzipien in der Beratungspraxis zu implementieren. Während der Dialog in der Tradition von David Bohm auf Gruppenprozesse fokussiert, bietet sich das DI•ARS-Modell in erster Linie für individuelle Beratungs- bzw. Coachingsituationen an.

In einem zweiten Schritt werden in den Kapiteln 4, 5 und 6 Wege bzw. Bausteine erläutert, welche die dialogische Beratung unterstützen und intensivieren können. Die vorgestellten „Erleichterer" aus unterschiedlichen beraterischen Zugängen, die dialogischen Rahmenbedingungen sowie die dialogischen Kompetenzen des Beraters beziehen sich dabei besonders auf die individuelle Beratung (Kapitel 4 und 6) und auf Gruppensituationen (Kapitel 5).

Kapitel 7 und 8 widmen sich schließlich der praktischen Umsetzung. Fallbeispiele zeigen, wie der Gruppendialog im betrieblichen Managementkontext und das DI•ARS-Modell in der Einzelberatung umgesetzt werden können. Eine Vielzahl von Übungen liefert Anregungen für dialogische Beratung in der professionellen Beratungspraxis, aber durchaus auch für den privaten Bereich.

Im Buch werden immer wieder die Begriffe „Energie", „Selbst" und „Unbewusstes" verwendet. Ich benutze diese Worte in einem alltagssprachlichen Sinn. Über „Energie" als psychologischen Begriff kann man lange diskutieren, obgleich es im normalen Wortgebrauch überhaupt nicht problematisch ist zu sagen: „Energie fließt von einem psychischen System in ein anderes" – man weiß, was damit gemeint ist.

Das „Unbewusste" war für Freud[1] eher ein Ort („psychischer Ort": auch das ein gewaltiger Begriff, der schnell einmal so dahingesagt ist) verdrängter, dunkler Inhalte. Im vorliegenden Buch ist mit dem Unbewussten ein solcher gerade nicht gemeint, sondern etwas sehr Positives, „Weises", ein weit verzweigtes und großteils zumindest im Moment nicht bewusstes Netzwerk von Erfahrungen, Ideen, Phantasien, intelligenten Intuitionen und Lösungswegen, Gefühlen und vielem mehr, auf das wir im Grunde zugreifen können. Das „Selbst" als Konstrukt ist in diesem Unbewussten angesiedelt, aber weder das Selbst noch das Unbewusste sollten verdinglicht werden. Es handelt sich schlicht um Hilfskonstruktionen, damit Begriffe zur Verfügung stehen, über die man sich austauschen kann. Es gibt keine Orte, an denen sich „Dinge" wie das Unbewusste oder das Selbst aufhalten. Deshalb plädiere ich dafür, mit diesen Begriffen locker und nicht zu streng umzugehen, denn solch eine Lockerheit bereitet auf einer alltagssprachlichen Ebene üblicherweise keine Probleme. Die Begriffe stehen einfach für psychische Funktionen, man benutzt sie, um Konstruktionen zu beschreiben. Und wir sind daran gewöhnt: Alltagssprachlich hat wohl kaum jemand ein Problem mit Begriffen wie Liebe, Freundschaft, Feindseligkeit oder Glück. Wir können uns wunderbar darüber unterhalten, so wie wir sagen: „Ich stehe auf

---

[1] Das Unbewusste als Begriff wurde lange vor Sigmund Freud eingeführt, erlangte aber vor allem durch dessen Schriften Popularität.

der Mariahilfer Straße", obwohl wir unser Auto meinen. Die Wissenschaft verkompliziert Benennungen notwendigerweise und aus guten Gründen, aber im Rahmen des vorliegenden Buches ist meiner Meinung nach der alltagssprachliche Zugang zu solch schwierigen Begriffen vollkommen ausreichend.

1 Psychologie und Dialog

Wenn Sie Abbildung 1 betrachten, werden Sie – wie über 90 Prozent aller Erwachsenen – ein Liebespaar erkennen.[2]

Bei genauerem Hinsehen werden Ihnen aber ebenso Delphine auffallen, das Bild vermittelt Doppelbotschaften. Wir haben die Darstellung auch Kindern im Alter von ca. vier bis acht Jahren vorgelegt, mit dem Ergebnis, dass über 80 Prozent tatsächlich zuallererst die Tiere sahen und nicht zwei Liebende. Die Art der Wahrnehmung von Informationen, deren Verarbeitung und schließlich auch die Konstruktion von Normen und Wertmaßstäben ist ein Resultat primär sozialer Interaktionsprozesse. Die Rolle der Sozialisation für unsere (sinnliche) Wahrnehmung und Heranbildung von Verhaltensweisen und Wertvorstellungen kann kaum überschätzt werden.

Abb. 1: Eine mehrdeutige Botschaft: Delphine oder Liebespaar? (© Sandro Del-Prete)

Wenn wir zunächst einmal vom **Einfluss der Sozialisation** auf unsere Werte und Normen absehen und einigermaßen banale Wahrnehmungstatsachen betrachten, so stoßen wir gleich auf sehr interessante und bezeichnende Phänomene. In replizierten Experimenten wurde nachgewiesen, dass Kinder aus der sogenannten Unterschicht Geldmünzen anders, nämlich größer, einschätzen als Kinder aus wohlhabenden Gesellschaftsschichten. Der Grad der Valenz eines Objektes, hier also der Münzen, beeinflusst tatsächlich die subjektive Größenschätzung (Zimbardo 1992, S. 185).

Der US-amerikanische Philosoph und Psychologe George Herbert Mead[3] stellte bereits vor über 100 Jahren in seiner Theorie des symbolisch vermittelten Interaktionismus die Abhängigkeit der Entwicklung des individuellen Denkens von der Gesellschaft, ihren Normen und Werten fest und kam zu dem Schluss, dass der Mensch notwendigerweise eine ethnozentrische Weltauffassung haben müsse. Die Werte der Gesellschaft werden also aufgenommen, adaptiert, ausprobiert und damit aber auch gefestigt. „Der Heranwachsende [adaptiert] letztendlich auch deren [gemeint ist die Bezugsgruppe] Weltan-

---

2 Diese Zahl resultiert aus eigenen Beobachtungen im Rahmen von Seminaren und Workshops.
3 Mead war u. a. Student bei dem deutschen Experimentalpsychologen Wilhelm Wundt in Leipzig.

schauung und damit den (vor-)theoretischen Hintergrund und die Vernunftsgrundsätze, mit denen er sich ‚die Welt' erklärt" (Stavemann 2007, S. 56). Als Menschen sind wir nahezu ständig auf der Suche nach Erklärungen für die Welt. Wir hätten gerne Antworten auf die Warum-Fragen unseres Lebens: Warum bevorzugt diese Frau einen anderen? Aus welchem Grund bin nicht ich Abteilungsleiter geworden? Warum kommt die Person, mit der ich einen Termin habe, zu spät?

Der Mensch sucht nach kausalen Faktoren für Verhaltensweisen, Ereignisse und Ergebnisse. Der österreichische Gestaltpsychologe Fritz Heider formulierte in den 1960er-Jahren mit der Attributionstheorie eine der bekanntesten psychologischen Theorien im Zusammenhang mit sozialen Kognitionen und Beziehungen. Zur **Attributionstheorie** gibt es mittlerweile Tausende von Studien, ihre Aussagen gelten empirisch als sehr gut gesichert.

Die Attributionstheorie ist „ein allgemeiner Ansatz zur Beschreibung der Art und Weise, in der ein sozial Wahrnehmender Informationen nutzt, um kausale Erklärungen zu generieren" (Gerrig/Zimbardo 2008, S. 637). Heider zufolge stellen wir primär zwei Fragen:

a) Liegen die Ursachen in der Person (internale oder dispositionale Kausalität) oder in der Situation (externale oder situationale Kausalität)?
b) Wer ist für das Ergebnis verantwortlich?

Harold Kelley erweiterte die Attributionstheorie und stellte fest, dass die Menschen vor allem in Situationen der Unsicherheit **Kausalattributionen**[4] vornehmen. Wir kämpfen mit diesen Unsicherheiten, aber haben fast nie ausreichende Informationen zur Erklärung von Ereignissen oder Verhaltensweisen, weswegen wir – nach Kelley – das Kovariationsprinzip anwenden: Der Mensch schreibt zur Erklärung die von ihm beobachteten Verhaltensweisen und Ereignisse einem Kausalfaktor zu, „wenn dieser Faktor immer dann gegeben war, wenn das Verhalten aufgetreten ist, aber nicht gegeben war, wenn das Verhalten nicht aufgetreten ist" (ebd., S. 638).

Ein Beispiel: Ein Arbeitskollege kommt verspätet in eine wichtige Teambesprechung. Alle waren pünktlich da, nur er nicht. Welche Überlegungen würden Sie anstellen, um herauszufinden, was da los ist?

Nach Kelley sind es vor allem drei Dimensionen, die wir heranziehen, um Verhalten zu erklären:

a) Distinktheit: Ist das Verhalten spezifisch für eine bestimmte Situation – ist er in der Regel pünktlich oder unpünktlich?
b) Konsistenz: Tritt dieses Verhalten wiederholt als Reaktion auf diese Situation auf – ist er in der Vergangenheit pünktlich gekommen?
c) Konsens: Zeigen andere Menschen auch dieses Verhalten in einer vergleichbaren Situation – kommen die anderen normalerweise pünktlich oder unpünktlich?

---
4 Unter Attribution versteht man die Zuschreibung von Ursache und Wirkung.

Welches der beiden Erklärungsmodelle würden Sie eher wählen:
- Er hat gerade erfahren, dass sein Auto gestohlen wurde.
- Er soll sich zusammennehmen und zu einer so wichtigen Besprechung pünktlich kommen.

Im Durchschnitt wählen die meisten Menschen eher die zweite Erklärung, die sich auf eine Disposition bezieht: Die Ursache liegt im Menschen und nicht in der Situation. Da diese Tendenz sehr stark ist, hat der Sozialpsychologe Lee Ross sie als den **fundamentalen Attributionsfehler** bezeichnet. Wir neigen dazu, menschliche Faktoren über- und Situationsfaktoren unterzubewerten, mit anderen Worten: Der Mensch ist eher verantwortlich als die Umwelt.

Weitere Beispiele solcher Verzerrungen sind der **Self-Serving Bias** und die **Self-Fulfilling Prophecies**. Self-Serving Bias bedeutet: Menschen neigen dazu, die Verantwortung für Misserfolge anderweitig zu suchen, etwa bei anderen Menschen oder der Situation an sich. Das Konzept der selbsterfüllenden Prophezeiungen sagt aus, dass wir unser Verhalten oft so anpassen, dass unsere Erwartungen eben dadurch eintreten.

Ein Beispiel: Wird jemand zu einer „kreativen Besprechung" eingeladen, wo er für ihn ungewohnt im Kreis sitzen und mit einem Redesymbol hantieren soll, und empfindet diese Person solche Umstände als „irgendwie blöd", kann es passieren, dass er durch sein Verhalten die Besprechung aktiv in eine Richtung lenkt, die seine ablehnenden Vorerwartungen voll bestätigt.

Warum sind psychologische Theorien wie die Attributionstheorie und ihre Verfeinerungen, beispielsweise das Kovariationsprinzip, als Modell für den Dialog wichtig? Sie sind es vor allem deshalb, weil wir sehr anfällig sind für Verzerrungen in unserer Wahrnehmung und unserem Denken, die uns aber zumeist eben nicht bewusst sind! Darin liegen gewisse Gefahren und der Dialog gibt uns viele Möglichkeiten, durch das gemeinsame Denken und die dadurch angeregte Innenschau diese Biasquellen[5] zielgerichtet zu reflektieren und sie bis zu einem gewissen Maß zu überwinden. Prinzipien wie das „In-der-Schwebe-Halten von Annahmen" (siehe S. 151) oder die „Leiter der Schlussfolgerungen" (siehe S. 58) sind dabei hilfreich.

1.1 Theory of Mind

Unter **Theory of Mind** versteht man die Fähigkeit, sich in andere Personen hineinzuversetzen, um deren Gefühle, Wünsche, Absichten usw. zu verstehen. Wir entwickeln normalerweise so etwas wie eine Theorie über das, was in anderen vorgeht – eine Theory of Mind. Dass wir dazu in der Lage sind, „ist die Grundlage sozialen, ‚sittlichen' Verhaltens. Ohne Interesse am anderen, ohne Gefühl für dessen Bedürfnisse und ohne differenziertes

---

5 Bias bezeichnet eine systematische Verzerrung.

Verständnis seiner Perspektiven entwickeln sich weder Mitgefühl noch Rücksicht oder Respekt" (Förstl 2007, S. 4). Verwandte Konzepte zur Theory of Mind sind beispielsweise:[6]

Empathie: Das Verhalten anderer löst Resonanz, Einfühlung aus, bis hin zu teilweiser Identifikation. Man übernimmt also – unter Wahrung einer beobachtenden Distanz – die Innenperspektive einer anderen Person. Dem liegt wohl das Bestreben zugrunde, Informationen über Menschen, mit denen wir zu tun haben, einzuholen und zu beurteilen. Wir versetzen uns also in einen anderen hinein, auch um sein Verhalten zu verstehen. Ursprünglich bezog sich der Begriff auf das Verstehen von Kunstwerken.

Mimesis: Man versucht, durch Nachahmung eine Annäherung an die Innenperspektive zu erreichen.

Alltagspsychologie: Darunter versteht man die Neigung, etwa Personen oder Zustände mit „psychologisierenden" Begriffen zu beschreiben. So könnte beispielsweise das Verhalten einer Person, in einer Gruppe zu schweigen, als Ausdruck von „Minderwertigkeitskomplexen" erklärt werden.

Zweifellos haben wir das Bedürfnis, eine gewisse Sicherheit oder Stabilität zu erfahren. Wir möchten relevante Ereignisse in der Umwelt vorhersagen. Sieht mich eine andere Person auf eine Weise an, die ich als aggressiv deute, gehe ich von einer erhöhten Gefahr aus – vielleicht schlägt diese Person zu. Es liegt ein „Vorteil in der Berechnung fremder Absichten […] und sogar im eigenen Verhalten gegenüber anderen Lebewesen […], als hätten diese ein ähnliches Innenleben mit vergleichbaren Denk- und Handlungsprinzipien wie wir selbst".[7]

Es geht also sehr darum, möglichst viele Informationen über die Umwelt und die Menschen darin zu sammeln. Wem diese Fähigkeit fehlt, etwa den sogenannten „Savants", kann sich in der Umwelt mit ihren komplexen sozialen Beziehungsmustern nicht zurechtfinden: Menschen mit dem Savant-Syndrom können in sehr eingeschränkten Bereichen überdurchschnittliche Leistungen erbringen (etwa ganze Gebäude nach kurzer Betrachtungszeit detailgetreu zeichnen), aber sind in der Regel mehr oder weniger unfähig für ein „normales" Beziehungsleben. Dies wurde schon als Beleg dafür herangezogen, dass die Theory-of-Mind-Leistungen einen sehr großen Teil unserer kognitiven Ressourcen einnehmen.

Bereits in den 1950er-Jahren konnte nachgewiesen werden, „dass das Betrachten von Filmsequenzen zu ähnlichen elektroenzephalografischen Änderungen führte wie selbstinitiierte Handlungen".[8] Der Mensch ist normalerweise gut in der Lage nachzuempfinden, was in einem anderen vorgeht oder vorgehen könnte, und erstaunlicherweise kann die bloße Vorstellung alleine schon körperlich messbare Wirkungen entfalten. Diese

---

6 Siehe z. B. Fröhlich (1994) oder Tewes/Wildgrube (1992).
7 Dennet (1998), zit. nach von Förster/Pörksen (2006, S. 6).
8 Gastaut/Bert (1954), zit. nach Förstl (2007).

messbaren Wirkungen sind von denen, die auftreten, wenn sie selbst durchgeführt werden, kaum bis gar nicht unterscheidbar. Das führt uns zu einem kurzen Ausflug in die Welt der Spiegelneurone.

1.2 Spiegelneurone

Es ist eine gar nicht neue Entdeckung, dass Menschen, die irgendwie miteinander in Kontakt stehen, sehr oft Handlungen zeigen, die nahezu parallel ablaufen. Das Gähnen ist ein viel zitiertes Beispiel: Es ist ansteckend. Oder beobachten Sie einmal einen Erwachsenen, der mit einem Kleinkind kommuniziert: Seine Stimme wird höher, ähnlicher der eines Kindes, und er beugt sich nach unten, um sich auch größenmäßig dem Kind anzugleichen. Ja selbst wenn wir ein Kind mit dem Löffel füttern, öffnen wir selbst den Mund, wenn wir Blickkontakt haben.

Giacomo Rizzolatti von der Universität Parma hat in den 1990er-Jahren anhand von Experimenten mit Affen Entdeckungen gemacht, die vor allem in den letzten zwanzig Jahren eine unglaubliche Resonanz auslösten. Er beobachtete, dass bestimmte Nervenzellen im Gehirn, die für die Ausführung einer Handlung zuständig sind, auch dann aktiv werden, wenn der Affe diese Handlung bei einem anderen Affen nur beobachtete! „Die Beobachtung einer durch einen anderen vollzogenen Handlung aktivierte im Beobachter [...] genau das Programm, das die beobachtete Handlung bei ihm selbst zur Ausführung bringen könnte" (Bauer 2006, S. 22). Derartige Zellen, die ein Programm auch dann aktivieren können, wenn man die Handlung nur beobachtet, bezeichnet man als **Spiegelneurone**.

Aber das noch Erstaunlichere: „Beim Menschen genügt es zu hören, wie von einer Handlung gesprochen wird, um die Spiegelneurone in Resonanz treten zu lassen" (ebd., S. 24), und es wurde sogar nachgewiesen, dass es genügen kann, sich eine betreffende Handlung nur vorzustellen (allerdings sind die Effekte dann geringer). Die Spiegelneurone entfalten ihre Wirkung auch bei Gefühlen. Bereits Charles Darwin hat darüber geschrieben, dass sich die meisten emotionalen Reaktionen im Lauf der Evolution aufgrund ihres Nutzens herausgebildet haben und „dass es daher nicht überraschend ist, dass sie von Art zu Art und innerhalb der menschlichen Art von einer Kultur zur anderen eine bemerkenswerte Ähnlichkeit aufweisen" (Rizzolatti/Sinigaglia 2008, S. 175).

Ein Beispiel: Ekel ist zweifellos eine sehr alte, überlebenswichtige Emotion (man bedenke, dass das Verspeisen verdorbener Nahrung gefährlich ist). Es stellt sich die Frage: Aktivieren das Ekel ausdrückende Gesicht einer anderen Person und das eigene Empfinden von Ekel exakt die gleichen Regionen im Mechanismus der Spiegelneurone?

Genau das ist der Fall, wie Rizzolatti berichtet (ebd., S. 182). Wenn Versuchspersonen den ekligen Gerüchen direkt ausgesetzt sind, werden u. a. Teile in der rechten und linken Insel aktiviert, und dasselbe geschieht, wenn der Ekel der Personen nur im Video, also rein visuell wahrgenommen wird. Dabei stellte Rizzolatti auch fest, dass der Mandelkern, welcher für Angstempfindungen wichtig ist, beim wahrgenommenen Ekel keine Rolle spielt.

Diese und viele andere Untersuchungen zeigen eindrucksvoll, wie sehr das Verstehen von Emotionen anderer Personen von diesen Spiegelmechanismen abhängt. Rein sensorische Informationen können von den Spiegelneuronen direkt kodiert werden!

Der Spiegelmechanismus ermöglicht es unserem Gehirn, „direkt zu erkennen, was wir anderen tun, sehen, hören oder uns vorstellen, das aktiviert dieselben neuralen […] Strukturen, die für unsere Handlungen oder unsere eigenen Emotionen verantwortlich sind" (ebd., S. 188).

1.3 Heuristiken, Automatismen und Bauchgefühl

Ein auch für den Dialog äußerst spannendes Thema sind die kognitiven Schnellschüsse, also die sehr **rasch ablaufenden Bewertungen** beispielsweise von Situationen bei unzureichender Information, sowie das sogenannte „Bauchgefühl". Bei der Vielzahl an Informationen und unter Berücksichtigung des Umstandes, dass unser Gehirn so arbeitet, wie es arbeitet – mit all den Konstruktionen, die es gemäß seiner Beschaffenheit herstellen muss –, ist es klar, dass wir nur einen kleinen Ausschnitt der uns zur Verfügung stehenden Informationen nutzen können.

Cialdini (Cialdini 2006, S. 336) berichtet von einem amüsanten Wortwechsel zwischen Frank Zappa und dem US-amerikanischen Showmaster Joe Pyne (der eine Beinprothese trug), welcher berühmt dafür war, seinen Gästen mit provozierenden Bemerkungen zu begegnen:

„Pyne: Ich würde sagen, Sie mit Ihren langen Haaren müssten eigentlich eine Frau sein. Zappa: Ich würde sagen, Sie mit Ihrem Holzbein müssten eigentlich ein Tisch sein."

Natürlich schließen wir, gerade im Alltagsleben, von einigen wenigen Hinweisreizen auf etwas dahinterstehendes Größeres. Wir werden in diesem Buch sehr viele Beispiele dafür kennenlernen und die zugrunde liegenden Mechanismen samt ihren Risiken besprechen. Sehr oft verlassen wir uns bei unseren Einschätzungen auf unser „Bauchgefühl" und das ist in vielen Fällen auch sehr gut so. Zum einen sind die Wechselwirkungen zwischen dem sogenannten „Verstand" und unseren Emotionen massiv, zum anderen gibt es Situationen im Leben, in denen eine „rein rationale" Entscheidungsfindung schlicht lächerlich wäre – wenn man nicht sowieso davon ausgeht, dass diese in unserem Kulturkreis übliche historisch bedingte Trennung von Gefühl und Verstand mehr als entbehrlich ist.

Bei Gerd Gigerenzer (Gigerenzer 2007, S. 13) ist eine nette Anekdote zu lesen – und zwar über einen Ratschlag, den Benjamin Franklin einem Neffen gegeben hatte, der sich nicht zwischen zwei Frauen entscheiden konnte:

"Wenn du zweifelst, notiere alle Gründe, pro und contra, in zwei nebeneinanderliegenden Spalten auf einem Blatt Papier, und nachdem du sie zwei oder drei Tage bedacht hast, führe eine Operation aus, die manchen algebraischen Aufgaben ähnelt; prüfe, welche Gründe oder Motive in der einen Spalte denen in der anderen an Wichtigkeit entsprechen – eins zu eins, eins zu zwei, zwei zu drei oder wie auch immer –, und wenn du alle Gleichwertigkeiten auf beiden Seiten gestrichen hast, kannst du sehen, wo noch ein Rest bleibt. [...] Dieser Art moralischer Algebra habe ich mich häufig in wichtigen und zweifelhaften Angelegenheiten bedient, und obwohl sie nicht mathematisch exakt sein kann, hat sie sich für mich häufig als außerordentlich nützlich erwiesen. Nebenbei bemerkt, wenn du sie nicht lernst, wirst du dich, fürchte ich, nie verheiraten.
Dein dich liebender Onkel
B. Franklin"

Gerade in der heutigen Zeit, in der so viel Wert auf quantitative Daten gelegt wird, also darauf, auch komplexe und im Grunde nur intuitiv zu erfassende Zusammenhänge in Form von Zahlenmaterial darzustellen, kann es zu kuriosen Erscheinungen kommen, wenn etwas sehr Intuitives beispielsweise in Formeln gepresst wird. Ein nettes Beispiel dafür findet sich selbst bei dem „urtypischen" wahrnehmend-beobachtenden Naturforscher **Konrad Lorenz**, der sich bekanntermaßen gegen diese quantifizierenden, statistischen Methoden verwahrt hat.[9] Er unternahm den Versuch, den Umstand, dass wir uns emotional vom Verhalten eines Tieres angesprochen fühlen, in einer Wahrscheinlichkeitsformel auszudrücken (Lorenz 1988, S. 291):

"Wenn wir uns vom Verhalten eines Tieres emotional angesprochen fühlen, ist das ein sicherer Indikator dafür, daß wir intuitiv eine Ähnlichkeit zwischen tierischem und menschlichem Verhalten entdeckt haben [...] Die Ähnlichkeit ist wissenschaftlich erfaßbar:
bei n Merkmalen beträgt ihre Wahrscheinlichkeit $\frac{1}{2^{n-1}}$ *."*

Wir können es ruhig wagen, gerade auch im Bereich des Zwischenmenschlichen, mehr auf unser Bauchgefühl zu hören und nicht immer nach Belegen zu suchen, die durch ihre ausgefeilte Methodik sehr wissenschaftlich und „objektiv" aussehen. Gigerenzer (Gigerenzer 2007, S. 25) verwendet den Begriff **„Bauchgefühl"** synonym mit Intuition und Ahnung,

---

9 „Während auch in den biologischen Wissenschaften spätestens seit 1945 immer selbstverständlicher mit experimentellen und quantifizierenden Methoden [...] gearbeitet wurde, gingen Lorenz' Entdeckungen [...] auf bloße Beobachtungen zurück. [...] Lorenz hatte sich diesem unaufhaltsamen Trend der Wissenschaften ganz bewusst und mit Methode verweigert. [...] Er konnte aber auch immer wieder unter Beweis stellen, wieviel sich auch durch bloße Beschreibung erkennen lässt" (Taschwer/Föger 2009, S. 289).

„um ein Urteil zu bezeichnen,
1. das rasch im Bewusstsein auftaucht,
2. dessen tiefere Gründe uns auch nicht ganz bewusst sind und
3. das stark genug ist, um danach zu handeln."

Das Bauchgefühl sei demnach nicht nur ein Impuls, sondern habe seine eigene Gesetzmäßigkeit und es bestehe aus zwei Elementen: aus a) einfachen Faustregeln, die sich b) evolvierte Fähigkeiten[10] des Gehirns zunutze machen. Nehmen Sie folgendes Beispiel: Wenn man Sie fragen würde, welche Stadt mehr Einwohner hat – Detroit oder Milwaukee, was würden Sie antworten (ebd., S. 15)? Gerd Gigerenzer hat genau diese Frage sowohl seinen US-amerikanischen als auch seinen deutschen Studenten gestellt, mit dem Ergebnis, dass „praktisch alle [Deutschen] die richtige Antwort: Detroit [gaben]" im Gegensatz zu nur 40 % der amerikanischen Studenten. Das ist irgendwie paradox, denn die deutschen Studenten wussten viel weniger über die amerikanische Geografie Bescheid als ihre Kollegen jenseits des großen Teiches. Viele Deutsche hatten – im Gegensatz zu den amerikanischen Studenten – noch nie etwas über Milwaukee gehört.

Die Lösung ist schlicht: Die Deutschen verließen sich auf einen Automatismus, den man als **Rekognitionsheuristik** bezeichnet. „Kennst du den Namen der einen, aber nicht den der anderen Stadt, dann schließe daraus, dass die dir bekannte Stadt die größere ist." Dieses Prinzip, diese Faustregel, war von den Amerikanern nicht anwendbar – sie wussten einfach zu viel über beide Städte. Natürlich kann man bei solchen intuitiven Urteilen auch total verkehrt liegen. Aber dieses Beispiel zeigt sehr schön, dass „ein gewisses Maß an Unwissenheit […] also durchaus von Wert sein [kann]" (ebd., S. 16).

Menschen benutzen unterschiedliche Heuristiken, das sind einfache wie effiziente Regeln zur Beurteilung und Entscheidungsfindung. Sie passieren im Grunde „aus dem Bauch heraus", oft sind wir nicht in der Lage zu erklären, warum wir eine Situation oder einen Menschen so und nicht anders einschätzen. Dabei lassen wir uns unbewusst gerne von Einflüssen leiten, die äußerst „irrational" erscheinen.

Eine weitere, häufig verwendete Heuristik ist die **Verfügbarkeitsheuristik**. Nach dieser ist der Grad der Zugänglichkeit von Informationen die Grundlage für die Einschätzung von Wahrscheinlichkeiten. Wird jemand gefragt, wie viele Ausländer in seinem Wohnort leben, und hat diese Person keine ausreichenden Daten zur Verfügung, wird sie sich an einzelne Ausländer zu erinnern versuchen. „Je mehr Personen dieser Kategorie ihm einfallen (und je schneller sie ihm einfallen), desto höher wird er ihre Häufigkeit einschätzen" (Herkner 1996, S. 202).

---

10 Unter „evolviert" versteht Gigerenzer allgemeine, hochentwickelte Fähigkeiten unseres Gehirns, die sich im Lauf der Evolution herausgebildet haben, etwa die Fähigkeit nachzuahmen, Liebe zu empfinden oder Probleme auf unsere spezifisch menschliche Art zu lösen. So können Schimpansen etwa ebenso wie kleine Kinder durch Beobachtung lernen, aber Kinder lernen sehr viel genauer und detailreicher, schlicht: effizienter. Und Menschen können ihre Fähigkeiten viel gezielter einsetzen, etwa durch die Verwendung flexibler Faustregeln (Gigerenzer 2007, S. 69).

Dan Ariely, Professor für Verhaltensökonomik am Massachusetts Institute of Technology in Boston, führte einmal ein amüsantes Experiment durch, das zeigt, welch kuriose Einflussfaktoren unsere Einschätzungen beeinflussen können (Ariely 2008, S. 49). Den Versuchspersonen wurden verschiedene Produkte gezeigt (u. a. ein schnurloser Trackball, eine schnurlose Tastatur mit Maus, ein Designbuch und eine Schachtel mit belgischen Pralinen). Anschließend mussten sie auf einem Blatt Papier, auf dem alle diese Produkte aufgelistet waren, angeben, wie viel sie maximal für diese Produkte zu zahlen bereit waren. Der entscheidende Punkt bestand allerdings darin, dass die Personen vorher ersucht wurden, auf das Blatt Papier die letzten beiden Zahlen ihrer Sozialversicherungsnummer zu schreiben (die amerikanischen Sozialversicherungsnummern enden nicht so wie die österreichischen mit dem Geburtsjahr).

Erstaunlicherweise gaben die Personen mit den höchsten Endziffern im Mittel die höchsten Gebote ab, jene mit den niedrigsten waren im Schnitt auch am wenigsten zu zahlen bereit. „Am Ende stellten wir fest, dass die Gebote [...] mit Endziffern im Bereich der oberen 20 Prozent um 216 bis 346 Prozent höher lagen als die Gebote derjenigen, deren Endziffern im Bereich der unteren 20 Prozent lagen" (ebd., S. 51). Dieser unbewusste Automatismus ist doch sehr erstaunlich und zeigt, wie stark wir von unbemerkten Einflüssen gelenkt werden können.

Bei diesem Beispiel handelt es sich nicht um eine Heuristik, sondern um das schlichte Setzen eines **Ankerreizes**. Solche Anker, unsere auf Heuristiken basierenden Urteile, all unsere kognitiven Schnellschüsse und Automatismen sind wesentliche Faktoren, die unsere Denkmuster, Verhaltensweisen und Beurteilungen mitbestimmen und denen wir uns in aller Regel kaum bis gar nicht entziehen können. Dies alles sollten wir bedenken, wenn wir es mit anderen Menschen zu tun haben – und natürlich auch, wenn wir es mit uns selbst zu tun haben.

1.4 Sozialer Druck

Meiner Meinung nach liegt eines der größten Versäumnisse in der Persönlichkeitspsychologie darin, die Einflüsse der Umwelt nicht in ausreichendem Maß zu beachten. Die typische Vorgehensweise, um ein Persönlichkeitsprofil eines Menschen zu erstellen, ist jene, die Person einen „wissenschaftlich fundierten" Persönlichkeitsfragebogen ausfüllen zu lassen und dann, im Vergleich mit einer Normgruppe, bestimmte Variablen wie Extraversion, Offenheit, Ehrlichkeit, Neurotizismus usw. hinsichtlich der Stärke ihrer Ausprägung zu beurteilen. Natürlich finden sich in diesen Verfahren auch regelmäßig Items, die eine Selbsteinschätzung abhängig von Situationen verlangen, wie: „Wenn ich einen Raum betrete, in dem sich mir fremde Menschen aufhalten, suche ich das Gespräch." Man darf getrost davon ausgehen, dass derartige Selbstbeurteilungen nicht gerade valide sind. Ähnliches gilt auch für die Diagnostik von Leistungsparametern, wie Intelligenzdimensionen oder Aufmerksamkeit und Konzentration. In der Umwelt, der Realsituation, gelten andere Maßstäbe.

Zwar sind die enormen Einflüsse der Situation schon lange bekannt und gut untersucht, aber welche Bedeutung hat die Kenntnis von Phänomenen, wenn sie nicht wirklich beachtet werden? Klassisch sind die Experimente von **Solomon Asch**,[11] die in besonders eindrucksvoller Weise belegen, welchen Einfluss abweichende Gruppenmeinungen auf das Individuum haben können. Versuchspersonen, die glaubten, an einem Experiment zur visuellen Wahrnehmung teilzunehmen, wurden mehrere Linien gezeigt, die sich in ihrer Länge sehr deutlich unterschieden (Abb. 2).

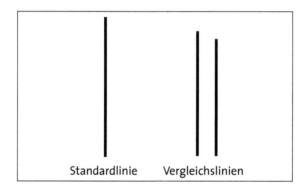

Abb. 2: Die Experimente von Asch zum Gruppendruck (eigene Darstellung)

Im klassischen Asch-Design war nur ein Teilnehmer „naiv", das heißt, bei allen anderen handelte es sich um eingeweihte Personen. Diese sollten einhellig die gleiche Meinung vertreten, nämlich dass eine deutlich kürzere Linie gleich lang sei wie die Standardlinie. Obwohl in den unterschiedlichen Experimenten stets sehr viele Personen ihre Meinung, die Vergleichslinie sei kürzer, gegen die anderen behaupteten, gab es zumeist einen nicht geringen Anteil von rund 30 % der Teilnehmer, der sich der – offensichtlich falschen – Gruppenmeinung beugte.

Wir befinden uns hier in einem heiklen Spannungsfeld, in einer Art **„Dualität von Zurückhaltung und Aufgeschlossenheit"**, wie Zimbardo es nennt (Zimbardo 2008, S. 414): Auf der einen Seite haben die Menschen das Bedürfnis nach Abgrenzung und Individualität, auf der anderen Seite empfinden wir ein Bedürfnis nach Nähe und Verbundenheit. Das macht uns wiederum anfällig für Konformität und Überredung. Wir können die Vorteile des einen nicht ohne die Gefahren des anderen kaufen.

---

11 Siehe z. B. Gerrig/Zimbardo (2008) oder Herkner (1996).

Sozialer Druck kann selbstverständlich auch in dialogischen Settings eine nicht unerhebliche Rolle spielen. Es können in einem Unternehmen etwa unausgesprochene Regeln oder nicht hinterfragbare Annahmen gelten, die zwar akzeptiert, nicht aber gutgeheißen werden. Diese direkt anzusprechen, gar in Frage zu stellen, wird jedoch ob etwaiger zu erwartender Sanktionen als gefährlich betrachtet. Es bedarf einigen Mutes, als Erster dieses Thema zur Sprache zu bringen, weil man als „erfahrener" Mitarbeiter um den Druck seitens der Kollegen weiß, dieses heikle Thema lieber unter den Tisch zu kehren.

Aus gutem Grund sprechen Martina und Johannes Hartkemeyer von einem **Container**[12], der notwendig ist, eine fest verankerte Basis des Vertrauens im Dialog zu schaffen, um beispielsweise gefährliche Systemarchetypen an die Oberfläche zu bringen. Sie zitieren William Isaacs mit den Worten: „No container, no dialogue". Damit ist ein auf Wertschätzung und Vertrauen basierender Gruppenzusammenhalt gemeint, der widersprüchliche Ansichten, Gegensätze, Außenseiterrollen und Höhen wie Tiefen des Gruppengeschehens aushält. Die Teilnehmer haben geschützt durch einen solchen Container die Gewissheit, dass normalerweise Unaussprechliches ausgesprochen werden darf, ohne dass der gemeinschaftliche Zusammenhalt grundsätzlich darunter leidet.

„Die Schaffung eines gemeinsamen Containers, basierend auf gegenseitigem Vertrauen in der Gruppe, ist daher notwendig, um den sicheren Raum zu schaffen für Vielfalt und um Spannungen nicht nur zu ertragen, sondern im Sinne eines möglichen Lernfeldes zu begrüßen" (Hartkemeyer et al. 2001, S. 45).

Gerade ein funktionierender Dialog ermöglicht die Schaffung eines solchen Containers, es handelt sich um einen zirkulären Prozess: Der Dialog unterstützt das Entstehen eines Containers, der Container ist eine Voraussetzung für einen wirklichen Dialog. Alleine daraus wird ersichtlich, dass der Dialog Zeit braucht.

1.5 Konstruktivismus und Dialog

Der **Konstruktivismus** mit all seinen unterschiedlichen Schulen und Denkrichtungen (von „dem" Konstruktivismus kann man nicht sprechen) wird oft als eine Art Modephilosophie bezeichnet, was jedoch seinen Wert nicht schmälert. Ein wunderbares Bild für das, was den Konstruktivismus im Grunde kennzeichnet, liefert der Film „Matrix" mit Keanu Reeves in der Hauptrolle. Die Menschen werden von Maschinen und Computerprogrammen in ihrem Denken, in ihren Illusionen gefangen gehalten und haben praktisch keine Chance zu erkennen, dass ihr gesamtes Leben auf ihrer eigenen gedanklichen Konstruktion beruht.

---

12 Lat. „tenere": halten, „con": zusammen. Container meint in diesem Sinne: zusammenhalten (Hartkemeyer et al. 2001, S. 44).

Der Mensch schafft (konstruiert) sich seine Welt, hat keine Möglichkeit, die Gültigkeit seiner Erkenntnisse zu überprüfen, und kann über die Passung zwischen seiner, der subjektiven Wirklichkeit und einer möglichen „objektiven" Realität nichts Sicheres aussagen. Im Film glauben die Menschen an eine „Wirklichkeit", die ausschließlich in ihren Köpfen vorhanden ist und ihnen von Computerprogrammen vorgespielt wird. Zwischen Wirklichkeit und Realität kann nicht unterschieden werden. Die Frage, die sich uns nun stellt, wenn wir uns mit dem Begriff „Konstruktivismus" beschäftigen, betrifft genau dieses Verhältnis von Wirklichkeit und Realität: Nehmen wir die Welt so wahr, wie sie „ist", im Sinne einer Abbildfunktion, oder schafft unser Gehirn eigene Wirklichkeiten?

Derartige Gedanken sind alles andere als neu, man denke an das Höhlengleichnis von Platon, die Schriften des Idealisten George Berkeley oder an jene von Immanuel Kant. Dennoch liefern uns konstruktivistische Zugänge äußerst wertvolle Einsichten, und nicht nur das: Sie versorgen uns mit hilfreichen Begriffen, die wir auch im Dialog sinnvoll nutzen können, zumal unzählige neurobiologische Erkenntnisse auf Basis moderner bildgebender Verfahren sich gut mit konstruktivistischen Erklärungsmodellen verbinden lassen.

Es soll im Folgenden kein Überblick über konstruktivistische Entwicklungen und Denkrichtungen gegeben werden. Vielmehr ist es meine Motivation, zu weiterer Beschäftigung mit diesen Denkzugängen im Kontext des Dialogs anzuregen. Falko von Ameln (von Ameln 2004, S. 3) fasst die erkenntnistheoretische Grundüberzeugung konstruktivistischer Ansätze folgendermaßen zusammen:

„1) Das, was wir als unsere Wirklichkeit erleben, ist nicht ein passives Abbild der Realität, sondern Ergebnis einer aktiven Erkenntnisleistung.

2) Da wir über kein außerhalb unserer Erkenntnismöglichkeiten stehendes Instrument verfügen, um die Gültigkeit unserer Erkenntnis zu überprüfen, können wir über die Übereinstimmung zwischen subjektiver Wirklichkeit und objektiver Realität keine gesicherten Aussagen treffen."

Tatsache ist, dass unsere **Nervenzellen unspezifisch feuern**, das heißt: Die Impulse, die von ihnen ausgehen, sind nicht qualitativ, sondern nur quantitativ unterscheidbar. Die Neuronen selbst können natürlich für etwas stehen: Auf die Augen treffendes Licht erzeugt auf der Netzhaut Impulse, Schallwellen erzeugen im Innenohr Impulse usw. Diese Impulse werden dann über sogenannte Synapsen, die sich durch Gebrauch verstärken und durch Nichtgebrauch verkleinern, weitergeleitet. Die Zahl der Neuronen im Gehirn beträgt etwa 10^{10} und da jedes Neuron mit bis zu 10 000 anderen Neuronen Verbindungen besitzt, ergibt sich eine unglaubliche Menge von ca. 10^{14} Verknüpfungen.[13] Verglichen mit der Zahl der Eingänge und Ausgänge (also jenen Fasern, die Informationen von der

---

13 Siehe z. B. Spitzer (2007).

Außenwelt ins Gehirn transportieren), ist diese Anzahl an internen Verbindungen im Gehirn unglaublich groß, etwa „10 Millionen mal so groß wie die Zahl der Eingänge und Ausgänge zusammen" (ebd., S. 52). Mit anderen Worten: Das Gehirn ist primär mit sich selbst beschäftigt.

Die Neuronen selbst kennen nur Aktivierung oder Hemmung durch Impulse. Unser Gehirn konstruiert daraus unsere Wahrnehmung. Anders ausgedrückt heißt das: Die Farbe Grün ist keine Eigenschaft der Welt, sie ist eine Konstruktion unseres Gehirns.

Humberto Maturana und **Francisco Varela** (Maturana/Varela 1987) geben als Beispiel dafür, wie unser „Geist" die Welt um uns herum konstruiert und wie sehr unsere Erfahrung mit der neuronalen Struktur verbunden ist, gerne das Experiment mit dem blinden Fleck an: Betrachten Sie Abbildung 3. Halten Sie das Buch in einem Abstand von ca. 40 cm vor ihren Augen, fixieren Sie mit dem rechten Auge das Kreuz und machen Sie Ihr linkes Auge zu. Bewegen Sie dann das Buch leicht vor- und rückwärts – irgendwann verschwindet der Punkt.

Abb. 3: Der blinde Fleck: ein Experiment (eigene Darstellung)

Wenn genau das passiert, wird der Punkt an jene Stelle der Netzhaut projiziert, an welcher der Sehnerv austritt. An dieser Stelle sind wir blind. Eigentlich müssten wir uns dieses visuellen Lochs ständig bewusst sein, nur: Wir nehmen es nicht wahr, weil unser Gehirn Wahrnehmung darüberkonstruiert, und das ununterbrochen. **Wir sehen nicht, dass wir an dieser Stelle nichts sehen.**

Dieses kleine Experiment ist nur als anschauliches Beispiel dafür gedacht, was sich in unserem Geist praktisch ständig abspielt. Wir ersetzen lückenhafte Informationen durch neue **Konstruktionen**, ohne uns dessen bewusst zu sein, zumindest aber ohne uns dessen vollständig bewusst zu sein. Abbildung 4 zeigt ein ähnliches Beispiel: Ist hier tatsächlich ein Dreieck abgebildet? Nein, aber unser Gehirn ergänzt das fehlende Material zu dieser bekannten Figur.

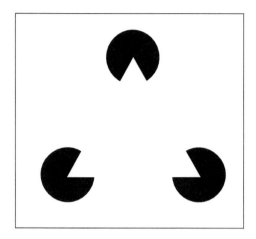

Abb. 4: Die Ergänzung nicht vorhandener Informationen: ein Dreieck, wo keines ist

Wir berühren hier einen ganz wesentlichen Bereich des Dialogs, nämlich die sogenannten **mentalen Modelle**. Damit sind Konstruktionen gemeint, die zu Schlussfolgerungen im Sinn von Vorurteilen führen – ein Vorgang, der blitzschnell geschieht. Unser Denken ist bestrebt, fehlende Informationen zu ersetzen, und wird dabei auf einer im Wesentlichen unbemerkten Ebene von **Filterprozessen** gesteuert – beispielsweise von biografischen, sozialen oder auch kulturellen Filtern. Wenn wir unser Denken verstehen wollen, dürfen wir den Jetzt-Zustand keinesfalls als eine statische Momentaufnahme betrachten, sondern als gerade aktuelles Ergebnis eines systemisch-chaotischen Prozesses, als gerade gültiges und vorläufiges Resultat unüberblickbarer Einflussfaktoren. Dieses Resultat wird beeinflusst von persönlichen Erfahrungen, kulturellen Normen, momentanen Stimmungen und vielem mehr.

Paul Watzlawick (Watzlawick et al. 2003, S. 28) zitiert ein Beispiel, das von Gregory Bateson stammt und den Erkenntnisgewinn reflektiert, den man aus der momentanen Stellung aller Schachfiguren während einer Partie ziehen kann. Dieser Erkenntnisgewinn ist nicht sehr umfassend. Trotz der vollständigen Information zum gegebenen Zeitpunkt liegen die aufschlussreichen Informationen im Spielverlauf, also auf der Ebene der Beziehungen. „Jedes Kind lernt in der Schule, dass Bewegung etwas Relatives ist und nur in Relation auf einen Bezugspunkt wahrgenommen werden kann. Was man dagegen leicht übersieht, ist, dass dasselbe Prinzip für alle Wahrnehmungen gilt und daher letzthin unser Erleben der äußeren Wirklichkeit bestimmt." Und weiter: So überrascht es nicht, „dass auch die Selbsterfahrung des Menschen im wesentlichen auf der Erfahrung von [...] Beziehungen [beruht], in die er einbezogen ist" (ebd., S. 29).

Auch das Ergebnis eines scheinbar einfachen Denkprodukts ist als die Synthese vielfacher, komplexer und sehr persönlicher Beziehungserfahrungen und -konstruktionen aufzufassen, die großteils auf Ebenen unterhalb unserer bewussten Wahrnehmung ablaufen.

Und selbstverständlich dürfen wir dabei den Kontext, im Rahmen dessen wir unbewusst an unseren Konstruktionen arbeiten, nicht außer Acht lassen. Beängstigend sind die Umstände des Falls **Uzal Ent**, die während des Zweiten Weltkriegs zu einem Flugzeugunfall führten und einen Menschen in den Rollstuhl zwangen. Dem berühmten und geachteten Luftwaffengeneral war im Oktober 1944 ein Ersatzpilot zugeteilt worden. „Während des Starts begann Ent in seinem Kopf eine Melodie zu singen und dazu von Zeit zu Zeit mit dem Kopf zu nicken. Der neue Kopilot deutete diese Geste als Zeichen, die Räder einzuziehen. Obwohl sie zum Abheben noch viel zu langsam waren, zog er das Fahrwerk ein, was dazu führte, dass das Flugzeug unsanft zu Boden ging. Dabei löste sich ein Propeller und verletzte Ent so schwer im Rücken, dass er von da an beidseitig gelähmt war" (Cialdini 2001, S. 30).

Natürlich war das Verhalten des Kopiloten dumm. Aber es wäre zu einfach, dies als einzige Erklärung anzuführen. Der Kontext, die zugestandene Autorität des Generals, beeinflusste mit Sicherheit das Verhalten und die Wahrnehmung des Ersatzpiloten, und zwar auf einer unbewussten Ebene, denn sonst hätte der Mann nicht so unverständlich reagieren können. Wahrgenommene Autorität erzeugt in vielen Menschen ein mentales Modell der Art: „Die Ansicht einer Autoritätsperson wird hoch bewertet, die Gültigkeit der eigenen Meinung schrumpft." Selbstverständlich bieten sich gerade bei diesem Beispiel noch weitere Erklärungsmodelle an, wie beispielsweise das Phänomen der Autoritätshörigkeit an sich.[14] Aber das Uzal-Ent-Muster zeigt doch eindrucksvoll, wohin uns unbewusste mentale Modelle sogar auf einer konkreten Handlungsebene führen können. Sie vermögen Denkweisen und Handlungen in uns aufkommen zu lassen, die sich in einem anderen Kontext niemals zeigen würden.

Kontextuale Effekte wie der eben beschriebene sind wohlbekannt und untersucht. Sehen wir uns noch ein **dialogtypischeres Beispiel aus dem Bereich der Sozialpsychologie** an, welches zeigt, wie mächtig unsere unbewussten Konstruktionen sind, symbolisch gesprochen: jene Auffüllungen der weißen Flächen zwischen den drei schwarzen Kreisen, die uns ein Dreieck vorgaukeln (siehe Abb. 4):

Personen wurden aufgrund der Ergebnisse aus einer Selbstbeurteilungsskala in zwei Gruppen eingeteilt (Gerrig/Zimbardo 2008, S. 654):
a) höchstens schwache Vorurteile gegenüber Afroamerikanern,
b) starke Vorurteile gegenüber Afroamerikanern.

---

14 Natürlich könnten wir uns dafür entscheiden, das Verhalten des Kopiloten einfach nur als idiotisch und dumm zu bezeichnen, und es dabei bewenden lassen. Beispiele für ähnliche Short-Cut-Muster, die sich nicht so leicht auf bloße Dummheit reduzieren lassen, finden sich aber zuhauf – dieses ist schlicht eindrücklich in seiner Einfachheit.

Danach wurden ihnen Fotografien vorgelegt, die Schwarze oder Weiße mit einem entweder glücklichen oder wütenden Gesichtsausdruck zeigten, und die Versuchspersonen mussten angeben, ob sie mit dieser Person gerne zusammenarbeiten würden. Die Fotos wurden angekündigt (zum Beispiel: wütend/weiß, glücklich/schwarz) und zusätzlich wurde während dieser Phase der Ankündigung die Gehirnaktivität gemessen. Die Messungen ergaben, dass sich die Hirnaktivitätsmuster deutlich unterschieden. Versuchspersonen mit schwachen Vorurteilen aktivierten Denkressourcen, um jedes Gesicht individuell zu beurteilen, während die Personen mit starken Vorurteilen weniger Gehirnarbeit leisteten und relativ schnell „Nein, ich würde mit dieser Person nicht zusammenarbeiten wollen" antworteten.

Warum sollten wir uns mit derartigen Phänomenen beschäftigen? Im Dialog verfolgen wir ja den Anspruch, uns des eigenen Denkens bewusster zu werden, das eigene Denken zu beobachten. Je öfter wir etwas tun, je öfter wir etwas denken, desto stärker wird genau dieses zu einer unreflektierten Gewohnheit. Man könnte sagen: Es entstehen **neuronale Signaturen**, Muster im Gehirn, die nicht mehr hinterfragt werden.

Wie binden Sie eigentlich Ihre Schnürsenkel? Versuchen Sie einmal, diese Bewegungsabläufe genau zu beschreiben, ohne es zu tun – nur in Gedanken. Vermutlich wird Ihnen das nicht leichtfallen, obwohl Sie es schon tausende Male gemacht haben.

David Bohm meint dazu (Bohm 2007, S. 14):

„I think that whenever we repeat something it gradually becomes a habit, and we get less aware of it. If you brush your teeth every morning, you probably hardly notice how you're doing it. It just goes by itself. Our thought does the same thing, and so do our feelings. That's a key point."

Und weiter:

„When you are thinking something, you have the feeling that the thoughts do nothing except inform you the way things are and then you choose to do something and you do it. That's what people generally assume. But actually, the way you think determines the way you're going to do things. Then you don't notice a result comes back, or you don't see it as a result of what you've done, or even less do you see it as a result of how you were thinking" (ebd., S. 16).

Wir können also von einem Fehler im Denken sprechen: Das Denken informiert uns nicht über die Probleme „da draußen", das Denken selbst bestimmt bzw. konstruiert das, was wir Probleme nennen, und das gilt natürlich ebenso für die Gesamtwahrnehmung. Deshalb müssen wir **unser Denken selbst beobachten**. Wir haben immer unzureichende Informationen, wenn es darum geht, Situationen, Menschen oder uns selbst zu beurteilen. Aber wie füllt unser Denken die weißen Stellen auf? Mit welchen Vorannahmen geschieht es? Welche unserer Filter wirken in welcher Weise dabei mit? Das alles sind äußerst individuelle Prozesse, denn schließlich passiert es ja, dass der eine dort überhaupt keine Probleme wahrnimmt, wo ein anderer viele sieht. Wir sind in einer Art Zirkel gefangen, die Katze beißt sich in ihren eigenen Schwanz: Wir können mithilfe unseres selbst produzierten Denkens innerhalb unseres Denkapparates nur das zu beobachten versuchen, was eben dieser Denkapparat wiederum selbst hervorbringt.

Bereits der antike griechische Philosoph **Epiktet** reflektierte dieses Problem, als er meinte, dass es nicht die Dinge an sich sind, die uns ängstigen, sondern unsere Einstellung den Dingen gegenüber. Wie sonst könnte es sein, dass jemand hyperventiliert und umkippt, sobald er eine Kreuzspinne sieht, ein anderer aber dicke, fette Vogelspinnen richtiggehend gernhat und sie sich auf die Hand setzt?

Heinz von Förster sprach von einem unglaublichen Wunder, das hier stattfindet (von Förster/Pörksen 2006, S. 16):

„Alles lebt, es spielt Musik, man sieht Farben, erfährt Wärme oder Kälte, riecht Blumen oder Abgase, erlebt eine Vielzahl von Empfindungen. Aber all dies sind konstruierte Relationen, sie kommen nicht von außen, sie entstehen im Innern. Wenn man so will, ist die physikalische Ursache des Hörens von Musik, daß einige Moleküle in der Luft ein bißchen langsamer und andere ein bißchen schneller auf das Trommelfell platzen. Das nennt man dann Musik. Die Farbwahrnehmung entsteht in der Retina; einzelne Zellgruppen errechnen hier, wie ich sagen würde, die Empfindung der Farbe. Was von der Außenwelt ins Innere gelangt, sind elektromagnetische Wellen, die auf der Retina einen Reiz auslösen und im Falle von bestimmten Konfigurationen zur Farbwahrnehmung führen."

Diese Phänomene des Erkennens sind selbstverständlich nicht nur auf physikalische Wahrnehmungen wie die eben beschriebenen beschränkt. Sie beziehen sich auf alles, was wir tun. „In diesem Sinn werden wir ständig festzustellen haben, dass man das Phänomen des Erkennens nicht so auffassen kann, als gäbe es ‚Tatsachen' und Objekte da draußen, die man nur aufzugreifen und in den Kopf hineinzutun habe. [...] Die Erfahrung von jedem Ding ‚da draußen' wird auf eine spezifische Weise durch die menschliche Struktur konfiguriert, welche ‚das Ding', das in der Beschreibung entsteht, erst möglich macht" (Maturana/Varela 1987, S. 31).

Der eben zitierte Humberto Maturana spricht von **autopoietischen Systemen**, d. h. von Systemen, die sich dadurch auszeichnen, dass sie sich andauernd selbst erzeugen. Das lebende System steht also in direkter Wechselwirkung nur mit sich selbst, mit seinen inneren Zuständen, und nicht mit den Objekten der Außenwelt: Es handelt sich um ein sogenanntes selbstreferenzielles System. Diese Überlegungen führen natürlich weg von Abbildtheorien. „Unsere Wirklichkeit ist kein objektives Abbild der Realität, sondern ein Produkt unseres Erkenntnisapparates und damit unsere Konstruktion" (von Ameln 2004, S. 65).

Aber wie kommen wir dann in der Welt zurecht? Wie kommt es, dass wir als Menschen offensichtlich zumindest ähnliche Empfindungen und Wahrnehmungen haben? Selbstverständlich sind die Systeme nicht vollständig geschlossen. Dies anzunehmen wäre eine Fehlinterpretation der radikal-konstruktivistischen Annahmen. „Es gibt gar keine geschlossenen Systeme. Geschlossenheit existiert nicht."[15] Das System muss offen sein für die Interaktion mit seiner Umwelt. Daraus kann aber nicht der Schluss gezogen werden, dass wir die Welt so erkennen können, wie sie „ist".

Wir finden uns in der Welt zurecht wie ein **blinder Waldläufer**, der durch Versuch und Irrtum seinen Weg findet – einen möglichen Weg aus einer Reihe von vielen:[16]

„Ein blinder Wanderer, der den Fluß jenseits eines nicht allzu dichten Waldes erreichen möchte, kann zwischen den Bäumen viele Wege finden, die ihn an sein Ziel bringen. Selbst wenn er tausendmal liefe und alle die gewählten Wege in seinem Gedächtnis aufzeichnete, hätte er nicht ein Bild des Waldes, sondern ein Netz von Wegen, die zum gewünschten Ziel führen, eben weil sie die Bäume des Waldes erfolgreich vermeiden. Aus der Perspektive des Wanderers betrachtet, dessen einzige Erfahrung im Gehen und zeitweise Anstoßen besteht, wäre dieses Netz nicht mehr und nicht weniger als eine Darstellung der verwirklichten Möglichkeiten, an den Fluß zu gelangen […]. In diesem Sinne ‚paßt' das Netz in den ‚wirklichen' Wald, doch die Umwelt, die der blinde Wanderer erlebt, enthält weder Wald noch Bäume, wie ein außenstehender Beobachter sie sehen könnte."

In diesem Sinn gibt es also keine Realität, die wir erkennen könnten, sondern ein Passungsverhältnis: Mit **Viabilität** bezeichnet Ernst von Glasersfeld diese Passung von Wirklichkeit und Realität. Das relevante Kriterium ist die Nützlichkeit des Wissens, an dem sich natürlich auch die Positionen, die sich aus dem Radikalen Konstruktivismus ergeben, messen müssen. Die konstruktivistischen Sichtweisen sind nicht wahr, sondern bestenfalls brauchbar. „Daraus folgt, dass die Lösung eines Problems nie als die einzig mögliche betrachtet werden darf; es mag die einzige sein, die wir zur Zeit kennen, aber das rechtfertigt niemals den Glauben, unsere Lösung gewähre uns Einsicht in die Struktur einer von uns unabhängig existierenden Welt" (ebd., S. 95).

Betrachten Sie die folgende Abbildung 5: In der oberen Reihe sind zehn Kieselsteine angeordnet. Egal, ob wir sie von links nach rechts oder von rechts nach links abzählen, es bleiben zehn.[17] Wenn Sie diese zehn Kiesel nehmen und in Kreisform anordnen: Es bleiben zehn.

---

15 Varela (1988), zit. nach von Ameln (2004, S. 65).
16 von Glasersfeld (1985), zit. nach von Ameln (2004, S. 94).
17 Es handelt sich hier um das Gesetz der Kommutativität (Vertauschbarkeit).

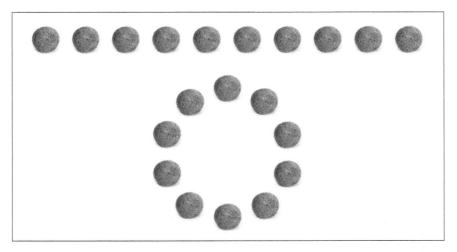

Abb. 5: Die Kommutativität: Entdeckung oder Erfindung? Oder beides? (Eigene Darstellung)

Der Schweizer Biologe und Entwicklungspsychologe **Jean Piaget** schildert dieses Beispiel, um zu zeigen, dass Erkenntnis „nicht nur von Objekten, sondern auch von Handlungen, von der Koordination von Handlungen abstrahiert wird" (Piaget 1996, S. 24). Die Ordnung ist nicht in den Kieselsteinen begründet, sondern wird hergestellt, und zwar durch Handlungen, die mit den Objekten durchgeführt werden. Die Zahl Zehn ist keine Eigenschaft der Natur. Für Piaget bedeutet das Erkennen eines Objekts, auf es einzuwirken – es bedeutet nicht, es abzubilden.

„Die Transformationsstrukturen, aus denen Erkenntnis besteht, sind nicht Abbilder der Transformationen in der Realität, sondern nur mögliche isomorphe Modelle, unter denen zu wählen die Erfahrung befähigen kann. Erkenntnis ist also ein System von Transformationen, die allmählich immer adäquater werden" (ebd., S. 23).

Wenngleich, wie dieses Zitat zeigt, Piaget keine explizit radikal-konstruktivistischen Positionen vertritt, so gilt doch, dass in seiner Epistemologie wissenschaftliches ebenso wie nichtwissenschaftliches Denken Prozesse kontinuierlicher Konstruktion und Reorganisation darstellt und Erkenntnisprozesse nicht isoliert vom Subjekt betrachtet werden dürfen.

Klarerweise sagt Piaget aus dieser Position heraus: Wenn wir danach fragen, wie Erkenntnis entsteht, welcher Natur Erkenntnis ist, so müssen wir auch psychologische Variablen berücksichtigen.

Deshalb waren psychologische Experimente für Piaget zentral. Anhand eines Beispiels, einer Kritik Piagets an den Positionen des **logischen Positivismus**, sei dies erläutert. Diesem zufolge seien „Logik und Mathematik [...] nichts anderes als spezielle sprachliche Strukturen" (ebd., S. 15). Wenn dem so sei, dann dürften sich Kinder vor Beginn der Sprachentwicklung nicht logisch verhalten.

Piaget konnte experimentell nachweisen, dass Kinder logisch-mathematische Strukturen zeigen, noch bevor Sprache vorhanden ist. „Sprache erscheint in der Regel um die Mitte des zweiten Lebensjahres, aber schon vorher, gegen Ende des ersten oder Anfang des zweiten Lebensjahres, gibt es eine senso-motorische Intelligenz, eine praktische Intelligenz, die ihre eigene Logik hat – eine Logik der Aktion" (ebd., S. 50).

Das Wesentliche an Piagets genetischer Erkenntnistheorie im Kontext des Dialogs ist wohl, dass behauptet und durch zahlreiche Experimente belegt wurde:
1. Denken ist ein Prozess kontinuierlicher Konstruktion und Reorganisation und
2. es gibt Parallelismen zwischen rationaler Erkenntnisorganisation und psychischen Formationsprozessen.

Zusammenfassend lässt sich sagen, dass konstruktivistische Ansätze im Dialog deshalb wertvoll und als eine Art Modell nützlich sind, weil sie klarmachen, dass **Erkenntnis keine Abbildfunktion** darstellt und unser Denken auf **individuellen Konstruktionsvorgängen** beruht. Sich dessen bewusst zu sein, hilft erfahrungsgemäß enorm, unterschiedliche Positionen besser verstehen und auch die eigene „Wahrheit" in einem relativen Licht sehen zu können.

2 Begriffe des Dialogs

Eine Reihe von Begriffen, Ideen und Herangehensweisen sind von grundlegender Bedeutung, um den Dialog nicht als Gesprächstechnik, sondern als umfassende Haltung zu begreifen, sowohl was eigene, intraindividuelle Veränderungsprozesse als auch was den Blick auf unser soziales Umfeld und die Zugänge diesem gegenüber betrifft. Sie sind außerdem hilfreich, um den Dialog-Begriff vom alltagssprachlichen Dialog abzugrenzen.

David Bohm verwendet in seinen Büchern eine Reihe typischer Termini, deren Verständnis essenziell ist für ein Eintauchen in seine Gedanken und seine Ideen über den Dialog. Ebenso finden wir in den Werken von Buber, Senge, Isaacs, Scharmer, Hartkemeyer und anderen (siehe Literaturverzeichnis) sehr wertvolle Gedanken, welche helfen können, die eigene Annäherung an dialogische Prinzipien und geistige Transformationsprozesse zu unterstützen. Da im vorliegenden Buch eine Art Synthese unterschiedlicher Zugänge verfolgt wird, kann auch nicht von „dem" Dialog oder vom „Dialog nach David Bohm" o. Ä. gesprochen werden. Vielmehr sollen die Leser ermutigt werden, ihre eigenen Gedanken und Modelle zu einem ganz persönlichen dialogischen Konzept zu entwickeln.

Dennoch ist es meiner Meinung nach unumgänglich, von einigen maßgeblichen Prinzipien und einem gemeinsamen Grundverständnis dialogischer Kernbereiche auszugehen, da die spezifische Dialog-Haltung andernfalls nicht herausdestilliert werden kann. Dialogische Elemente finden sich naturgemäß in einer Vielzahl von Kommunikations- und Interventionsmodellen.

2.1 Thinking und Thought

In der Psychologie werden die Vorgänge des Denkens oft in Form von **Bottom-up-** und **Top-down-Prozessen** beschrieben. Wenn wir beispielsweise einen Tisch als solchen wahrnehmen, befinden wir uns am Ende eines komplexen Vorganges, der sich von der rein sensorischen Wahrnehmung, beginnend bei der Netzhautreizung bis hin zu weit zurückliegenden, gespeicherten Erfahrungen über das, was einen Tisch ausmacht, hinzieht. Es treffen, irgendwo in der Mitte, also rein mechanische Prozesse von unten (bottom-up) auf höhere mentale Fähigkeiten und Fertigkeiten von oben (top-down) (Abb. 6, nächste Seite).

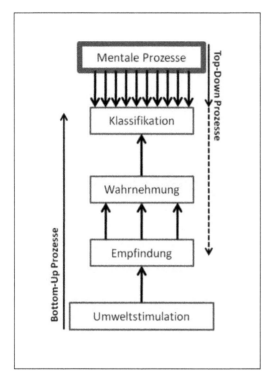

Abb. 6: Bottom-up- und Top-down-Prozesse: Informationen aus der Umwelt werden einerseits von unten nach oben transformiert und verändert, andererseits wird die Wahrnehmung auch durch bereits vorhandene Informationen und Erfahrungen (Wissen, Motivation, Erwartungen etc.) beeinflusst (adaptiert nach Zimbardo 1992, S. 140).

Dieses Erklärungsmodell kann als Bild dafür dienen, was David Bohm als **thinking** und **thought** bezeichnet. „Thinking", das Denken als gegenwärtiger Prozess, läuft mehr oder minder automatisiert ab und produziert „thoughts", also Denkprodukte. Dies entspricht der neuronalen Aktivierung beim Betrachten eines Tisches, die automatisch und praktisch unbemerkt geschieht und dann im Zusammenspiel mit den Top-down-Prozessen, den gespeicherten Erinnerungen und Erfahrungen, die Wahrnehmung eines Gegenstandes als Tisch produziert. Diese Tisch-Wahrnehmung verlässt – etwas bildlich und unkorrekt gesprochen – diesen komplexen Wahrnehmungsprozess als Denkprodukt, als „thought", ohne dass wir uns dessen in der Regel bewusst sind. „We have the idea that after we have been thinking something, it just evaporates" (Bohm 2007, S. 8). Das Denken als Prozess hinterlässt Spuren im Gehirn, die dann zu automatisierten Denkprodukten, zu „thoughts", werden. Die „thoughts" gefallen sich in der Rolle, als Quelle für zwischenmenschliche Probleme und für Emotionen zu fungieren.

Einem Trainer wurde einmal von einer Seminarteilnehmerin vorgeworfen, er sei unsensibel und verwende Redewendungen, die absolut deplatziert seien. Ausgangspunkt war die von ihm gebrauchte Phrase „Da kann ich mich ja gleich aufhängen". Es stellte sich in einem klärenden Gespräch zu einem späteren Zeitpunkt heraus, dass ein Familienmitglied dieser Teilnehmerin Jahre zuvor Selbstmord durch Erhängen verübt hatte. Verständlicherweise war dieses Ereignis traumatisierend und die Verwendung dieser Phrase aktivierte bei ihr einen Teil jener unangenehmen vergangenen Emotionen, was wie automatisiert zu dem eben zitierten Vorwurf der mangelnden Sensibilität seinerseits führte. Dies als Beispiel für die von Bohm gemeinte Unterscheidung von „thinking" und „thought": „Thinking" lief bei jener Teilnehmerin praktisch unbewusst ab und produzierte „thoughts" ebenso wie „felts": das Empfinden des als unsensibel und deplatziert erlebten Verhaltens als Endprodukt dieses unbemerkten Denkprozesses, der dann für andere sichtbar kommuniziert wurde. Sie war sich, wie sie ausführte, in jenem Moment während des Seminars der Quellen ihrer emotionalen Befindlichkeit nicht bewusst – dies erkannte sie erst später.

Der Dialog kann uns als Hilfe dienen, der eigenen unbemerkten Denkprozesse stärker gewahr zu werden und dadurch Veränderungen im eigenen Denken anzuregen. Im Dialog wird durch die Gruppe verschiedener Menschen eine Art Abbild der Gesellschaft geschaffen, wodurch vielfältige Ideen, Meinungen, Wertungen, Gedanken etc. im Raum stehen. Dies kann, muss aber nicht den Fokus weg vom Eigenen hin zum Verschiedenen lenken. Damit eine Gruppe von Personen den Weg hin zur Kreation von etwas Neuem, Gemeinsamem findet, ist neben der Erfahrung mit kreativen Gesprächen auch der Wille, altbewährte Pfade zu verlassen, gefordert (siehe Kap. 6 zu den Grundkompetenzen).

Das Denkprodukt, „thought", wird von Bohm also auch als Problem gesehen, was auf den ersten Blick einen gewissen Widerspruch bedeutet, da das Denken und die Produkte dieser Denkprozesse schließlich genau das ausmachen, was uns Menschen den Fortschritt beschert.[18]

Wie ist dieser scheinbare Widerspruch zu verstehen? Das Problem ist wohl, dass wir uns der Aktivitäten und **Schlussfolgerungen unserer Denkprozesse in der Regel nicht bewusst** sind, vor allem, wenn es sich um etwas handelt, das uns emotional berührt, uns wichtig ist. Dabei sind Emotionen und Gedanken sehr eng miteinander verwoben, um nicht zu sagen: Sie sind kaum zu trennen. Zumindest so lange nicht, bis eine intellektuelle Beschäftigung mit den Ursachen und Gründen eines bestimmten emotionalen Zustandes stattgefunden hat. Um auf das eingangs zitierte Beispiel zurückzukommen: In jenem Moment der Klarheit nach einer Zeit des Abstandgewinnens und der intellektuellen Beschäftigung mit dem, was diesen emotionalen Zustand bei jener Seminarteilnehmerin hervorgerufen hatte, war es ihr möglich, ihre Gefühlslage von der Aussage des Seminarleiters zu trennen und zu erkennen, dass dieser eben nicht die Ursache für ihren Zorn war. Somit konnten nach der Analyse die Emotionen gedanklich klar abgetrennt werden.

Dieses Beobachten meiner selbst, meiner eigenen Gedanken, Reaktionen und emotionalen Befindlichkeiten ist zweifelsohne eine der grundlegenden Kernfähigkeiten, welche die Entstehung tiefer Dialoge fördern. Dadurch, dass niemand etwas sagen muss, niemand seine eigenen Positionen zu verteidigen hat, sondern sich auch ganz der Innen-

---

18 „I'm saying the reason we don't see the source of our problems is that the means by which we try to solve them are the source. That may seem strange [...] because our whole culture prides itself on thought as its highest achievement" (Bohm 2007, S. 3).

schau widmen und die Beiträge anderer für die intim-persönlichen Transformationsprozesse aufnehmen kann, eröffnen sich Möglichkeiten für tiefgehende Prozesse im eigenen Erleben, die bei anderen Gesprächsformen so kaum stattfinden.

2.2 Feelings und Felts / Embodiment

Ganz ähnlich wie mit der Differenzierung in „thinking" und „thought" verhält es sich mit Bohms Diktion die Gefühle betreffend. In der Gegenwartsform, **feeling**, bewegen wir uns im direkten Kontakt mit der aktuellen Wahrnehmung, so als wäre das Fühlen ein nahezu ausschließlicher Gegenwartsprozess. Tatsächlich sind die momentanen Gefühle natürlich ebenso wie die momentanen Gedanken in erster Linie das Produkt von Vergangenem, weshalb Bohm zur Abgrenzung dieser aktuellen Prozesse die Bezeichnung **felts** vorschlägt. „Felts" sind gespeicherte „feelings".[19]

Wir kennen die Situationen, in denen bei bestimmten Wahrnehmungen plötzlich intensive positive oder negative Gefühle entstehen, die im Grunde nur dadurch zu erklären sind, dass gefühlte Erinnerungen aufkommen. Das Hören der Bundeshymne wäre so ein Beispiel. Viele Menschen empfinden eine Art Transformation in tiefe Gefühlszustände, wenn die Nationalhymne ihres Landes ertönt, ja mehr noch: Es wird als sozial angemessen betrachtet, hierbei aufzustehen, die Kopfbedeckung ab- und eine aufrechte Körperhaltung einzunehmen usw., als Ausdruck der besonderen Gefühle und Wertschätzung, welche damit einherzugehen haben.

Viele dieser Gefühle, die aus der Vergangenheit „heraufkommen", sind „felts", gespeicherte und aktuell abgerufene „feelings" also. Es ist wichtig, hier diese Unterscheidung zu treffen, da den „feelings", dem also, was wir aktuell erleben, sonst möglicherweise zu viel Bedeutung beigemessen wird. Die aufbewahrten Emotionen beeinflussen den momentanen körperlichen Zustand teilweise enorm, oft auch so, dass dies äußerlich sichtbar wird, etwa durch das unbewusste Einnehmen bestimmter Körperhaltungen, was dann wieder auf die Gefühle rückwirkt.

Es gehört wohl zu den bekanntesten Ausdrücken der Alltagspsychologie, dass der **Körper der Spiegel der Seele** sei. Emotion und Kognition sind sehr eng mit dem Körperausdruck, der Körperhaltung verbunden. Das ist natürlich für uns im Kontext des Dialogs interessant, und gewiss nicht nur deshalb, weil wir durch das kreisförmige Setting Körperhaltungen der anderen einerseits wahrnehmen und andererseits selbst Informationen über unseren eigenen körperlichen Ausdruck an die anderen übermitteln.

Ein sehr geläufiges Beispiel dafür, wie ein angenommener emotionaler Zustand über körperliche Erscheinungsformen den Weg nach außen findet, ist der Pupillenreflex. Bei positiven Wahrnehmungen vergrößert sich die Pupillenweite kurzfristig abhängig vom Beleuchtungsgrad. Lehnen wir etwas ab, kommt es zu einer Verengung.

---

19 „That is, ‚felts' are feelings which have been recorded" (Bohm 2007, S. 9).

Irenäus Eibl-Eibesfeldt zitiert eine aufschlussreiche Studie dazu aus den 1970er-Jahren.[20] Männlichen und weiblichen Probanden wurden Aufnahmen von Säuglingen gezeigt. Bei Frauen weiteten sich die Pupillen unabhängig davon, ob sie ledig waren oder Kinder hatten, bei Männern dann, wenn sie selbst Kinder hatten, aber zu einem etwas geringerem Ausmaß. Auf der anderen Seite reagieren Männer auf Bilder von nackten Frauen „mit starker Pupillenerweiterung" (Eibl-Eibesfeldt 1995, S. 622).

Sie können sich anhand der Abbildung 7 selbst von diesem Effekt überzeugen: Welche Aufnahme wirkt positiver auf Sie? Die Bilder sind identisch bis auf die durch Retuschierung künstlich vergrößerten bzw. verkleinerten Pupillen.

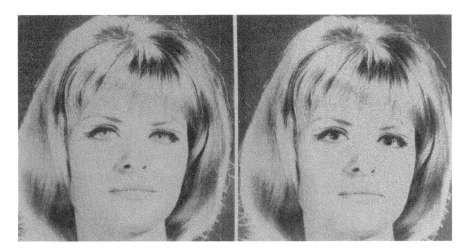

Abb. 7: Pupillengröße: Emotionen finden ihren Weg in körperliche Ausdrücke (Eibl-Eibesfeldt 1995, S. 624).

Der Pupillenreflex ist eine Leistung des vegetativen Nervensystems und daher nicht direkt willentlich beeinflussbar. Aber interessant ist, dass man derartige autonome Reaktionen dennoch evozieren kann, wenn man Personen auffordert, für bestimmte körperliche Ausdrücke typische Muskeln zu kontrahieren, etwa für Lächeln oder Ärger. Im Rahmen eines Experiments aus den 1990er-Jahren wurden die Versuchspersonen instruiert,
a) die Augenbrauen zusammen- und herabzuziehen,
b) die oberen Augenlider zu heben und
c) die Unterlippe nach oben zu drücken und die Lippen zusammenzupressen.[21]

Die Personen wussten natürlich nichts über den Zweck des Experiments, dennoch gaben sie im Nachhinein an, die entsprechenden Gefühlslagen erlebt zu haben. Und es entspra-

---
20 Hess (1975), zit. nach Eibl-Eibesfeldt (1995).
21 Levenson et al. (1990), zit. nach Eibl-Eibesfeldt (1995, S. 664).

chen sogar die autonomen Reaktionen, wie Muskeltonus oder Pulsfrequenz, jenen, die für diese Ausdrücke typisch sind.

Gefühle können sich über den Körper ausdrücken und umgekehrt kann die Körperhaltung Einfluss auf Gefühle nehmen. „There is a profound connection between the state of the body and the way you think", meint Bohm. „The state of the body is very profoundly tied to thought, affected by thought, and vice versa. That's another kind of fragmentation we have to watch out for" (Bohm 2007, S. 9). Mit dieser Art von Fragmentierung ist ein inkohärenter Zustand gemeint, eine Diskrepanz zwischen dem Denken und erwarteten Ergebnis, und Bohm gibt folgendes Beispiel: Es kann für jemanden sehr angenehm sein, umschmeichelt zu werden, was allerdings oft den Preis hat, ausgenutzt zu werden, eben von der schmeichelnden Person. Es entsteht ein inkohärenter Zustand. Die bewusste Absicht ist mit unbeabsichtigten Folgen konfrontiert, ein Wunsch steht im Widerspruch zu den Folgen.

Jede Emotion ist mit körperlichen Zuständen gekoppelt. Deshalb sollten wir auch immer auf unseren Körper hören und wahrnehmen, wodurch wir inkohärente Situationen besser erkennen können.

Oder nehmen wir ein anderes Beispiel: Ein Freund schenkt mir immer wieder etwas, was ich gerne annehme, zum Beispiel deshalb, weil es praktisch ist – ich muss es nicht selbst kaufen. Dafür nimmt sich dieser Freund aber gerne die Freiheit heraus, mir Vorschriften zu machen. Im Extremfall höre ich dann auch: „Da schenke ich dir dies und jenes, und du kannst nicht mal hier meinen Wunsch berücksichtigen."

Ich befinde mich in einer Zwickmühle. Konsequent wäre es, sich hier zu fragen: „Ja, da gibt es jetzt in mir eine Inkohärenz. Ich versuche nun herauszufinden, worin die falschen Informationen bestehen, und es zu ändern."[22] Tatsächlich manövrieren wir uns oft in inkohärente Situationen, in denen unser Denken gegen unsere Gefühle und Erwartungen arbeitet und gleichzeitig versucht, diesen Zustand wieder zu beheben.[23] Deshalb ist es hilfreich, auf die eigenen Gefühle zu achten, die sich ja in irgendeiner Weise körperlich ausdrücken, etwa durch Zittern, Wärme, ein „Flattern" im Bauch o. Ä.

In diesem Zusammenhang ist das Konzept des **Embodiment** interessant, auf das ja schon Bezug genommen wurde. Unser kognitives System steht immer in Verbindung zum gesamten Körper und zur restlichen Umwelt. „Das Konzept Embodiment behauptet, dass ohne diese zweifache Einbettung der Geist/das Gehirn nicht intelligent arbeiten kann. Entsprechend kann ohne Würdigung dieser Einbettungen der Geist/das Gehirn nicht verstanden werden" (Storch et al. 2010, S. 15).

Die geistigen Prozesse (Kognitionen) sind also in den Körper eingebettet („embodied") und nur durch diese Einbettung ist das zirkuläre Wechselspiel zwischen Kognition

---

22 „Yes, that's incoherent. Let me try to find out the wrong information and change it" (Bohm 2007, S. 10).
23 „[T]hought doesn't know it is doing something and then struggles against what it is doing. It doesn't want to know that it is doing it. And it struggles against the results, trying to avoid those unpleasant results while keeping on with that way of thinking" (ebd.).

und Emotion zu verstehen. Ebenso wie in den Körper sind die Kognitionen in die weitere Umwelt eingebettet.

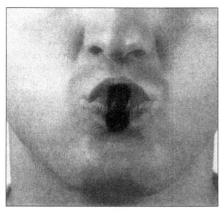 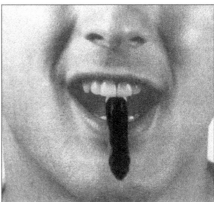

Abb. 8: Embodiment: Muskelaktivierung führt zu erwarteten Gefühlen (Strack et al. 1988, S. 771).

Ein spannendes und obendrein witziges Experiment, das zeigt, wie körperliche Ausdrücke auf Emotionen einwirken, wurde 1988 publiziert. Es handelt sich bei diesem Experiment um die Überprüfung der **Facial-Feedback-Hypothese** von Paul Ekman. Diese behauptet, dass, wenn ein bestimmter Gesichtsausdruck (auch „künstlich") hergestellt wird, entsprechende Emotionen, die mit der (natürlichen) Aktivierung dieser Muskelgruppen einhergehen, ausgelöst werden können (Strack et al. 1988).

Die Versuchspersonen wurden instruiert, einen Stift entweder mit der dominanten Hand, mit den Lippen oder mit den Zähnen zu halten (Abb. 8).[24] Natürlich wurden sie über den wahren Grund der Untersuchung zu diesem Zeitpunkt noch nicht aufgeklärt – es handelte sich um eine sogenannte Coverstory. Sie glaubten, es ginge um ein Experiment zu psychomotorischer Koordination.

Unter anderem wurden die Personen im Lauf des Experiments gebeten, Gary-Larson-Cartoons hinsichtlich ihres Lustigkeitsfaktors zu beurteilen. Die Frage war, ob die Versuchspersonen der Gruppe 3, die durch das Halten des Stiftes in eine lächelnde Position gezwungen wurden (Gruppe „Zähne"), die Cartoons im Mittel als lustiger einstufen würden. Diese Vorannahme wurde tatsächlich bestätigt (Tab. 1). Die Gruppe „Zähne"

---

24 Die Originalinstruktion lautet: „The study you are participating in has to do with psychomotoric coordination. More specifically, we are interested in people's ability to perform various tasks with parts of their body that they would normally not use for such tasks. As an example, you may have seen pictures of physically impaired people who use their mouth to write or use the telephone. […] The tasks we would like you to perform are actually part of a pilot study for a more complicated experiment […] Some of the tasks are related to ‚physical skills' like drawing lines, and others are related to more ‚normal' mental activities that people with a bodily impairment might do during a typical day, like reading a magazine" (Strack et al. 1988, S. 771).

stufte die vier Cartoons im Mittel mit 5,19 auf einer zehnstufigen Skala von 0 bis 9 als lustiger ein als die Gruppe „Lippe" mit 4,32. Die Kontrollgruppe „Hand" lag mit 4,77 dazwischen.

Tab. 1: „Künstliches" Lächeln: Der Lustigkeitsfaktor steigt (adaptiert nach Strack et al. 1988, S. 772).

	Lippe	Hand	Zähne
Cartoon 1	3,9	5,13	5,09
Cartoon 2	4	4,1	4,19
Cartoon 3	4,47	4,67	5,78
Cartoon 4	4,9	5,17	5,5
Durchschnitt Lustigkeit	4,32	4,77	5,14

Es könnte tatsächlich sein, dass die Gesichtsmuskulatur unter bestimmten Bedingungen auf die Stimmung Einfluss nimmt. Allerdings sind die Ergebnisse dieser Studie mit Vorsicht zu genießen, weil eine rezente Meta-Analyse diese nicht bestätigen konnte (Wagenmakers et al., 2016).

2.3 Fragmentierung

Das Denken ist ein kontinuierlicher Prozess, der selbstverständlich nicht linear abläuft. Wir unterliegen oft einer **Illusion der Linearität des Denkens**, was wohl zum Teil in der Tradition des westlichen, wissenschaftlich geprägten Herangehens an Probleme liegt. Das kartesische Koordinatensystem mit seiner x- und y-Achse suggeriert, ein Mehr des einen führe zu einem Mehr des anderen, was natürlich oft stimmt, aber eben sicher nicht beim Denken! Das mag trivial klingen, jedoch sind viele von uns so stark von diesem wissenschaftlichen Denkstil geprägt, dass wir ihm auch dort folgen, wo er sich nachteilig auswirkt.

In der traditionellen westlichen Denkart ist es Usus, ein „Problem" in so viele Teile zu zerlegen, bis es analysiert und gelöst werden kann. Dadurch kommt es zu einer Zersplitterung, zu einer Konzentration auf Elemente, die oft so aufgefasst werden, als seien sie für sich bestehende Entitäten.

So schreibt Bohm: „Thought is creating divisions out of itself and then saying that they are there naturally. [...] People have come to accept those divisions and that made them be there. The same holds for the divisions between religions" (Bohm 2007, S. 6).

Im Lauf der Zeit, das gilt sowohl historisch für das kollektive als auch für das individuelle Denken (welches sich zum Großteil aus dem kulturell Gemeinsamen speist), gerät dann in Vergessenheit, dass eigentlich nichts für sich allein Bestand hat, dass alles irgendwie zusammenhängt, dass selbst die großen Entwicklungen wie die Religionen oft aus einem Gemeinsamen heraus entstanden und diese Gemeinsamkeiten aber nicht mehr (in ausreichendem Maße) im Denken vorhanden sind.

Als ein Beispiel seien das Christentum und der Islam genannt oder, etwas genereller ausgedrückt, die Gemeinsamkeiten der arabischen und der europäischen Wissenschaftsgeschichte. Wenn man die heutigen Konflikte zwischen diesen beiden „Welten" betrachtet, vergisst man aufgrund der scheinbaren Unüberwindlichkeit der Gegensätze die vielen gemeinsamen Wurzeln. So führt etwa **Herbert Pietschmann** (Pietschmann 2009) aus, dass dem Islam der Erhalt des für die Entwicklung der europäisch geprägten Naturwissenschaften so wesentlichen Aristotelismus zu verdanken ist oder das Dezimalsystem, welches aus Indien über die Araber nach Europa kam, inklusive der Null, welche zuvor in Europa rund zwei Jahrtausende lang dem „horror vacui"[25] zum Opfer gefallen war.

Besonders deutlich wird die **Fragmentierung**, um eines von Bohms bekannten Beispielen zu nennen, wenn wir die politische Aufteilung der Welt betrachten. Es scheint uns so normal, diese künstlichen Grenzen als gegeben zu betrachten. „Wir bilden separate Nationen, die gänzlich ein Resultat unseres Denkens sind, ebenso wie die Trennung in verschiedene Religionen […] Die Fragmentierung ist eine der Schwierigkeiten des Denkens, aber die Wurzeln liegen tiefer" (Bohm 1998, S. 38).

Meiner Meinung nach ist eines der Hauptprobleme dieser von Bohm beschriebenen Fragmentierung, dass dieser Automatismus ebenso auf die vermeintliche, die gedachte Trennung von Körper, Gefühl und Gedanken wirkt.[26] Dabei stehen doch Emotionen und Gedanken in sehr starker Nähe und Wechselwirkung. Die gegenseitige Beeinflussung ist so stark, dass wir es als eine der Hauptaufgaben des Dialogs betrachten, uns diesen zumeist unbewusst ablaufenden Interaktionen sehr nachdrücklich zu widmen! Dabei stellt die intensive Verknüpfung von Emotion und Gedanken per se nicht unbedingt ein Problem dar, vielmehr kann sich der Automatismus dieser Verbindung als problematisch herausstellen.

René Descartes meinte, durch die Annahme zweier voneinander verschiedener Substanzen, der „res cogitans" (Geist) und der „res extensa" (Materie), weiterzukommen, was allerdings leider zu einer Abwertung der Gefühle führte: Auf der einen Seite steht die objektive Welt, auf der anderen der subjektive Geist, kontaminiert mit Gefühlen, und das Ziel soll sein, die Welt so zu beschreiben, wie sie „ist". Zweifel an dieser Anschauung, man könne die Welt wahrnehmen, wie sie ist, wurden schon zu Zeiten der antiken Philosophie formuliert, man denke etwa an das Höhlengleichnis von Platon, und dennoch beeinflusst sie uns immer noch gewaltig. Descartes formulierte in seinem „Discours de la méthode"

---

25 Als „horror vacui" bezeichnet man die Abscheu vor der Leere: Die Natur schrecke vor leeren Räumen zurück und sei deshalb bestrebt, leere Räume mit Medien zu füllen.
26 „Another problem of fragmentation is that thought divides itself from feeling and the body" (Bohm 2007, S. 6).

auch vier Regeln, von denen die zweite im Grunde lautet, schwierige Probleme in kleinere Teile zu zerlegen und als solche zu behandeln – wir könnten also sagen, zu fragmentieren. Für den Dialog heißt dies in direkter Folge zweierlei: Erstens fühlen wir uns konstruktivistischem Gedankengut verpflichtet, ohne dieses als Wahrheit verteidigen zu müssen, was ja sofort zu einem unüberwindbaren Widerspruch führen würde, sondern um es als praktikables (d.h. viables) Modell zu wählen. Zweitens gilt es, sich diesen Automatismen im wechselwirksamen Fluss von Gefühlen und Gedanken intensiv zu widmen. Die Nähe zum Konstruktivismus ist weit mehr als eine theoretische Überlegung. Sie führt letztlich zu der Überzeugung, dass es **kein Richtig und kein Falsch** geben kann, sondern nur unterschiedliche Zugänge. In weiterer Konsequenz zieht sie das Ideal nach sich, in Gesprächen nicht überzeugen zu wollen. Das heißt, ich lasse meine Meinung gleichberechtigt neben jener des anderen stehen, was besonders dann schwerfällt, wenn es sich um eine Thematik handelt, welche mich emotional berührt und mir wichtig ist. Wir werden diesen Gedanken vor allem im Kapitel 6.1 (Der Umgang mit widersprüchlichen Wahrnehmungen) weiterverfolgen und praktisch beleuchten.

2.4   Inner State und das Unbewusste

Das Wesentliche im Dialog ist zum Teil in dem zu finden, was gesagt wird, aber darüber hinaus in besonderem Maße in der Wirkung des gemeinsamen Denkprozesses auf den Einzelnen und die Gruppe, also in dem, was **zwischen den Teilnehmern** „schwingt". Martin Buber hat angeblich einmal im Rahmen einer Tagung, als darüber diskutiert wurde, wo das Freud'sche Unbewusste anzusiedeln sei, gemeint: „**Das Unbewusste ist *zwischen* den Menschen.**"[27]

Mit der Wirkung des Gesagten und des Gefühlten sind nicht nur Worte gemeint, sondern Ebenen angesprochen, die darüber hinausgehen können, die also nicht direkt beobachtbar und sogar unbewusst sind. Es geht um Schichten in uns, die sich einer allgemeinen und sachlichen Beschreibung entziehen, es geht um einen inneren Zustand des Wandels und der Erleuchtung.

In der „**Ballade vom alten Seemann**" („The Rime of the Ancient Mariner") des britischen Dichters Samuel Coleridge wird die dramatische Geschichte einer Seefahrt geschildert. Das Schiff gerät in immer südlichere Gefilde und wird schließlich von einem Albatros aus der Antarktis herausgeführt. Der alte Seemann erlegt den Albatros mit seiner Armbrust, was den Zorn der übrigen Matrosen auf ihn lenkt. Als das Schiff wieder in Not gerät, hängen sie ihm den toten Albatros zur Strafe um den Hals.

---

27 Persönliche Mitteilung von Dr. Gunther Schmidt im Juni 2010.

*O Schreckenstag, von Alt und Jung
was für Blicke mußt' ich erleben!
Dann haben sie mir den Albatros
wie ein Kreuz zu tragen gegeben.*

Schließlich begegnen sie einem Geisterschiff mit dem Tod und dem „Leben im Tod" an Bord. Die gesamte Besatzung stirbt und der alte Seemann muss mit dem Fluch der Besatzung leben, bis er schließlich die Meerestiere und ihre Schönheit erkennt und sie preist. Der Fluch wird aufgehoben, der tote Albatros fällt ihm von der Schulter:[28]

Abb. 9: Die Ballade vom alten Seemann: ein Moment der Erleuchtung

*Jenseits des Schattens aber sah
ich Wasserschlangen locken.
Sie zogen Spuren von leuchtendem Weiß,
sie bäumten sich heiß, dann fiel mit Gegleiß
das Geisterlicht ab in Flocken.*

*Im Schatten des Schiffes nahm ich wahr
ihr Aussehen herrlich und teuer:
Blau, glänzend grün und wie schwarzer Samt
schlängeltet ihr euch, und wo ihr schwammt,
hinterließt ihr goldenes Feuer.*

---

28 Aus: http://www.lyrik.ch/lyrik/spur3/coleridg/colerid1.htm#rime (26.2.2020).

O ihr glücklichen Wesen! Keine Zunge
kann eure Schönheit beweisen,
Liebe sich aus meinem Herzen ergoß,
und ich mußte sie unbewußt preisen,
erbarmend das heilige Herz überfloß,
und ich mußte sie unbewußt preisen.

Das entriegelte mein Gebet
und machte den Nacken frei,
der Albatros fiel hinab und versank
im Meer wie ein sinkendes Blei.

Was hier transportiert wird, ist ein Bild für einen außergewöhnlichen Zustand, ein Ritual, das seine Besonderheit in seiner fehlenden Zielgerichtetheit entfaltet. Der alte Seemann erkannte die Schönheit der Wasserschlangen in einem Moment der Erleuchtung und segnete sie ohne einen bewussten Zweck. Ohne es **bewusst** zu wollen, begibt er sich in einen inneren Zustand der Verbundenheit mit der ihn umgebenden Natur. Er erkennt.

Gregory Bateson zieht folgende Gedanken aus der Ballade (Bateson/Bateson 1993, S. 109): „Natürlich meine ich nicht, dass das Segnen der Wasserschlangen den Regen verursachte, der dann fiel. Das wäre eine andere Logik in einer anderen, weltlicheren Sprache. Was ich meine ist, dass die Natur von Dingen wie Gebet, Religion und dergleichen in Augenblicken des Wandels am evidentesten ist – in Augenblicken der Erleuchtung, wie die Buddhisten es nennen", und weiter: „Der Ancient Mariner hätte die Seeschlangen **nicht unbewusst segnen** können, wenn er auf seiner berühmten Reise von einem Reporter mit Kamera und Blitzlicht begleitet gewesen wäre […] Wenn der Ancient Mariner sich gesagt hätte: ‚Ich weiß, wie ich die Schuld der Tötung des Albatros loswerde: Ich fahre in die Tropen zurück, suche mir ein paar Seeschlangen und segne sie dann im Mondschein', dann wäre ihm der Albatros bis zum heutigen Tag um den Hals hängen geblieben."

Diese Ballade macht deutlich, dass die Wirkung etwa eines Rituals Schichten im Menschen berühren kann, die sich einer Beobachtung entziehen, die zudem sehr schwer zu verstehen sind und sich kaum in Worte fassen lassen. Diese Schichten berühren unseren inneren Zustand, der wesentlich bedeutsamer ist für die Wirkung, die eine gesetzte Maßnahme nach innen wie nach außen hat, als allgemein angenommen wird. Auch der Gruppendialog sensu Bohm ist in unserem Sinn ein **Ritual**. Aus solchen Ritualen heraus können sich Beziehungsmuster und daraus auch Bereitschaften entwickeln, die „rational" kaum erklärbar sind. Personen, die sonst kaum und schon gar nicht wirklich und offen miteinander sprechen, spüren dann umhüllt von diesem dialogischen Ritual oft eine zwischenmenschliche Beziehungsebene, die vorher nicht existierte. Eine Pädagogin, die mit dem Dialog im Klassenzimmer experimentierte, drückte das so aus: „Es kamen Ängste und Verletzungen zum Vorschein, die im Dialogprozess auch geäußert wurden. Es ist eine

Art von Offenheit und Beziehung entstanden dadurch, dass sich ein Gemeinschaftsgefühl eingestellt hat, das vorher so nicht da war" (Benesch 2009, S. 848).

Mein innerer Zustand („Inner State") bestimmt also die Wirkung mit. Etwas pragmatischer ausgedrückt heißt das: Der gleiche Interventionsversuch kann diesmal das gewünschte Resultat erzielen, weil ich mich in einem bestimmten Zustand der Aufmerksamkeit befinde und ein anderes Mal eben nicht, wobei der Begriff „Zustand der Aufmerksamkeit" einer näheren Betrachtung bedarf.

Claus Otto Scharmer (Scharmer 2009, S. 29) spricht in diesem Zusammenhang von den „**inneren Quellen**, von denen aus Einzelne oder Gruppen wirksam werden, wenn sie wahrnehmen, kommunizieren und handeln". Er erklärt weiter, dass der Ort, von dem aus wir handeln, wenn wir handeln, blind ist: „Wir können die Quelle, von der aus wir aufmerksam sind und wirksam werden, nicht sehen; wir sind uns des Ortes, der den Ausgangspunkt unserer Aufmerksamkeit bildet, nicht bewusst."

In einer rein blauen Welt gäbe es keinen Begriff für die Farbe Blau, weil Unterscheidungsmerkmale einfach nicht vorkommen. Ganz allgemein kann gesagt werden, dass wir an Unterschieden lernen! Ganz deutlich wird dies, wenn wir eine sehr einfache Tätigkeit wie die Fließbandarbeit betrachten, die aber, um zur Perfektion zu gelangen, sehr viel Übung erfordert. Sobald diese Perfektion erreicht und keine Verbesserung mehr möglich ist, findet auch kein Lernen mehr statt. Viele Menschen tendieren dazu, in bestimmten Situationen einmal eingeübte Verhaltensmuster beizubehalten und nicht zu sehen, dass sie über das Potenzial zu Alternativen im Handeln und Denken verfügen. Der Dialog bietet sich an, um nach eingefahrenen Mustern zu suchen, diese zu hinterfragen und sich auf eine Erweiterung des Repertoires einzulassen. Dass dies auf Schwierigkeiten im persönlichen Bereich stoßen kann und nicht unbedingt einfach ist, liegt auf der Hand.

Gerade dort, wo es um Grundwerte geht, um Einstellungen, die uns wirklich wichtig sind und uns emotional tief berühren, ist es nur mit größter Anstrengung möglich, andere Perspektiven wirklich anzunehmen und, mehr noch, als gleichwertig neben den eigenen zu akzeptieren.

Scharmer schreibt über die Schwierigkeiten, die tiefgehende Veränderungsprozesse blockieren, und schildert in anschaulicher Weise die drei Stimmen des inneren Widerstands (drei „Feinde"), mit denen wir uns auseinandersetzen müssen. Diese drei Feinde sind mögliche Blockaden auf dem Weg zur Öffnung von Kernkompetenzen, Sensorien, über die wir alle verfügen: das **Kopfdenken**, das **Herzdenken** und die **Spiritualität**.

- Das Kopfdenken meint die klassische Intelligenz, das analytische Denken.
- Das Herzdenken bezieht sich auf unsere Emotionen und die Fähigkeit zu Empathie.
- Die Spiritualität meint die Fähigkeit zur Öffnung des Willens, alte Muster und Intentionen loszulassen und „neue Intention[en] anwesend werden und kommen zu lassen".

Alle drei Sensorien sind wesentliche Instrumente, die wir benötigen, um zu tiefgehenden, nicht an der Oberfläche bleibenden persönlichen Veränderungen zu gelangen, was Willen

und Üben erfordert, ein Herumprobieren mit dem Mut, sich auf Versuch und Irrtum einzulassen und sich diesen drei „Feinden" zu stellen:
- Der erste Feind, die Stimme des Urteilens, opponiert gegen das Kopfdenken.
- Der zweite Feind, die Stimme des Zynismus, opponiert gegen das Herzdenken.
- Der dritte Feind, die Stimme der Angst, opponiert gegen die Spiritualität und damit den Zugang zur Öffnung des Willens.

Wenn wir typische Gesprächsverläufe von Personen analysieren, die beginnen, sich auf den Dialog einzulassen, können wir diese „Feinde" oft in Reinkultur erleben, vor allem dann, wenn der Dialog-Facilitator einen eher weichen, sanften Weg in seiner Begleitung einschlägt. Sehr viele Menschen sind es gewohnt, in der Kommunikation die Muster von Verteidigung und Überzeugenwollen zu verwenden, aus purer Gewohnheit und zumeist unreflektiert. Nun geht es plötzlich darum, gegenteilige Ansichten nicht bewertend im Raum stehen zu lassen, sondern diese anzunehmen – was nicht gleichbedeutend damit ist, diese auch zu teilen! – sowie Wertschätzung seitens anderer, nicht sonderlich nahestehender Personen zu empfangen, was viele von uns überhaupt nicht gewohnt sind.

So melden sich recht schnell die Stimmen des Zynismus und des Urteilens, genährt von der Angst der eigenen Verletzlichkeit. Derartige Situationen können gut mit jenen Bewertungen, Urteilen und Ängsten verglichen werden, die sich einstellen, wenn sich eine neue Liebesbeziehung anbahnt, die durch die emotionale Öffnung immer mit intimer Exponiertheit und damit potenzieller Verletzlichkeit einhergeht. Wenn wir uns bestimmte Fragen stellen – ab dem Moment, von dem an uns der Ernst der Gefühle bewusst wird –, werden wir oft von Ängsten eingenommen, bewertend und zynisch, wenn nicht grob:
- Ist die andere Person wirklich offen und ehrlich zu mir?
- Wird mit mir nur gespielt?
- Wird die andere Person mein Vertrauen missbrauchen?
- Sind meine eigenen Gefühle der anderen Person gegenüber wahrhaftig und tief, hat „es" Zukunft?

Im Dialog mit Teilnehmern, die gerade beginnen, sich neu auf dieses Experiment einzulassen, oder in einer organisationalen Umgebung, in der sich (noch) kein Vertrauen in diesen offenen Prozess eingestellt hat bzw. der Wille, die Gesprächskultur mittel- bis langfristig zu verändern, (noch) nicht vorhanden ist, sind diese drei Feinde dann oft deutlich zu hören:
- Unsere Firma ist gewinnorientiert, es zählen nur die Verkaufszahlen. Da ist kein Platz für solche Gefühlssachen.
- Wenn ich beginnen würde, von meinen Ängsten oder Befürchtungen zu sprechen, würde man das sofort ausnutzen.

- Solche Gespräche sollen Blümchen-Menschen und Esoteriker führen, ich bin ein Mensch der Fakten.[29]
- Von Gefühlen leiten lassen – das ist nicht meines. Bei mir zählen Daten, die ich überprüfen kann.

Es soll nicht in Abrede gestellt werden, dass derartige Befürchtungen und Ängste berechtigt sein können, ganz im Gegenteil: In einer Atmosphäre des Misstrauens, eingebunden in strenge Hierarchien mit klaren Zielvorgaben, in einer Umgebung, die von Intrigen und Gesprächen hinter dem Rücken der Betroffenen durchtränkt ist, kann es nahezu selbstzerstörerisch sein, bei Abteilungsbesprechungen zu beginnen, „mit dem Herzen" zu reden. Deshalb bedarf es nicht nur eines klaren Willens seitens der Führungsebene, die Gesprächskultur zu verändern, sondern auch einer gewissen Zeit und (externen) Begleitung, den Shift hin zu einer kreativen, offenen Atmosphäre in geschütztem Rahmen zu versuchen und langfristig zu implementieren.

Dennoch sei die Hypothese aufgestellt, dass in jedem Menschen das Grundbedürfnis vorhanden ist, wahrhaftig und wertschätzend miteinander zu sprechen, und dass dieses Bedürfnis, bedingt durch die konkurrenzbetonte Sozialisation mit dem Fokus, „Fehler" zu vermeiden, und durch entsprechende Vorbilder, bei vielen Personen verdeckt wurde. Deshalb ist es ungemein wichtig, den „Inner State", das eigene Aufmerksamkeitsniveau und die Quellen, von denen aus wir wirksam werden, genau zu reflektieren und zu transformieren.

Drei Arten der Wahrnehmung
Die echte zwischenmenschliche Sphäre, um die es geht, ist keine Lehre, die man in einem Werk nachlesen könnte. Sie wird erfahren, nicht mit Worten mitgeteilt. So unterscheidet **Martin Buber** drei Arten, wie ein Mensch (aber auch Tiere oder Objekte) wahrgenommen werden können (Buber 2006):
- **Beobachten:** Der Beobachtete wird „gespannt" aufgezeichnet, all seine Ausdrucksweisen werden genau „notiert". Es handelt sich um ein willkürliches, peinlich genaues Beobachten, aber ohne wirkliche innere Anteilnahme.
- **Betrachten:** Auch das Betrachten geschieht fernab wirklicher innerer Anteilnahme, allerdings ohne die „Gespanntheit" des Beobachters. Der Betrachter lässt geschehen, vertraut darauf, dass sein Gedächtnis „das Erhaltenswerte erhält". Der betrachtete Mensch ist aber Gegenstand, zu dem der Betrachter nicht in wirklicher Beziehung steht. Während der Beobachter wie ein Wissenschaftler „sachlich" auf den beobachteten Menschen blickt, sieht der Betrachter wie ein Künstler auf ihn, der etwas von seiner Existenz erfahren möchte. Beide nehmen den Gegenstand aber so wahr, dass er „ihnen weder Tat abfordert noch Schicksal zufügt".

---

29 Die Sprache ist oft „enthüllend": Faktum leitet sich aus dem lat. „facere" (tun, machen) her. Ein Faktum ist also etwas „Gemachtes".

- **Innewerden:** Diese Wahrnehmungsweise sieht den Menschen nicht als Gegenstand. „Ich kann den Menschen, an dem, durch den mir etwas gesagt worden ist, nicht abmalen, nicht erzählen, nicht beschreiben; versuchte ich es, wärs schon aus mit dem Gesagtsein." Es kommt beim Innewerden darauf an, den Menschen „anzunehmen". Bei der Begegnung geschieht etwas, was gegenständlich nicht erfassbar ist. Es kann sich dabei auch um eine persönliche Lernerfahrung handeln, die ohne ein aktives Tun des anderen geschieht – es geht um „wirkliche Sprache", ohne dass die Beteiligten sprechen: „Nicht er sagt es mir […]: Es sagt".

Auch Scharmer (Scharmer 2009, S. 28) spricht von zumindest drei möglichen Perspektiven: Wir können uns
- auf ein Ding als Endprodukt eines Prozesses konzentrieren oder
- auf den Prozess selbst oder
- auf die Quelle oder Ursprünge, noch bevor etwas manifest wird.

Es versteht sich von selbst, dass die ersten beiden Perspektiven das Übliche darstellen. Wir betrachten bzw. beobachten beispielsweise ein Kunstwerk oder den Prozess seiner Entstehung, aber kaum die Quelle, aus der heraus jemand tätig wird, den inneren Zustand. Dabei ist die innere Verfassung wesentlich für den weiteren Prozess, wesentlich dafür, welche Wirkungen sich aus der Aktion heraus entfalten.

2.5 Emotionen

Paul Ekman (Ekman 2010) schreibt den Emotionen vier wesentliche Merkmale zu. Da ist zunächst die **Signaleigenschaft**: Emotionen setzen andere darüber in Kenntnis, was in uns geschieht (die von den Emotionen zu unterscheidenden Gedanken besitzen diese Signaleigenschaft nicht). In der Regel ist an Emotionen typisch, dass sie sehr schnell **automatisch** ausgelöst werden können, ohne ins Bewusstsein zu gelangen. Dabei spielen Prozesse der Beurteilung eine große Rolle, und das ist ein äußerst wesentlicher Punkt, da wir zwischen den Ereignissen und der Beurteilung von Ereignissen zu unterscheiden haben: Nicht das Ereignis selbst löst Emotionen aus, sondern unsere Beurteilung dieses Ereignisses! Wir können wohl behaupten, dass nur sehr wenige angeborene Auslöser für Emotionen vorhanden sind – fast immer handelt es sich um Emotionen, die aufgrund von (auch automatisierten) kognitiven Bewertungsprozessen ausgelöst werden. Diese Feststellung ist so wesentlich, weil der Dialog geeignet ist, sich dieser Automatismen stärker gewahr zu werden. Der **Mangel an zumindest anfänglicher Bewusstheit** ist das dritte Charakteristikum von Emotionen. Als viertes Charakteristikum nennt Ekman schließlich die **Dauer emotionaler Episoden**: Sie ist für gewöhnlich kurz, von einigen Sekunden bis zu etwa einer Stunde. Länger andauernde Emotionen werden eher als Stimmungen bezeichnet.

Wir wollen uns im Folgenden vor allem der zweiten und dritten Eigenschaft zuwenden, dem Automatismus mit zumeist fehlender Bewusstheit. Denken wir an die von vielen so ungeliebten Spinnen: Ohne es zu merken, erleben wir Emotionen des Ekels, vielleicht sogar gefolgt von einer körperlichen Abwehrbewegung. In dieser etwa Viertel- bis halben Sekunde ist im Grunde einiges geschehen, von dem wir allerdings bewusst kaum etwas bis gar nichts mitbekommen.

Nach der Wahrnehmung mit all den intern ablaufenden Top-down- und Bottom-up-Prozessen erfolgt die automatische Bewertung des Ereignisses und eine körperliche Reaktion, wie etwa das Zudrücken der Augen oder der Schritt zurück. Wirklich wesentlich dabei ist, dass nicht die Spinne an sich die Emotion ausgelöst hat, sondern ein kognitiver Bewertungsprozess, so schnell und unbewusst er auch abgelaufen ist! Die Spinne an sich kann keinen Ekel hervorrufen. Wir können getrost davon ausgehen, dass Ekel oder Angst keine angeborenen Emotionen auf Spinnen darstellen, zumal es auch in unserem Kulturkreis Menschen gibt, die diese Tiere recht gernhaben, und sehr viele Menschen auf dem Erdball verspeisen sie mit Wonne.

So meinte schon der antike griechische Philosoph Epiktet natürlich völlig zu Recht, dass uns nicht die Dinge selbst beunruhigen, sondern die Meinungen und Beurteilungen über die Dinge. Diese Unterscheidung ist deshalb so relevant, weil sie uns die Verantwortung über den Umgang mit Emotionen in die Hand gibt.

Um keine Missverständnisse aufkommen zu lassen: Es geht keinesfalls darum, Emotionen zu bekämpfen. Nein, es geht um unseren **Umgang mit Gefühlen** und darum, sie zu beherrschen und nicht uns selbst von ihnen beherrschen zu lassen. Denn mit Emotionen sind selbstverständlich regelmäßig Kognitionen verbunden, welche unsere mentalen Modelle bedeutsam beeinflussen.

Die **Regulation der eigenen Emotionen** wurde oft als eine der größten Herausforderungen im Leben beschrieben, und das bestimmt zu Recht. Wie viel Leid und Unglück hat es schon verursacht, wenn Menschen ihre Gefühle nicht im Griff haben! Der inkompetente Umgang mit Emotionen begräbt regelmäßig viel an kreativem Potenzial im Miteinander. In der Handhabung unserer Gefühle nützt uns das Wissen oftmals recht wenig. Haben Sie Angst vor Höhe, wird Ihr Herz auch dann schneller rasen, wenn Sie an einem Steilhang durch eine stabile Absperrung aus Beton und Metall geschützt sind. Ist eine stärkere emotionale Reaktion erst einmal initiiert, fällt es schwer, durch bewusste Einschaltung des Denkens einen anderen, von außen betrachtet vernünftigeren, Weg einzuschlagen.

Im Kontext des Dialogs beschäftigt uns vor allem, dass „Emotionen […] uns den Zugriff auf all das verwehren, was wir wissen, auf Informationen, die wir sonst sofort abrufbereit hätten, die uns aber unzugänglich bleiben, solange das Gefühl besteht" (Ekman 2010, S. 55). David Bohm geht noch weiter, wenn er schreibt, dass eines der großen Übel darin besteht, den Angriff auf eine Meinung mit einem **Angriff auf die ganze Person** unbewusst gleichzusetzen. Die unreflektierten Emotionen, die dabei entstehen können, verhindern regelmäßig vernünftiges Handeln. Wir identifizieren uns mit unseren Meinungen, weshalb wir uns persönlich angegriffen fühlen und zur Verteidigung schreiten müssen.

Es darf nicht unser Ziel sein, Emotionen zu leugnen oder gar längerfristig zu unterdrücken. Unser Ziel sollte die Beobachtung dessen sein, was in uns geschieht, wenn sie auftreten, und diese Beobachtungen in irgendeiner Weise sinnvoll zu verwenden. Es gibt unzählige Strategien zur Regulation von Gefühlen und es ist wichtig zu beachten, dass die Emotionen uns nicht dazu zwingen, in einer bestimmten Art zu handeln – aber sie machen es wahrscheinlicher.

James Gross (Gross 2002) von der kalifornischen Stanford University hat die Auswirkung von zwei sehr bekannten **Emotionsregulationsstrategien** eingehender untersucht: **Überprüfung/Neubewertung** („reappraisal") und **Unterdrückung** („suppression"). Grundsätzlich wird in diesem Modell angenommen, dass die unterschiedlichen Strategien zur Emotionsregulation davon abhängen, zu welchem Zeitpunkt sie ihre primäre Wirkung im Gesamtprozess entfalten. Man geht davon aus, dass zwei wesentliche Gruppen von Strategien zu unterscheiden sind: antizipierende und reaktionsfokussierte Strategien.

a) **Antizipierende Strategien:** Diese kommen vor dem eigentlichen Ereignis zum Einsatz, noch bevor emotionale Reaktionen wesentlich begonnen haben (samt ihren physiologischen und verhaltenstechnischen Begleiterscheinungen). Beispiel: Im Vorfeld eines wichtigen Gespräches sieht die Person dieses als Lernmöglichkeit und nicht als unangenehme Prüfung.

b) **Reaktionsfokussierte Strategien:** Diese setzen ein, wenn Emotionen auf ein Ereignis bereits eingesetzt haben. Beispiel: Eine Mutter lässt ihre Tochter zum ersten Mal im Kindergarten alleine zurück, zeigt aber nicht ihre Gefühle von Angst oder Traurigkeit.

Des Weiteren gibt es in diesem Modell fünf Regulationsstrategien:
1. **Auswahl der Situation:** Man wählt unter verschiedenen möglichen Situationen aus und entscheidet sich, eine bestimmte Situation zu vermeiden oder sich ihr auszusetzen. Beispiel: Sie entscheiden sich, zu Hause zu bleiben anstatt zu einer Party zu gehen, weil sie antizipieren, dass Sie sich zu Hause wohler fühlen werden.
2. **Modifikation der Situation:** Man modifiziert eine Situation, um einen anderen Emotionslevel zu erreichen. Beispiel: Sie stellen einen anderen Radiosender ein, um keine negativen Nachrichten hören zu müssen.
3. **Verlagerung der Aufmerksamkeit:** Innerhalb einer gewählten Situation sind stets mehrere Aspekte erkennbar, auf die man sich konzentrieren könnte. Man fokussiert dann auf einen oder mehrere dieser Aspekte. Beispiel: Sie lenken ein Gespräch auf das gute Gefühl des Erfolgs, das Sie nach dem Bestehen einer Prüfung hatten.
4. **Veränderung der Kognition:** Dieser ausgewählte Aspekt ist in der Regel mit mehreren Bedeutungen versehen und man wählt eine dieser Bedeutungen aus. Beispiel: Eine Prüfung ist ja grundsätzlich nur eine Prüfung, sie sagt nichts über den Wert eines Menschen aus. Die Stufe vier ist bedeutend, weil davon wesentlich abhängt, welche Erfahrungs-, Verhaltens- oder physiologischen Reaktionen in dieser Situation entstehen. Eine Situation kann hier einer **Überprüfung/Neubewertung** unterzogen werden.

5. **Anpassung der Reaktion:** In dieser Stufe sind Tendenzen zu emotionalen Reaktionen bereits ausgelöst worden, man kann darauf auf den Ebenen von Erfahrungen, Verhalten oder physiologischen Erscheinungen reagieren.

Beispiel: *Man unterdrückt Verhalten, das etwas zeigen könnte: Ich versuche, nicht zu schwitzen, wenn ich daran denke, dass ich die Prüfung nicht bestehen könnte. Typisch für diese Strategie ist die Unterdrückung.*

Die Frage ist nun, ob in einer potenziell stressbeladenen Situation die Strategie der Überprüfung/Neubewertung jener der Unterdrückung vorzuziehen ist. Dazu hat Gross (2002) Testpersonen einen Film über die Amputation eines Armes gezeigt. Den Personen der Gruppe „Überprüfung/Neubewertung" wurde gesagt, sie sollen den Film ansehen und dabei bewusst denken, dass sie nichts empfinden. Die Personen der Gruppe „Unterdrückung" wurden instruiert, ihre emotionalen Reaktionen bewusst auszublenden.

Erstaunlicherweise konnte anhand von Ableitungen körperlicher Parameter wie des Pulsschlages oder der Hauttemperatur gezeigt werden, dass die Strategie „Unterdrückung" zu einem Mehr an messbarem Stressempfinden führte: Die Aktivität des sympathischen Nervensystems, das Stressreaktionen steuert, stieg an. Im Gegensatz zur Strategie „Überprüfung/Neubewertung" – hier konnten derartige Effekte nur in viel geringerem Ausmaß beobachtet werden (siehe Abb. 10).

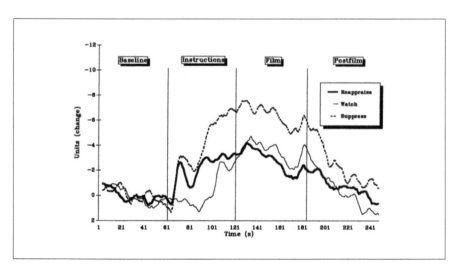

Abb. 10: Der messbare Effekt von Unterdrückung und Überprüfung/Neubewertung: Die gestrichelte Linie zeigt die Veränderung der Pulsrate für die Gruppe „Unterdrücker". Das Stressniveau ist hier am höchsten. Die Gruppe „Überprüfung/Neubewertung" (durchgezogene Linie) und die Kontrollgruppe liegen bei gleichem Ausgangsniveau deutlich niedriger (Gross 2002, S. 284).

Das zeigt, dass die Art, wie wir bewusst mit unseren Emotionen umgehen, ganz massiv unsere körperlichen Stressreaktionen beeinflusst. Und natürlich können wir lernen, besser mit unseren Emotionen umzugehen. Wir müssen uns nicht in dem Maß von ihnen „treiben" lassen, wie wir das oft glauben. Ob die Strategie „Unterdrückung" oder „Überprüfung/Neubewertung" in einer gegebenen Situation angemessener ist, kann jedoch nur im Situationskontext beantwortet werden.

Für den Dialog bedeutet dies Folgendes: Gerade in hitzigen Situationen, wenn es um ein Thema geht, das uns intensiv emotional berührt, ist es wichtig, noch mehr auf die eigene Gefühlslage zu achten, bewusst Strategien einzusetzen, um abzuschalten und Abstand zu gewinnen, und nicht nur das eigene Denken, sondern auch die eigenen Emotionen genau zu beobachten. Warum beginne ich mich gerade jetzt nach diesem Beitrag eines Teilnehmers so aufzuregen? Was teilt mir meine momentane Befindlichkeit über mich selbst mit? Welche Strategie kann ich einsetzen, um mich etwas „herunterzuholen" und mehr Klarheit zu erhalten und etwas über die Entstehungsgeschichte meiner Gefühle zu lernen?

Sicherlich wird es gerade im Kontext des Dialogs in der Regel nicht günstig sein, aufkommende Emotionen zu unterdrücken. Zumeist wird es einen konstruktiven Gesprächsverlauf unterstützen, a) die Gefühle zu beobachten, b) einer Überprüfung zu unterziehen sowie c) zu überlegen, welche Aspekte einer gefühlsmäßigen Reaktion noch vorhanden sein und wie diese aus unterschiedlichen Perspektiven heraus bewertet werden könnten.

Bohm spricht in diesem Zusammenhang von der Aufmerksamkeit, von der Möglichkeit, dass sich das **Denken selbst beobachtet**, um zu erkennen, was es tut. Würde man die Emotion unterdrücken, „verlöre man die innere Klarheit, das Bewusstsein für seine Wut, bliebe aber dennoch wütend. [...] Erforderlich wäre vielmehr, die Symptome in der Mitte gleichsam wie auf einem instabilen Punkt – wie auf Messers Schneide – in der Schwebe zu halten, so dass wir den ganzen Prozess beobachten können." Wenn es nicht möglich ist, die emotionale Reaktion in der Schwebe zu halten, „beobachten Sie den Vorgang der Unterdrückung, ohne die Unterdrückung zu unterdrücken" (Bohm 1998, S. 144).

Diese Beobachtung des Beobachters ist bildhaft vergleichbar mit einer Fahrt in der Achterbahn. Aus der Perspektive des Fahrenden bin ich voll im Geschehen, mit all den Aufregungen, dem Herzklopfen, der Angst – ich bin eins mit meinen Emotionen. Ich kann mich aber auch neben die Achterbahn stellen und mich gedanklich dabei beobachten, wie ich im Wagon sitze. Es wird mir möglich sein, die aufkommenden Zustände, da sie mir bereits bekannt sind, auch zu empfinden, aber eben aus einer distanzierteren Perspektive heraus, mit etwas Abstand zu mir selbst. Und mehr noch: Ich könnte mich auch als Beobachter des Geschehens beobachten, also aus einer noch distanzierteren Haltung heraus!

2.6 Mentale Modelle

In den 1990er-Jahren erlangte in Deutschland ein Postbote namens Gert Postel, der ohne entsprechendes Studium und Ausbildung als Leitender Oberarzt eines psychiatrischen Fachkrankenhauses in Ostdeutschland arbeitete, einige Berühmtheit. Mit gefälschten Abschlussurkunden und Zeugnissen ausgestattet, konnte sich dieser Hochstapler einige Jahre auf dünnem Eis halten, bis er schließlich gerichtlich verurteilt wurde und eine Haftstrafe absitzen musste. Danach reiste er durch mehrere Talkshows und machte sich – durchaus eloquent und mit einem amüsanten Anstrich narzisstischer Überheblichkeit – über die psychiatrischen Einrichtungen und die dort Arbeitenden lustig (Postel 2001).

Zuschreibungen bleiben relativ stabil, Zweifel werden mental ausgeräumt, das bereits bestehende Bild setzt sich fest.

An mehreren Stellen dieses Buches wird darauf hingewiesen, dass die Wahrnehmung des Menschen etwas sehr Individuelles und Konstruiertes ist und dass wir immer zu wenige Informationen haben. Das bedeutet, wir können bei der Betrachtung von Menschen, Situationen, Phänomenen usw. gar nicht anders, als Lücken aufzufüllen. Gleichzeitig blenden wir aber auch eine Unmenge an Informationen, die in unser Gehirn strömen, aus bzw. nehmen sie gar nicht erst zur Kenntnis.

In der Psychologie wird gerne auf sogenannte **Filtertheorien** zurückgegriffen, wenn es darum geht, die Phänomene von Aufmerksamkeit und Leistung zu erklären. Sensorische Informationen durchlaufen unser System ungehindert, bis sie eine Art Flaschenhals erreichen. Dort wird entschieden, welche Informationen weiterverarbeitet und welche herausgefiltert werden.[30] Daneben kommt es aber selbstverständlich auch zur Selektion aufgrund semantischer Informationen. Wir kennen das Phänomen des **Party-Effekts:** Es sind viele Stimmen zu hören, etwa auf einer Party, wir nehmen aber nicht bewusst wahr, was die Personen sprechen. Fällt ein bestimmtes Reizwort, wie etwa unser eigener Name, hören wir jedoch sofort hin. Das zeigt, dass sehr viele Informationen nicht bewusst wahrgenommen werden und Selektionsprozessen zum Opfer fallen.

Paul Watzlawick berichtet über eine amüsante Untersuchung, die nach dem Ende des Zweiten Weltkrieges durchgeführt wurde und die unterschiedlichen Einstellungen amerikanischer Soldaten und englischer Mädchen der jeweils anderen Gruppe gegenüber betrifft.

„Unter den während des Krieges in England stationierten amerikanischen Soldaten war die Ansicht weit verbreitet, die englischen Mädchen seien sexuell überaus leicht zugänglich. Merkwürdigerweise behaupteten die Mädchen ihrerseits, die amerikanischen Soldaten seien übertrieben stürmisch. […] Es stellte sich heraus, daß das Paarungsverhalten […] in England wie in Amerika ungefähr dreißig verschiedene Verhaltensformen durchläuft, daß aber

---
30 Siehe z. B. Anderson (2001).

die Reihenfolge dieser Verhaltensformen [...] verschieden ist. Während z.B. das Küssen in Amerika relativ früh kommt, etwa auf Stufe 5, tritt es im typischen Paarungsverhalten der Engländer relativ spät auf, etwa auf Stufe 25" (Watzlawick et al. 2003, S. 20).

Wir haben es hier also mit Annahmen über die Welt zu tun, die nicht nur unausgesprochen, sondern implizit, d.h. nicht bewusst sind. Für die englischen Frauen bedeutete ein Kuss mehr oder minder die direkte Aufforderung zum Geschlechtsverkehr, während die amerikanischen Soldaten diesem keine nähere Bedeutung beimaßen – sie gingen mit Küssen relativ zwanglos um. Hätten die Engländerinnen und die Amerikaner über das unterschiedliche „Paarungsverhalten" Bescheid gewusst, dann wäre dieses Missverständnis nicht aufgetreten.

Solche Annahmen wollen wir im Kontext des Dialogs als mentale Modelle bezeichnen. Ein mentales Modell ist die interne Repräsentation der persönlichen Wirklichkeit, beeinflusst durch individuell-biografische, physiologische, soziale und kulturelle Filter. „Unterschiede zwischen mentalen Modellen sind auch der Grund, weshalb zwei Menschen dasselbe Ereignis beobachten können und es trotzdem völlig unterschiedlich beschreiben" (Senge et al. 2004, S. 272).

Mentale Modelle liegen normalerweise tief in uns verborgen und schlummern, bis sie aktiviert werden. Dann entfalten sie ihre Wirkung, tragischerweise meistens ohne unser Wissen. Sie sind unbewusst. Das, was wir im Dialog versuchen zu tun, hat sehr viel mit diesen verborgenen mentalen Modellen zu tun: Sie aufspüren, erkunden, reflektieren. Mentale Modelle, einmal als solche identifiziert, sind der aktiven Beobachtung zugänglich und können untersucht werden.

Mentale Modelle wirken als Vorurteile. Sie bestimmen unsere Weltsicht in mächtiger Weise mit und beeinflussen das Denken und Handeln. Die mentalen Modelle spielen auch eine Rolle bei der Auswahl und der Nichtwahrnehmung bzw. Vermeidung von Informationen. Wir tendieren dazu, jene Informationen, die unsere Weltsicht unterstützen, zu verwenden und den Rest auszublenden.

Die Wissenschaftsgeschichte ist voll mit Belegen über die Wirksamkeit von Vorannahmen und wie sie das Denken und Handeln des Menschen steuern. Im Jahr 1906 veröffentlichte Dr. Robert Bean, ein Arzt in Virginia, einen Artikel über den Vergleich von Gehirnen weißer und schwarzer Amerikaner (Bean 1906). Er berichtete über umfangreiche Vermessungen des Corpus callosum, einer Struktur, durch die Nervenfasern führen, welche die beiden Gehirnhälften miteinander verbinden. Man glaubte, diese sei relevant für die Intelligenz eines Menschen. Bean zeigte, dass anhand der Größe des Corpus callosum eine nahezu perfekte Trennung der Hirne von Weißen und Schwarzen möglich sei (Abb. 11: Die weißen Punkte entsprechen den „kaukasischen" Messwerten):

Mentale Modelle 55

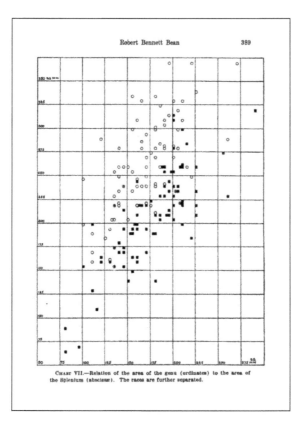

Abb. 11: Die Vermessung der Intelligenz I: Vorurteile in der Wissenschaft anhand des Beispiels Robert Bennet Bean (Bean 1906, S. 389)

Nebenbei bemerkte Bean auch noch, dass die Schwarzen anhand der relativen Größe ihres Vorderhirns als ein Zwischenglied von „Mensch (sic!) und Orang-Utan" (ebd.) zu betrachten seien (Abb. 12).

	Man.	Ourang.
Frontal lobes	43.6	36.8
Parietal and Occipital lobes	34.6	43.6

The Negro evidently stands in an intermediate position in this relation, which becomes more evident when the areas anterior and posterior to the fissure of Rolando are considered.

Abb. 12: Die Vermessung der Intelligenz II: Vorurteile in der Wissenschaft anhand des Beispiels Robert Bennet Bean (Bean 1906, S. 380)

Beans Vermessungen wurden schließlich von Dr. Franklin Mall überprüft, weil sie ihm einfach zu eindeutig vorkamen, und tatsächlich konnten Beans Resultate nicht reproduziert werden. Bean wusste nämlich bei der Vermessung, welche Präparate von Weißen und welche von Schwarzen stammten. Mall wusste dies hingegen nicht und konnte auf diese Weise auch nicht in die Irre geführt werden.

Der amerikanische Anthropologe Stephen Jay Gould hat sich eingehend mit dem „falsch vermessenen Menschen" beschäftigt und schlussfolgert, dass etwa rassistische oder sexistische Interpretationen in der Wissenschaft nicht unbedingt einem böswilligen Vorsatz oder Betrug durch Daten entspringen müssen, sondern auch schlicht Ausdruck vorgefasster Meinungen sein können. Vielleicht war Bean einfach nur ein schlechter Wissenschaftler, aber für andere, wie beispielsweise Paul Broca, gelte dies sicher nicht. „Die großen Experten der Schädelmessung hinwiederum waren nach den Kriterien ihrer Zeit hervorragende Wissenschaftler. [...] Ihre Vorurteile wirkten subtiler ein [...]. Ihre Arbeiten waren vor Entlarvung besser geschützt, doch aus eben diesem Grunde wertlos: die Vorurteile führten durch die Daten im Kreis zurück zu denselben Vorurteilen" (Gould 1994, S. 83).

Das Wesentliche am Fall Dr. Bean ist, dass wir von Folgendem ausgehen können: Es ist sehr wahrscheinlich, dass er sich seiner mentalen Modelle, was die Minderwertigkeit anderer Rassen betrifft, nicht bewusst war. Er ließ sich bereits bei der Vermessung seiner Präparate von diesen Vorurteilen leiten und vermutlich lagen keine bewussten Grobheiten und Bösartigkeiten in seinen diskriminierenden und extrem pauschalisierenden Schlussfolgerungen – er suchte in den Daten eine objektive Bestätigung seiner Vorurteile und hat sie gefunden.

Wir brauchen aber gar nicht 100 Jahre zurückzugehen, es gibt unzählige rezente Beispiele dafür, wie mentale Modelle das Denken in der Wissenschaft beeinflussen. Denken Sie nur daran, mit welcher Überzeugung und Rigorosität versucht wird, die kognitiven Fähigkeiten über Intelligenzkonstrukte in Zahlenwerte zu pressen. Dahinter steht die Annahme, man könne mathematisch-statistische Modelle mithilfe psychologischer Tests über den Menschen stülpen, auf diese Weise „objektive" Erkenntnisse in Form von Maßzahlen zu Dimensionen der Intelligenz erlangen und Klassifizierungen vornehmen – ein meiner Meinung nach aussichtsloses Unterfangen.[31] Doch selbstverständlich ist meine Annahme, dies sei ein aussichtsloses Unterfangen, ebenso ein mentales Modell.

Wir müssten eigentlich noch tiefer graben und die Frage stellen, ob wissenschaftliche Erkenntnis überhaupt etwas mit der externalen Natur zu tun hat oder nicht wesentlich

---

31 Oder denken Sie an die hitzigen Diskussionen zwischen Vertretern der Schulmedizin und sogenannten alternativen Zugängen wie Homöopathie. Wir können wohl davon ausgehen, dass die „Wahrheit" irgendwo in der Mitte im Rahmen von Kommunikationsprozessen zwischen den Beteiligten liegt, das heißt, alle haben „recht" und „unrecht" zugleich. Anstatt voneinander zu lernen, wird sehr oft gekämpft, und der „Sieg" liegt zumeist bei der Gruppe mit dem größeren Einfluss. Dialogisch ist das sicher nicht. Vielleicht sollte mehr über Grundannahmen gesprochen werden als über „Fakten", auf die man sich nur einigen kann oder nicht. Die Realität ist nicht abbildbar.

mehr als soziales Konstrukt am vorläufigen Ende eines unendlichen Kommunikationsprozesses aufzufassen ist. Man könnte aus dieser Sichtweise heraus auch sagen: „Die Gültigkeit wissenschaftlicher Erkenntnisse [wird] sozial ausgehandelt", und wir können davon ausgehen, „dass die naturwissenschaftlichen Forschungsresultate primär ein soziales Konstrukt darstellen und nicht eine (möglichst) objektive Abbildung einer externalen Natur" (Vaassen 1996, S. 147). In unserer Diktion können wir den Begriff „soziales Konstrukt" ruhig durch „mentale Modelle" ersetzen.

Wenn wir uns also mit der Psychologie hinter dem Dialog beschäftigen und versuchen, beispielsweise Variablen menschlichen Verhaltens zu identifizieren und dann zu beschreiben, haben wir es mit mentalen Modellen zu tun, die so mächtig sind, dass man sie eigentlich fürchten müsste. Sie berühren gerade in unserer (natur-)wissenschaftlich geprägten Zeit nicht nur die Wissenschaften selbst, sondern auch das (nicht primär wissenschaftlich denkende) Individuum! Die Erkenntnisse der Wissenschaften werden dermaßen aktiv und breit gestreut kommuniziert, dass fast jeder mit diesen „infiziert" ist, und zwar in der Regel, ohne es zu bemerken.

Ein triviales Beispiel dazu: Haben Sie schon einmal alltagspsychologische Erklärungen der Art „Schau an, Hans hat sich einen teuren Sportwagen gekauft. Naja, kein Wunder, damit kompensiert er seine Minderwertigkeitskomplexe, weil er so klein gewachsen ist" gehört? Dahinter stehen wohl deutlich mentale Modelle, die aus der Psychoanalyse herrühren, eines Denkgebäudes also, das zumindest in unseren Breiten im gesellschaftlichen Denken fest verankert ist. Kann diese oder eine ähnliche Behauptung über die Motivation von Hans schlüssig begründet werden? Das ist zu bezweifeln. Um es klarzumachen: Es geht hier nicht um eine Art Wahrheitsgehalt solcher Aussagen, sondern ausschließlich um die Reflexion der Vorannahmen, aus denen heraus sie getroffen werden.

Bernd Vaassen (ebd.) stellt in diesem Kontext natürlich zu Recht die Frage nach der Gültigkeit der Vorannahmen, die jedem Prozess des wissenschaftlichen Erkenntnisgewinns zugrunde liegen: „Angesichts der Vieldeutigkeit der ‚Wirklichkeit', wie sie sich in den Beobachtungen der Daten darstellt, ist nicht die Kontroverse unter Wissenschaftlern, sondern der Konsens erklärungsbedürftig." Man muss zunächst also damit einverstanden sein, dass eine bestimmte Art der Datenerhebung und die Weiterverarbeitung dieser Daten gültig sind, um ein bestimmtes Phänomen innerhalb eines theoretischen Rahmens zu erklären. Und auch dann kommt man in den unausweichlichen Zirkel, dass die Art, wie dieses Phänomen definiert wurde, in die Methode (der Datengewinnung) eingeht. Die Daten entwickeln eine Art Eigenleben, sie schaffen eine eigene Wirklichkeit. Die Aussagen, die man aus ihnen ableitet, werden als etwas gesehen, das als unabhängig „von den aktuellen Verhaltensweisen, die sie erzeugt haben, und vom Kontext ihrer Entstehung" (ebd.) aufgefasst wird.

Eine der vielen Gefahren im Zusammenhang mit mentalen Modellen ist die, neue Modelle zu entwickeln, ohne sich dessen bewusst zu sein. Es ist klar, dass wir gar nicht anders können, als in mentalen Modellen zu denken. Es geht beim Dialog darum, die unterschiedlichen Modelle zu überprüfen, sie auch nebeneinander stehen lassen zu können, sie auf Angemessenheit zu untersuchen, offenzulegen und schlicht sich ihrer bewusst zu sein. Richard Ross, ein Spezialist für das Organisationslernen, bringt es auf den Punkt (Senge et al. 2004, S. 279):

„Wir leben in einer Welt von sich selbst fortpflanzenden Überzeugungen, die größtenteils unüberprüft bleiben. Wir halten an diesen Überzeugungen fest, weil sie auf Schlußfolgerungen basieren, die wir aus unseren Beobachtungen und früheren Erfahrungen ableiten. Unsere Fähigkeit, die Resultate zu erzielen, die wir wirklich wollen, wird untergraben, weil wir glauben:
daß es sich bei unseren Überzeugungen um die Wahrheit handelt;
daß diese Wahrheit offensichtlich ist;
daß unsere Überzeugungen auf objektiven Daten basieren;
daß die Daten, die wir auswählen, die objektiv relevanten Daten sind."

Peter Senge zitiert den Manager eines internationalen Konzerns: „Der lauteste oder der ranghöchste Manager neigt häufig zu der Annahme, dass die anderen seine mentalen Modelle nach sechzig Sekunden mit Stumpf und Stiel geschluckt haben werden. Vielleicht ist sein mentales Modell tatsächlich besser. Aber darum geht es nicht. Es ist nicht seine Aufgabe, es den anderen einzuimpfen, sondern es hochzuhalten, damit die anderen es untersuchen können" (Senge 1996, S. 232).

Unser Denken bewegt sich sehr schnell, auch weil sich unser Bewusstsein schwer damit tut, große Datenmengen detailhaft auszuwerten. Wir fokussieren eher auf Gemeinsamkeiten und organisieren das Wahrgenommene in Kategorien. „Unser rationaler Verstand ‚abstrahiert' konkrete Einzelheiten mit außerordentlicher Leichtigkeit – er ersetzt zahllose Details durch einfache Begriffe und denkt dann in diesen begrifflichen Kategorien" (ebd., S. 234). Manfred Spitzer weist darauf hin, dass dies evolutionsbiologisch durchaus sinnvoll erscheint. Keinen Sinn würde es ergeben, sich jede Tomate, die man schon gesehen hat, einzeln zu merken. Die vielen einzelnen Objekte werden zu einer Tomatenkategorie mit allgemeinen Merkmalen abstrahiert.

Die Annahmen und Schlussfolgerungen, die wir treffen, funktionieren auch nach diesem Schema. Von Einzelmerkmalen schließt man ganz automatisch auf Kategorien: Lange Haare, Jeans und Sandalen bedeuten linksalternativ. Teurer Anzug, Krawatte und polierte Schuhe verweisen auf konservativ. Der schöne Titel „Universitätsprofessor" unterstellt Intelligenz. Wir neigen zu Pauschalisierungen und Schnellschüssen. Um von den beobachteten Daten zu derartigen Schlussfolgerungen zu gelangen, ist es ein weiter Weg, der aber äußerst schnell zurückgelegt wird.

Dieser Weg kann durch die sogenannte „Leiter der Schlussfolgerungen" oder „Abstraktionsleiter" veranschaulicht werden (Abb. 13).[32]

---

32 Siehe z. B. Hartkemeyer/Hartkemeyer (2005) oder Senge (1996).

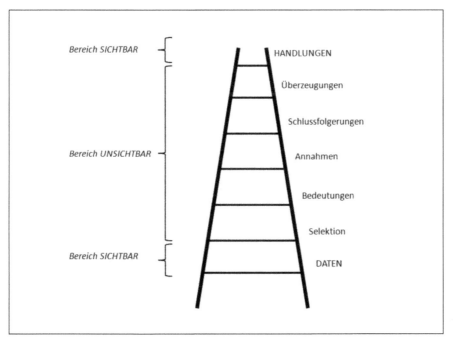

Abb. 13: Die Leiter der Schlussfolgerungen (eigene Darstellung)

Auf diesem Weg sind nur die beobachteten Daten sowie die Handlungen äußerlich sichtbar, der Rest liegt verborgen:

I.	Daten	Ich mache in meiner Umwelt Beobachtungen.
II.	Selektion	Von diesen Daten wird nur ein kleiner Teil einer weiteren Verarbeitung unterzogen.
III.	Bedeutungen	Ich füge abhängig von meinen persönlichen Erfahrungen und weiteren Filtern Bedeutungen hinzu.
IV.	Annahmen	Ausgehend von den hinzugefügten Bedeutungen entwickle ich Annahmen.
V.	Schlussfolgerungen	Aus den Annahmen ziehe ich Schlussfolgerungen.
VI.	Überzeugungen	Ich entwickle meine persönlichen Überzeugungen.
VII.	Handlungen	Gestützt auf meine Überzeugungen handle ich.

Diese Abstraktionsschritte seien nun anhand mentaler Modelle eines Dialog-Teilnehmers erläutert. Die Dialog-Runde fand in einer äußerst hierarchisch strukturierten Einrichtung statt, in der die Mitarbeiter es gewohnt waren, streng nach Befehl und Gehorsam zu arbeiten. Es ging um die Frage, ob der dialogische Zugang überhaupt einen Platz in dieser

Organisation haben kann. Das ist übrigens ein Thema, dem man oft begegnet: Ist der Dialog zu weich für unsere Struktur? Ist es nicht Zeitverschwendung?

Der Teilnehmer formulierte es sehr direkt: „Ich sitze nur hier, weil ich dazu verdonnert wurde. Nach dem, was ich bisher vom Dialog erfahren habe, ist es sinnlos, sich damit weiter zu beschäftigen. Der Dialog hat hier bei uns keinen Platz, wir arbeiten entscheidungsorientiert und effizient nach strengen Regeln."

Dieser Mann hat sich schließlich dazu bereit erklärt, diese Vorannahme einer Prüfung durch die Abstraktionsleiter zu unterziehen und seine Überlegungen schriftlich festzuhalten. Hier ist das Ergebnis:

I. **Daten**
Ich habe gehört, dass im Dialog alle gleich sind, es darf keine Hierarchie geben. Alles darf und soll offen ausgesprochen werden.
II. **Selektion**
Ich widme mich jetzt der Regel: Es darf keine Hierarchie geben.
III. **Bedeutungen**
In einem gewinnorientierten Unternehmen ist Hierarchie in den Entscheidungsprozessen unbedingt notwendig, anders geht es nicht. Jemand muss letztlich verantwortlich sein.
IV. **Annahmen**
Fällt die Hierarchie, geht das Unternehmen pleite, weil alles durcheinanderkommt und jeder nur mehr das macht, was er will.
V. **Schlussfolgerungen**
Da der Dialog keine Hierarchie verträgt, ist er für unsere Firma ungeeignet und überflüssig.
VI. **Überzeugungen**
Ich bin davon überzeugt, dass das jedem hier klar ist, und ich verstehe nicht, warum die trotzdem mitmachen. Das ist Zeitverschwendung.
VII. **Handlungen**
Ich beteilige mich nicht daran, werde hier sitzen bleiben, aber nichts sagen, nicht mitmachen.

Die Ebene der Datensammlung und jene der Handlungen waren für ihn selbst und die anderen sichtbar: Es waren u. a. die Dinge, die der Dialog-Facilitator gesagt und gezeigt hat, sowie das Verhalten des skeptischen Teilnehmers, nämlich dasitzen und schweigen. Alles andere hat sich einer direkten Beobachtung entzogen. Aber genau diese von außen nicht beobachtbaren Schritte auf dem Weg von den Daten zur Handlung sind das Interessante.

Dialog ist selbstverständlich nur dann möglich, wenn die Bereitschaft dazu besteht, die eigenen Gedanken offenzulegen und zu partizipieren. Da die meisten Teilnehmer doch ein ausreichendes Maß an Offenheit zeigten, sich dem Experiment „Kreative Besprechung" zu öffnen und es einfach zu probieren – was schließlich nach anfänglichen Widerständen auch bei diesem zunächst ablehnenden Mann zutraf –, konnten wir mit seiner Zustimmung seine Leiterergebnisse besprechen. Nachfolgend sehen Sie eine Auflistung der für mich wesentlichsten Inhalte aus dem nachfolgenden Dialog, der knapp zwei Stunden dauerte:

- Auf den ersten Blick ist der Dialog in unserer Firma fehl am Platz. Aber ich weiß von Unternehmen, die so etwas Ähnliches umsetzen. Wir sollten mehr darüber wissen, bevor wir es ablehnen.
- Es stimmt, dass hier sehr nach Befehl und Ausführung gearbeitet wird. Aber innerhalb von Arbeitsgruppen ist das Gesprächsklima oft sehr anders, kollegial, teilweise recht offen. Dort könnte ich es mir schon vorstellen.
- Deine Annahme, dass die Firma pleitegeht, wenn die jetzt bestehende Hierarchie fällt, glaube ich eigentlich nicht. Vor allem dann nicht, wenn unsere Chefs endlich einmal einsehen, dass wir keine reinen Befehlsempfänger sind, und uns etwas zutrauen, also dass wir auch eigenverantwortlich etwas entscheiden können.
- Es gibt auch hier in der Firma viele Leute, denen viel daran liegt, dass der Verkauf gut läuft. Sie sind nur oft frustriert, weil man hier nichts offen aussprechen kann. Ich bin schon über zehn Jahre hier und heute haben wir das erste Mal Dinge ausgesprochen, die so vielen ein Anliegen sind. Ich sehe da eigentlich schon einen Beginn, dass sich vielleicht etwas ändert.

Das ist, zugegeben, ein Beispiel für einen äußerst konstruktiven Verlauf. Es gibt auch Fälle, in denen die Kommunikationsstrukturen so eingefahren sind, die Frustrationen so tief sitzen, dass das dialogische Experiment schließlich abgebrochen wird. Aber hier kamen sehr deutlich ein paar wesentliche Muster an die Oberfläche, mit denen weitergearbeitet werden konnte.

2.7 Die Philosophie des „Ich und Du" von Martin Buber

Buber untersucht die Beziehungen zwischen den Menschen, denn der Mensch kann für sich allein („das Ich für sich alleine") nicht existieren. Er unterscheidet die Grundworte „Ich-Du" und „Ich-Es", wobei diese Grundworte eben nicht Einzelworte, sondern Wortpaare darstellen.

Mit dem Wortpaar Ich-Du sind die Beziehungen zu anderen Personen, mit dem Wortpaar Ich-Es (oder Ich-Er bzw. Ich-Sie) sind unpersönliche Beziehungen gemeint.

Ich-Du-Beziehungen sind nicht nur mit Menschen möglich, sie können auch mit Gegenständen bestehen, und Ich-Es-Beziehungen sind auch mit Personen möglich. Für Buber ist wesentlich, was sich zwischen den Menschen – zwischen dem Ich und dem Du – abspielt: Der „Geist der Erkenntnis" existiert zwischen dem Ich und dem Du. Dieser Gedanke wird klarer, wenn wir uns ein Beispiel für eine verfehlte Ich-Du-Beziehung ansehen, die Buber in seinen autobiografischen Fragmenten schildert (Buber 1963, S. 22).

„Es ereignete sich nichts weiter, als daß ich einmal [...] den Besuch eines unbekannten jungen Mannes empfing, ohne mit der Seele dabei zu sein [...] ich unterhielt mich mit ihm aufmerksam und freimütig – und unterließ nur, die Fragen zu erraten, die er nicht stellte. Diese Fragen habe ich später [...] von einem seiner Freunde – er selbst lebte schon nicht mehr [...] – ihrem wesentlichen Gehalt nach erfahren, erfahren, daß er nicht beiläufig, sondern schicksalhaft zu mir gekommen war, nicht um Plauderei, sondern um Entscheidung, gerade zu mir, gerade in dieser Stunde. Was erwarten wir, wenn wir verzweifeln und doch noch zu einem Menschen gehen? Wohl eine Gegenwärtigkeit, durch die uns gesagt wird, daß es ihn dennoch gibt, den Sinn."

In der Ich-Du-Beziehung wird sich das Ich seiner subjektiven Wahrnehmung bewusst, es hat zum Ziel, dass sich die Personen besser verstehen, es ist von Gleichheit und Offenheit bestimmt. „Das Grundwort Ich-Du kann nur mit dem ganzen Wesen gesprochen werden.

Das Grundwort Ich-Es kann nie mit dem ganzen Wesen gesprochen werden" (Buber 2006, S. 7). Das Grundwort Ich-Es ist also auf Nutzen ausgerichtet, es ist das berechnende, wissenschaftliche (wenn Sie so wollen, das „objektive") Ich. Die Beziehung Ich-Es ist in gewisser Weise teilnahmslos, wenn auch natürlich eine Bezogenheit stattfindet, da alles miteinander in Beziehung steht. Für die Unterscheidung zwischen den Grundworten Ich-Du und Ich-Es ist auch folgendes Beispiel aufschlussreich (ebd.): Wenn wir einen Baum betrachten, können wir das auf verschiedene Weisen tun:
- Wir können ihn als starrenden Pfeiler wahrnehmen,
- wir können ihn mit den Augen eines Botanikers betrachten („ihn einer Gattung einreihen und als Exemplar beobachten"),
- „ich kann ihn zur Zahl, zum reinen Zahlenverhältnis verflüchtigen und verewigen",
- „es kann aber auch geschehen [...], dass ich, den Baum betrachtend, in die Beziehung zu ihm eingefasst werde, und nun ist er kein Es mehr. Die Macht der Ausschließlichkeit hat mich ergriffen."

Für Buber konnte also das Ich alleine nicht bestehen. Wer einem Menschen als seinem Du gegenübersteht, spricht das Grundwort Ich-Du zu ihm, dann „ist er kein Ding unter Dingen und nicht aus Dingen bestehend" (ebd., S. 12). Buber ging es stets um die Beziehung zu anderen, das soziale Umfeld. Im Fokus seiner Betrachtungen ist die Qualität, die Intensität der Beziehung. Dialog bedeutet, sich einander zuzukehren. Dazu bedarf es nicht einmal des gesprochenen Wortes, es kann in einem „mitteilenden Schweigen" bestehen – ja der Betrachtete muss davon gar keine Kenntnis haben! „Die Beziehung zum Du ist unmittelbar. [...] Zwischen Ich und Du steht kein Zweck, keine Gier und keine Vorwegnahme [...] Nur wo alles Mittel zerfallen ist, geschieht die Begegnung" (ebd., S. 15).

Um zu einem tieferen Verständnis des Buber'schen Umgangs mit dem Wort zu gelangen, ist es hilfreich, Blicke in sein Leben zu werfen – Menschen werden schließlich durch ihr Erlebtes, ihre Biografie wesentlich bestimmt. Buber beherrschte mehrere Sprachen (Hebräisch, Deutsch, Französisch, Jiddisch, Polnisch, Latein, Griechisch und Italienisch) und wurde durch die gelehrte Tätigkeit seines Großvaters maßgeblich beeinflusst. Er übersetzte zahlreiche Werke (u. a. die Bibel) und blieb nie – trotz der Beschäftigung mit dem Jüdischen und der wohl enormen Wirkung der jüdischen Tradition – einem religiösen Dogmatismus verhaftet. „Jedenfalls wählt er sich für seine Bar-Mizwa-Rede einen Schillervers, was nicht gerade auf eine Neigung zur jüdischen Orthodoxie schließen lässt" (Kirsch 2001, S. 22).

Buber spielte schon als Junge gerne mit der Sprache: „Ich dachte mir zweisprachige Unterhaltungen mit einem Deutschen und einem Franzosen, später mit einem Hebräer und einem alten Römer aus und bekam immer wieder, halb spielhaft und doch zuweilen mit pochendem Herzen, die Spannung zu spüren zwischen dem, was der eine sagte, und dem, was der andre von seinem anderssprachigen Denken aus vernahm. Das hat tief in mich hineingewirkt und ist in einem langen Leben in immer deutlichere Einsicht eingegangen."[33] Das Spiel mit Worten ist somit etwas, was die Lektüre seines Werks, das manchmal klar und leicht verständlich, dann wieder in sehr anspruchsvollem Stil gehalten ist, teilweise nicht gerade einfach macht. So lesen wir gleich zu Beginn seiner Schrift „Ich und Du" (Buber 2006, S. 7):

„Die Welt ist dem Menschen zwiefältig nach seiner zwiefältigen Haltung. Die Haltung des Menschen ist zwiefältig nach der Zwiefalt der Grundworte, die er sprechen kann. Die Grundworte sind nicht Einzelworte, sondern Wortpaare."

Was das für Wortpaare sind, haben wir schon zu Beginn erörtert: Ich-Du und Ich-Es. Was meint Buber, wenn er schreibt: „zwiefältig nach seiner zwiefältigen Haltung"? Nur weil Menschen im Gespräch sind, muss es sich nicht um einen (in Bubers Verständnis) „echten" Dialog handeln. Sprechen zwei Personen miteinander, kann die Begegnung in diesem Sinn durchaus „einfältig" sein: Sie reden aufeinander los.

Beim echten Dialog geht es aber um eine unmittelbare Verständigung zwischen den Menschen, die vom Geist des „einander Zukehrens" getragen ist. Menschen sind in gewisser Weise isoliert und müssen diese Isolation überwinden, um zu einem echten Dialog zu kommen. Buber schreibt: „Jeder von uns steckt in einem Panzer, den wir bald vor Gewöhnung nicht mehr spüren. Nur Augenblicke gibt es, die ihn durchdringen und die Seele zur Empfänglichkeit aufrühren." Dieser Panzer verhindert, dass wir die „Zeichen der Anrede" wahrnehmen: Was sich zwischen uns Menschen abspielt, ist nicht das Außergewöhnliche, sondern das Alltägliche, nur haben wir unseren „Empfänger" dafür abgestellt. Wenn das, was zwischen den Menschen geschieht, aus verschiedenen Perspektiven beobachtet und

---

33 Buber (1963), zit. nach Kirsch (2001, S. 1).

gedeutet wird, so möge sich der Betrachter der Grenzen dieses Erkenntnisgewinns gewahr sein: „statt einen Vorgang physikalisch, biologisch, soziologisch zu begreifen, […] suche man hinter seine angebliche Signifikanz zu kommen, für die in einem vernunftgemäßen raumzeitlichen Weltkontinuum kein Platz sei" (ebd., S. 151).

Das wirkliche „Vernehmen" kann nicht isoliert betrachtet und in eine allgemeingültige Lehre gebracht werden, die bestimmten Regeln folgt oder durchgehend anwendbar ist – das wäre etwas, was man Aberglaube oder „Aberwissen" zu nennen hätte. „Der wirkliche Glaube [Anm.: das Vernehmen] […] fängt da an, wo das Nachschlagen aufhört, wo es einem vergeht. Was mir widerfährt, sagt mir etwas, aber was das ist, das es mir sagt, kann mir durch keine geheime Kunde eröffnet werden" (ebd., S. 88).

Die echte zwischenmenschliche Sphäre, um die es hier also geht, ist keine Lehre, die man in einem Werk nachlesen könnte. Sie wird erfahren, nicht mit Worten mitgeteilt.

3 Ein dialogisches Beratungsmodell für die Praxis

Ein Berater entwickelt, so wie jeder andere auch, ein implizites Bild von seinem Gegenüber, das prominent beeinflusst wird von unbewusst wirkenden mentalen Modellen (Vorurteilen). Dies ist per se weder gut noch schlecht, sondern entspricht der Art und Weise, wie unser Denken funktioniert. Die dialogische Auseinandersetzung bietet Rahmenbedingungen an, die es uns erleichtern sollen, einen Teil dieser Automatismen – so schwierig das ist – an die Oberfläche zu holen, zu reflektieren, eventuell neu zu bewerten, unser Verhalten zu adaptieren und so die Verantwortung für jene persönlichen Prozesse zu übernehmen, deren charakteristische Eigenart es ja geradezu ist, im Verborgenen ihre Wirkungen zu entfalten.

Was macht jedoch den wesentlichen Unterschied zwischen dem normalen, alltäglichen Blick auf den Menschen und dem Blick des professionellen Beraters aus? Zu negieren oder kleinzureden, dass mentale Modelle wirken, hilft hier nicht weiter. Das heißt, der Berater denkt natürlich auf denselben (vorurteilsbehafteten) Ebenen wie jeder andere auch und dies in Abrede zu stellen wäre wohl naiv. Aufgrund seiner Profession *sollte* er jedoch besser dazu in der Lage sein, diese verzerrenden Einflüsse im wahrsten Sinn *bewusst* wahrzunehmen, sie in seinem Handeln zu berücksichtigen und somit eine exponierte, individuelle, beraterische Verantwortung zu übernehmen.

Ein Beispiel: Man würde es in unserer Gesellschaft als höchst problematisch ansehen, wenn ein Pädagoge, z. B. ein Volksschullehrer, zugeben würde, einzelne der ihm anvertrauten Kinder einfach nicht leiden zu können. Dahinter steht der implizite Wert, dass Kinder unschuldige, hilflose und abhängige Geschöpfe sind, ein Pädagoge hat derartige Sympathieunterschiede nicht zu empfinden. Sehen wir uns die Realität an: Natürlich geht es dem Volksschullehrer nicht anders als seinen Mitmenschen und natürlich wird er das eine oder andere Kind schlicht nicht leiden können. Gefühle wie Sympathie kann man nicht erzwingen. Aber man kann, ja muss sehr wohl verlangen, dass der Pädagoge in seiner exponierten Position seine persönliche Verantwortung in besonderer Weise wahrnimmt und ganz bewusst und reflektiert dafür sorgt, dass jene ihm anvertrauten Kinder, die er eben nicht leiden mag, dies erstens persönlich nicht zu spüren bekommen und zweitens in keiner Weise irgendwie benachteiligt werden. Diese besondere Eigenverantwortung muss er wahrnehmen, das unterscheidet ihn von jenen, die nicht pädagogisch tätig sind und deshalb auch nicht in dieser außergewöhnlichen Verantwortung stehen.

Was heißt das nun für die Praxis? Die Aufforderung des Schulleiters „Mögen Sie das Kind!"[34] wird nicht fruchten. Es wird auch nicht fruchten, wenn sich der Pädagoge aus

---

34 Bekannt ist in diesem Zusammenhang Watzlawicks Sei-spontan-Paradoxie: Verordnete Spontanität ist per definitionem nicht möglich!

schlechtem Gewissen heraus selbst verordnet, das Kind von jetzt an zu mögen. Das alles ist unrealistisch und geht am wirklichen Leben vorbei.

3.1 Das DI•ARS-Beratungsmodell

Die nun skizzierten und anschließend zu vertiefenden drei Stufen des DI•ARS-Beratungsmodells, die auf einer dialogischen Grundhaltung basieren, schlagen folgenden Weg vor:

> *Dialogische Grundhaltung (DI):*
> Der Berater erkennt *authentisch fühlend* und *nicht wertend* an, dass der Klient so vertrauensvoll ist, über heikle persönliche Themen ehrlich zu sprechen.
> Natürlich ist hier eine Herangehensweise des „Sei authentisch!" unmöglich – es ist eine Frage der Haltung, die manche von sich aus haben, die man aber auch bis zu einem gewissen Grad selbst entwickeln kann. So wie sich die meisten Menschen darin schulen können, immer rascher und tiefer in eine hypnotische Trance zu sinken, tragen sie das Potenzial in sich, ihren Inner State in eine authentischere, dialogischere Richtung hin zu entwickeln. Wenn wir nicht davon ausgehen, dass der Mensch grundsätzlich sehr viel kreatives Potenzial in sich hat, im Grunde „gut" ist und schließlich auch erkennen kann, was es bedeutet, das Leben als kontinuierlichen Lernprozess aufzufassen, erweist sich Beratungsarbeit als vergeblich. So wie es niemandem gelingen wird, sich in hypnotischer Trance zu üben, der sich dagegen sträubt, wird es niemals fruchten, sich in dialogischer Haltung zu üben, wenn man es mit dieser Grundhaltung nicht ernst meint.
> Eine weitere Grundhaltung eines dialogisch motivierten Beratungsprozesses ist das Herstellen von Synchronie zwischen Klient und Berater, damit beide sich weitgehend für die Beratung öffnen (siehe S. 90 zur Klient-Berater-Synchronisierung).

> *1. Analysieren (A):*
> Führen Sie sich innerlich das DI•ARS-Modell (siehe Kap. 3.2) vor Augen, analysieren Sie den Klienten und sein Problem und bilden Sie Hypothesen darüber, wo er mit diesem speziellen Problem gerade steht.

> *2. Reorganisieren (R):*
> Gehen Sie durch dialogisches, möglichst nicht wertendes Nachfragen diesen Hypothesen auf den Grund. Gegebenenfalls verwerfen Sie Hypothesen, erstellen neue und versuchen, weiter Synchronie mit dem Klienten herzustellen. Die Position des Klienten im DI•ARS-Modell wird *vorläufig* bestimmt. Dies unterstützt den Berater dabei, auf seine inneren, emotionalen Reize zu achten, sodass er – in Verbindung mit seinen ana-

lytischen Kompetenzen – mögliche Entwicklungsrichtungen für den Klienten erkennt, über die mit dem Klienten gesprochen werden kann.

3. Stärken (S):
Ausgehend von diesen möglichen Entwicklungsrichtungen (durchaus im Sinn von „trial and error"), stärken Sie gemeinsam mit dem Klienten alternative Kompetenzen, die seine Denk- und Handlungsspielräume erweitern. Das kann mit einer Reihe von Maßnahmen und Übungen versucht werden. Ich spreche hier nicht gerne von Methoden, obwohl dieser Begriff nicht ganz verkehrt ist, weil man sich in diesen Dingen durchaus trainieren kann, wenn man dies möchte.

Im gesamten Beratungsprozess ist Folgendes wichtig: Der Inner State des Beraters wirkt direkt oder indirekt immer auf das Gegenüber. Deshalb ist die Arbeit mit Klienten auch immer eine Arbeit mit sich selbst und gute Beratung bewegt sich, wenn man sie ernst nimmt, entlang eines grazilen Fadens der Synchronie zwischen den Beteiligten mit der ständigen Gefahr, dass der Faden reißt und die beiden Enden dann erneut zusammenfinden müssen. Warum? Weil es, von Extremen vielleicht abgesehen, in diesen Prozessen niemals um ein Richtig oder Falsch gehen *kann*, sondern immer nur um ein Herantasten an Möglichkeiten, von denen noch niemand zu wissen vermag, ob es nicht auch noch andere Lösungsansätze gibt, die man bisher nicht bedacht hat oder die sich vielleicht auch erst in der Zukunft entwickeln könnten.

Nimmt man die dialogischen Ansätze ernst, muss man anerkennen, dass jeder, natürlich auch der Berater, stets ein Lernender ist. Warum ist dies so relevant? Dies sei anhand einer Anekdote erläutert, welche von dem Kanadier Norman Amundson im Rahmen eines Vortrages[35] berichtet wurde: Eine öffentliche Stelle eines US-amerikanischen Bundesstaates erteilte ihm den Auftrag, mit indianischen Jugendlichen zu arbeiten, um die klassischen Probleme wie Alkohol- und Drogenkonsum, das Begehen von Eigentumsdelikten oder Handgreiflichkeiten zu bearbeiten. Altersmäßig lagen zwischen ihm und den Jugendlichen über 50 Jahre, weshalb die eine Seite die andere kaum verstehen konnte. Es war recht schnell klar, dass die konventionelle Art, zunächst mit Informationsveranstaltungen zu arbeiten, sich dann über Kreativ-Workshops und dergleichen anzunähern, nicht funktionieren konnte. Amundson entschied sich, an Zusammenkünften der Jugendlichen teilzunehmen, informelle Gespräche zu führen und deren Zeitschriften, Internetseiten sowie TV- und Radiosendungen möglichst unvoreingenommen zu studieren, um so Einblicke in deren Lebensrealität und die Art und Weise, wie sie miteinander kommunizieren, zu erhalten. Es ging ihm dabei nicht um trockene Informationsgewinnung; tatsächlich *Anteil zu nehmen*, darin bestand die primäre Intention!

In diesen jugendlichen Gruppen war es beispielsweise hipp, amerikanischen Gangster-Rap zu imitieren und in ihre eigene Lebensrealität zu transferieren. Auf den 70-jährigen

---
35 43rd IAEVG conference, 11th–13th September 2019, Bratislava.

kanadischen emeritierten Universitätsprofessor wirkte dies alles andere als vertraut, geschweige denn angenehm. Dennoch nahm er diese von ihm auch *gefühlten* und auf einer *körperlichen Ebene* angenommenen Erfahrungen als Ausgangspunkt und erarbeitete ein Konzept, das ihm Tore zu den Herzen der Jugendlichen öffnete. Die Jugendlichen konnten schließlich über die Kanäle, die ihnen wichtig und vertraut waren, kommunizieren und das Projekt so zu ihrem machen. Sie brachten somit in ihren „Gangster-Raps" Gefühle zum Ausdruck, die nach Amundson von authentischer und berührender Intensität waren. Das ist ein Beispiel für die Haltung des Lernenden: nicht von einer abgehobenen, autoritären Position aus agieren, sondern sich auf einen gemeinsamen Lernprozess einlassen und dabei die professionelle Ebene nicht aus dem Blickfeld verschwinden lassen. Darin liegt ein recht hoher Anspruch.

„Es gibt zwei Arten von Wahrheit:
Bei der flachen Art ist das Gegenteil einer Aussage falsch;
bei der tieferen Art ist das Gegenteil einer Aussage ebenso wahr."

Diesen Gedanken von Niels Bohr können wir durchaus auf eine Beratungssituation übertragen und entsprechend (spielerisch-illustrativ) zwei Arten von Beratungssituationen ableiten:

1. In der flachen Beratungssituation können einfache Tipps und Tricks ohne viel Tiefe sinnvoll und zielführend sein. Beispiel: Jemand bucht ein einmaliges Präsentationstraining von zwei Stunden Dauer, weil er in der kommenden Woche einen beruflich wichtigen Vortrag halten muss. Es geht also nur darum, an der Oberfläche zu arbeiten und deutliche Fehler auszumerzen, um den Eindruck beim Vortrag zu verbessern – mehr Zeit ist nicht. Der Coach analysiert also das Auftreten des Klienten und erteilt „flaches", aber durchaus wichtiges und sinnvolles Feedback:
   - Benutzen Sie einen Stift oder eine Karteikarte, damit die Hände ruhig bleiben.
   - Stehen Sie mit beiden Füßen fest am Boden, da Ihr Körper – ohne dass Sie es bemerken – zehn Mal pro Minute von links nach rechts pendelt.
   - Nehmen Sie sich, wenn Sie an das Rednerpult treten, bewusst fünf Sekunden Zeit für ein tiefes Durchatmen.

   Es gibt also Situationen, in denen direktive „Tu das, tu jenes"-Ratschläge effizient und angebracht sind, weil sie genau das erfüllen, was der Klient wünscht. Dies sind die einfacheren Beratungssituationen: Praktisch jeder Zuhörer empfindet es als störend, wenn der Vortragende wild mit den Händen herumfuchtelt und wie ein angeketteter Zoo-Elefant stereotype Leerlaufbewegungen zeigt. Es handelt sich um klassische Präsentationsfehler, die man relativ leicht ausmerzen kann. Bei dieser flachen Art von Wahrheit ist das Gegenteil zumeist tatsächlich falsch.

2. In der tieferen Beratungssituation gibt es keine einfachen Tipps und Tricks. Demselben Klienten begegnen wir jetzt mit folgender Auftragslage: Da er bei Präsentationen stets hoch nervös ist, nächtelang schlecht schläft und Magenbeschwerden hat, möchte

er das Problem grundlegend angehen und nicht einfach nur an der Oberfläche kratzen. Typischerweise stellt sich im Rahmen der Anamnese heraus, dass dieses Problem weitere Aspekte tangiert, etwa eine Selbstwertproblematik oder Ähnliches. Wer daran arbeiten möchte, kommt in beraterische Tiefen, bei denen das Gegenteil einer Aussage in der Regel ebenso wahr ist, ganz einfach, weil es hier nicht mehr um richtig und falsch geht. Die Problemstellung erweist sich folglich als sehr komplex. Die Anwendung eines einfachen Modells kann jedoch dem Berater die professionelle Analyse der Klientensituation erleichtern.

Dabei ist es hilfreich, wenn sich der Berater mit dem Klienten im Wechselspiel der Synchronie bewegt. Das heißt, es kann nicht darum gehen, den anderen oder sich selbst so zu beurteilen, „wie er ist" bzw. „wie man selbst ist" (denken Sie an die Viabilität, die Geschichte vom blinden Waldläufer), sondern es geht darum, Synchronie zwischen den beiden Personen herzustellen.

Eine Modellvorstellung wie das DI•ARS-Modell ist selbstverständlich eine **Vereinfachung der Welt** und sie ist genau *deshalb* sinnvoll, weil es uns unmöglich ist, auch nur einen kleinen Teil der uns umgebenden Komplexität mit all ihren Wechselwirkungen zu erfassen. Ich bin mir als Berater sehr oft selbst nicht gänzlich im Klaren darüber, aus welchen Gründen ich bei diesem einen Klienten in einem bestimmten Kontext diesen Gedanken, diese Emotion habe; vielleicht nehme ich subjektiv überhaupt nichts Problematisches wahr, obgleich problematische „thoughts" und „felts" meine Reaktionen maßgeblich bedingen. Da ist es hilfreich, sich an einem Modell orientieren zu können, das einen klaren Weg aufzeigt.

Modelle helfen also dabei, die Komplexität der Welt handhabbar zu machen, oder anders ausgedrückt: Sie können die Wahrscheinlichkeit erhöhen, als Berater professionell zu agieren.

Was heißt nun aber „professionell" in diesem Kontext? Ein Bergwanderer, der an schwierigen Stellen mit Seilen gesichert ist, geht mit mehr Gelassenheit, Ruhe und vermutlich auch Freude. Ein Berater, der in schwierigen Situationen auf ein plausibles, einfaches, praxistaugliches Modell zugreifen kann, fühlt sich meist sicherer und kann deshalb mit höherer Wahrscheinlichkeit im Sinne des Klienten arbeiten. Mit der Zeit und wachsender Erfahrung nutzt der Berater das Modell zunehmend implizit, ohne die Elemente bewusst abrufen zu müssen. Eine wesentliche Beraterkompetenz besteht schließlich auch darin, sich der Modellhaftigkeit des Modells (und damit auch des Hypothetischen des Prozesses) bewusst zu sein. Natürlich *muss* man als Berater nicht unbedingt ein spezifisches Modell im Hintergrund haben, viele verlassen sich irgendwann mehr auf ihre Erfahrung und Intuition; aber es kann in vielen Situationen hilfreich sein.

Wirft man einen Blick auf die Persönlichkeitspsychologie, fällt auf, dass ihre Annahmen und Modelle darüber, wie der Mensch funktioniert, durchgehend auf Annahmen über bestimmte psychische Inhalte beruhen (wie z. B. Introversion, Ängste, Gefühle der

Minderwertigkeit, Offenheit für Neues, soziopathisches Verhalten und vieles mehr) und den Kontext, die Umgebung, in der er lebt, viel zu wenig berücksichtigen. Verhalten wird dadurch erklärt, dass jemand egoistisch sei oder narzisstisch, empathisch oder offen, introvertiert in der Begegnung mit einer Person des anderen Geschlechts und extravertiert dann, wenn er ein Referat über ein von ihm inbrünstig verfolgtes Thema hält. Den meisten Persönlichkeitsmodellen mangelt es an der **Berücksichtigung der Dynamik**, also der Interaktionen zwischen unterschiedlichen intrapsychischen Systemen, und an der **Miteinbeziehung situativer Aspekte** sicher auch deshalb, weil dies alles sehr kompliziert machen würde.

Wer diesen Befund für übertrieben hält, möge sich ein typisches Gespräch zwischen einem Betriebspsychologen und einem Bewerber für eine Stelle ansehen: Anhand eines diagnostischen Persönlichkeitsprofils wird dem Bewerber erklärt, er sei introvertiert (introvertierter als rund 70 % der Vergleichsstichprobe) – was für diesen Posten weniger gut sei –, aber dafür sehr offen für neue Erfahrungen (noch offener seien nur 10 % der Vergleichsstichprobe) – was wiederum sehr positiv bewertet würde.

Diagnostiziert man bestimmte psychische Inhalte und stellt in erster Linie die utilitaristisch motivierte Frage, welche Auswirkungen das nun für die Position hat, vergisst man sehr schnell die Erforschung der zugrunde liegenden persönlichkeits- und situationsunspezifischen Ursachen, die allesamt in der Regel höchst komplex sind. Dies führt direkt zu einem Reduktionismus. Ein dermaßen eingeschränktes Erklärungsmodell bringt sehr wenig, wenn es um das Verständnis der menschlichen Psyche und die Möglichkeiten ihrer Entfaltung geht: Persönlichkeit lässt sich nicht auf eine Handvoll Faktoren wie Introversion, Offenheit oder Perfektionismus reduzieren. Auch die akademische Psychologie bewegt sich solcherart allzu oft auf einem dem typischen „Psychologisieren auf Alltagsniveau" ähnlichen Level.

Ein weiteres Beispiel möge dies verdeutlichen: Ein Außendienstmitarbeiter nimmt die von der Firma bezahlte Fortbildung nicht an und es stellt sich heraus, dass er Angst hat, vor einer Gruppe zu sprechen (was aber für seine Karriere unabdingbar notwendig wäre). Es ist verlockend, hier eine kausale Beziehung anzunehmen, frei nach dem Motto: „Lerne Selbstsicherheit vor der Gruppe, das kannst du trainieren!"

Aber Vorsicht: Das funktioniert oft sehr gut, jedoch nur bei Personen, welche die dazu notwendigen persönlichen Kompetenzen bereits besitzen und diese zu trainierenden Fähigkeiten (willentlich) kontrollieren können. Anders sieht es aus, wenn jemand etwas unbedingt möchte, aber keinen Zugriff auf jene Kompetenzen hat, die für die Umsetzung dieses Wollens notwendig sind. Er kann dann seine Absichten nicht in zielgerichtetes Verhalten umsetzen und wird entweder scheitern oder sich so stark dazu zwingen, etwas zu tun, wofür er psychisch (noch) nicht ausgestattet ist, dass es mit hoher Wahrscheinlichkeit zu negativen längerfristigen Folgen kommt.

Es entsteht also ein Dilemma:[36] Komplexität im Modell ist notwendig, weil die menschliche Psyche praktisch unendlich kompliziert ist. Ein zu kompliziertes Persönlichkeitsmodell ist jedoch nicht praxistauglich. Was bringt es nun tatsächlich, einen Menschen, z. B. einen Bewerber um eine Position als Marketingmitarbeiter, als extravertiert zu diagnostizieren? Es erscheint ratsam, dies zu tun, weil es die Situation wesentlich vereinfacht: Diese Stelle verlangt viel Kundenkontakt, introvertierte Menschen sind da fehl am Platz. Schildert sich der Bewerber in ausreichendem Maß als extravertiert, kommt er in die nächste Runde (die vielen weiteren heiklen Punkte bei der „Vermessung" des Menschen wollen wir außer Acht lassen).

Die **PSI-Theorie** (Persönlichkeit-System-Interaktionen) von Julius Kuhl ist ein Ansatz, der die Erklärung der Persönlichkeit auf eine funktionsanalytische Ebene hebt. Er bildet die Grundlage für das hier vorgestellte DI•ARS-Beratungsmodell, allerdings in vereinfachter Form und in Verbindung mit weiteren Ansätzen, beispielsweise Milton Ericksons Hypnotherapie, der Dualität sensu Antonio Damasio und des dialogischen Ansatzes von David Bohm. Die Kernelemente der PSI-Theorie sind vier Erkenntnissysteme (Intentionsgedächtnis und intuitive Verhaltenssteuerung, Extensionsgedächtnis und Objekterkennung), die miteinander in Wechselwirkung stehen, wobei Affekte und der Wechsel von Affektlagen wesentlich sind. So ist es für das Selbstwachstum beispielsweise notwendig, sich einer schmerzhaften Einzelerfahrung nicht zu verweigern bzw. diese zu verdrängen, sondern ins Selbst zu integrieren, also an ihr zu wachsen, was letztlich nur durch eine Art Gefühlssteuerung möglich ist, die bis zu einem gewissen Maß erlernt werden kann.

Im Grunde greifen Elemente vieler Überlegungen zur menschlichen Persönlichkeit jeweils ineinander (oft unter verschiedenen Bezeichnungen und Namen). Die auffälligsten Neuerungen sind Modell-Bestätigungen durch bildgebende Verfahren oder dynamische Erweiterungen bzw. Synthesen mehrerer Ansätze, welche das entsprechende Modell valider (und damit oft auch komplizierter und unhandlicher) machen. Dies gilt auch für die PSI-Theorie.[37]

Wie hier dargestellt muss für die Praxistauglichkeit das Zugeständnis des Reduktionismus, der Simplifizierung komplexer Gegebenheiten, gemacht werden. Folglich erklärt das DI•ARS-Modell den Menschen entlang nur zweier Dimensionen: der **Dimension „Denken"** mit den beiden Primären Denkfeldern Holismus versus Detailtreue und der **Dimension „Agieren"** mit den beiden Primären Denkfeldern Intention/Motivation und Tun. Zwischen diesen beiden Dimensionen, und damit als verbindendes Element zwi-

---

36 Es wird im Folgenden nicht streng zwischen Theorie und Modell unterschieden, da dies nicht notwendig ist, um die Gedankengänge für die praktische Anwendung zu erläutern.
37 So schreibt Kuhl (o. J., S. 1): „Eigentlich enthält die Osnabrücker Persönlichkeitstheorie wenig Neues: Sie fasst zentrale Annahmen verschiedener Persönlichkeitstheorien zusammen und integriert eine große Zahl von Forschungsergebnissen aus der experimentellen Psychologie und der Neurobiologie. Und doch wird in der PSI Theorie das Verhalten der Menschen ganz anders erklärt, als wir das sonst gewohnt sind."

schen den vier Primären Feldern, ist die **Emotionale Regulation** angesiedelt (siehe Kap. 3.2.5). Mit Emotionaler Regulation ist ein Hilfssystem gemeint, das dem Umstand, dass Menschen wesentlich über ihre Gefühle und das Unbewusste gesteuert werden, Rechnung trägt: Die Emotionale Regulation wird also über Emotionen und das, was (gerade) nicht bewusst ist, aktiviert und kann sowohl direkt als auch über Kognitionen „Energie" in die vier Felder fließen lassen (siehe Abb. 14, S. 73). Ein Beispiel für ein solches Geschehen wäre etwa eine spontan und unkontrolliert auftretende Angst: Man sieht eine Spinne und erschrickt (das ist die Erstreaktion, die schwierig zu beeinflussen ist), es sammelt sich also massiv „Angst-Energie" in der Detailtreue (oder in Kuhls Begriffen, in der Objekterkennung). Über eintrainierte Gefühlssteuerungsprozesse lässt die Emotionale Regulation dann Energie in andere Felder fließen, etwa in das Feld „Holismus" (bei Kuhl: das Extensionsgedächtnis), wo uns sofort klar werden kann – auch gesteuert durch „vernünftige" Kognitionen –, dass eine Kreuzspinne nicht gefährlich ist, sondern uns hilft, die Fliegenplage im sommerlichen Haushalt einzudämmen.

Keinesfalls dürfen die Dimensionen „Denken" und „Agieren" als unabhängig aufgefasst werden, wie es die Abbildung 14 nahelegen könnte. Sie sind durch die Vermittlerin „Emotionale Regulation" auf das Engste miteinander verknüpft, überlappend und bedingen einander in höchst komplexer Wechselhaftigkeit. Außerdem sind Denken und Tun (Handeln) nicht klar voneinander zu trennen.

Die vereinfachte Unterteilung in Vorgänge, die sich mehr auf der Gedankenebene abspielen, und in solche, die sich eher auf das Handeln/Tun beziehen, dient schlicht dazu, die Komplexität des beraterischen Geschehens auf ein besser handhabbares Niveau herunterzubrechen – nicht mehr und nicht weniger! Wenn Sie ein Auto lenken und bei jeder Richtungsänderung den Lenkvorgang in seiner technischen Komplexität gedanklich durchspielen, werden Sie früher oder später im Straßengraben landen; es genügt zu wissen, dass eine Bewegung des Lenkrades nach links den Wagen nach links steuert, und die abgespeicherten Automatismen (einfache Intuitionen) machen den Rest.

So können wir das auch hier sehen. Wohlwissend, dass das Modell stark vereinfacht und oft auch nicht exakt ist (so greift das Tun, das Handeln, zumindest bei nicht automatisierten Prozessen stets auf das Denken zurück): Wenn es hilft, die Beratungssituation handhabbarer zu machen, weil es uns ein einfaches Gerüst gibt, das wir in der hochkomplexen Situation verwenden können, erfüllt das Modell seinen Zweck.

3.2 Die Primären Felder des DI•ARS-Beratungsmodells

Das Modell besteht aus den vier Primären Feldern Holismus, Detailtreue, Motivation/Intention und Tun, welche die für eine Beratung vorrangigen Denk- und Handlungsebenen benennen. Diese sind über die Gefühle und die für die Gefühlswahrnehmung so wichtige Emotionale Regulation miteinander verbunden. Sie stellen Erkenntnissysteme dar, die mit ihren innewohnenden Eigenschaften als **Modell der Persönlichkeit** aufgefasst werden können. Jedes dieser vier Felder hat eigene Eigenschaften und Besonderheiten, die wichtig sind für das Erreichen von Zielen und für die Selbstentwicklung, die aber auch Probleme bereiten können. Alle Felder sind miteinander verbunden, es handelt sich also um ein dynamisches Funktionssystem. An diesen Verbindungen sowie den Eigenschaften der vier Erkenntnissysteme setzen die Beratungsprozesse an, weshalb die Felder nun genauer dargestellt werden.

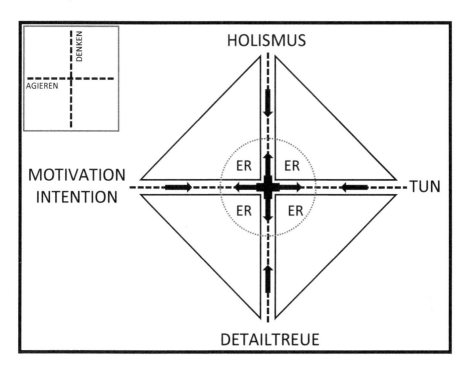

Abb. 14: Das DI•ARS-Beratungsmodell (eigene Darstellung)

3.2.1 Das Primäre Feld „Holismus"

Der Holismus ist dasjenige System der menschlichen Persönlichkeit, das durch eine **überblicksartige Ganzheitlichkeit** im Denken charakterisiert ist. Es vereint die Gesamtheit der Erfahrungen eines Menschen, die natürlich zum allergrößten Teil im jeweiligen Moment nicht bewusst sind. Das holistische Feld geht in die Weite, es ist nicht auf Einzelheiten gerichtet. Wer sein holistisches Feld aktiviert hat, versucht, Details in das große Ganze des bisherigen Erfahrungsschatzes zu integrieren, wobei die Intuition hier eine große Rolle spielt: Das holistische Denken ist *höchst* intuitiv!

Das zweite Schlüsselwort in Bezug auf dieses System lautet **Integration**. Das heißt, es werden auch einander widersprechende Gedanken und Gefühle miteinander in einen gemeinsamen Kontext gebracht und verbunden und somit im Sinne eines persönlichen Wachstums, eines persönlichen Entwicklungsprozesses, positiv genutzt.

Ein Beispiel: Ein Geschäftsabschluss, der schon so gut wie sicher schien, klappt doch nicht. Natürlich ist man verärgert, frustriert, vielleicht auch zornig und aggressiv. Diese Gefühle sollen keinesfalls verdrängt werden, man soll sich ihnen stellen, aber es wäre schlecht, wenn sie einen über längere Zeit beherrschen. Denn wenn der Fokus auf dieses Einzelereignis hin verengt ist, verliert man sich in negativen Energien und vergibt sich Entwicklungsmöglichkeiten und Einsichten. Wer es schafft, sein holistisches Feld zu aktivieren, kann etwa durch eingeübte Coping-Strategien dieses singuläre Erlebnis in einen „höheren" Gesamtkontext stellen, frei nach dem Motto „Wer weiß, wozu es gut ist" oder „Solche Dinge passieren im Leben, sie gehören dazu – was werde ich tun, um daraus etwas zu lernen, denn Rückschläge werden noch öfters auftreten …"

Es geht also darum, das Einzelereignis in die Gesamtheit der Erfahrungen zu integrieren, intuitiv eine Art „Sinn" in allen Erfahrungen zu spüren und sich zu bemühen (analytisch ebenso wie intuitiv), auftretenden Widersprüchen und Mehrdeutigkeiten nicht denkfeindlich zu begegnen, sondern sie für persönliche Entwicklungsprozesse zu nutzen.

Diese Ambiguitätstoleranz, d.h. die Fähigkeit, widersprüchliche, mehrdeutige Informationen zu ertragen und sogar konstruktiv zu nutzen, ist also im holistischen System angesiedelt und wohl eine der bedeutendsten dialogischen Kompetenzen (siehe auch Kap. 6). Sie kann trainiert werden.

3.2.2 Das Primäre Feld „Detailtreue"

Wir leben in einer Welt, in der es überlebenswichtig sein kann, schnell und oft auch intuitiv – ohne langes Nachdenken – Gefahren zu erkennen, diese praktisch aus dem Wahrnehmungsfeld herauszulösen und zu fixieren. Neue Eindrücke werden mit Vorsicht betrachtet und aus der Gesamterfahrung heraus isoliert. Auch wenn etwas Neues nicht mit ängstlicher Vorsicht assoziiert wird, so ist es doch zumindest auffällig, interessant, hervorstechend – man nimmt es irgendwie herausgelöst aus dem Umfeld wahr. **Saliente Reize** fordern und verdienen unsere Aufmerksamkeit.

Holismus und Detailtreue sind die einander gegenüberliegenden Pole derselben Dimension, weshalb Julius Kuhl hier von einem Antagonismus spricht: Im holistischen Denken schwinden die Einzelerlebnisse zugunsten des Großen und Gesamten, also zugunsten des (intuitiven) Überblicks. Im Detaildenken hingegen stechen Einzelerlebnisse und isolierte Gedanken heraus und können nicht wirklich integriert werden, sodass das Neue, oft auch Angstmachende, mit all seinen Widersprüchlichkeiten und Mehrdeutigkeiten für den persönlichen Wachstumsprozess nicht genutzt werden kann. Es ist also ein Austausch zwischen dem Holismus und der Detailtreue notwendig, damit konstruktive

Lernerfahrungen möglich sind. Stehen die beiden Systeme im Dialog, kommunizieren sie miteinander, so kann dieser Austausch stattfinden; dann wird das Neue also in die Gesamterfahrung eingegliedert und es findet Lernen statt: Man lernt an Unterschieden! Bewegt man sich immer nur im Rahmen des (Alt-)Bekannten, geschieht kein Lernen.

Das Beispiel des Sprachenlernens im Erwachsenenalter macht dies besonders anschaulich: Hört man ein neues, kompliziertes Wort, steht dieses vollkommen isoliert da. Wenn man es auch nach zwanzig Wiederholungen immer noch nicht gelernt hat, wird irgendwann aus dem neutralen ein aversiver Reiz: „Verdammt noch einmal! Warum kann ich mir dieses Wort einfach nicht merken?" Die Detailtreue ist hoch aktiv, voller Energie, wenn es um dieses Wort geht. Aber irgendwann wird es der Sprachschüler schaffen, dieses Einzelobjekt, diese Einzelerfahrung, in seinen holistischen Spracherwerb zu integrieren und ganz natürlich zu benutzen: Aus dem isolierten Einzelobjekt wurde etwas ganz Alltägliches und man hat letztlich eine schöne Lernerfahrung gemacht.

Nicht immer, aber sehr oft ist mit der Fokussierung auf einzelne Details eine negative Stimmungslage verbunden, vor allem dann, wenn der Zugang zum Holismus nicht ausreichend stark aktiviert oder gar abgeschnitten ist. In Gefahrensituationen erweist sich dies durchaus als sinnvoll, aber eben nicht für **tiefergehende, längerfristige Lernerfahrungen**, die in das Gesamtnetzwerk integriert sind – für diese benötigen wir den positiven Affekt. Das heißt also, das evolutionsbiologisch durchaus sinnvolle Feld „Detailtreue" ist **in negativer Stimmungslage** besonders aktiviert und aufmerksam für Einzelheiten und Fehler. **In einer positiveren Stimmungslage** ist das Feld „Holismus" aktiviert und für langfristige, kreative und integrative Lernerfahrungen zugänglich. Der negative Affekt erfüllt für isolierte, oft gefahrbedingte Lernerfahrungen seinen Zweck: Warum zwei Mal auf die heiße Herdplatte greifen? Der positive Affekt hingegen ist für längerfristige, tiefergehende, in das Gesamtnetzwerk eingebundene Lernerfahrungen optimal, da in positiver Affektlage besser auf das Netzwerk zugegriffen werden kann.

Daraus ergibt sich eine wesentliche Ableitung: Nicht in der ängstlichen, zornigen oder allgemein als negativ erlebten unmittelbaren, d. h. ersten, Reaktion an sich besteht das Problem. Das Problem ist vielmehr die mangelnde Fähigkeit, diese Reaktion so zu regulieren, dass daraus eine Lernerfahrung wird, die sich von der Isoliertheit des detailtreuen Feldes löst und im holistischen Feld ansiedelt, sodass die Person sie in ihren Erfahrungsschatz integrieren kann. Damit dies nachhaltig gelingt, ist eben unbedingt ein Affektwechsel notwendig.

3.2.3 Das Primäre Feld „Motivation/Intention"

In der Differenziellen Psychologie wird oftmals von zwei Systemen gesprochen, die als impulsives und reflexives Verhalten in einem Spannungsverhältnis stehen: das direkte, tatsächlich ausgeführte Verhalten (Handlung im Vordergrund) und die vorgestellte Ausführung von Verhalten (Intention im Vordergrund).

Das System 1 beschreibt das schnelle, mehr automatisierte, von kognitiven Abkürzungen (mentalen Modellen) bestimmte und stärker emotional-impulsive Verhalten, das System 2 das langsame, überlegte, analytisch-reflektive Verhalten.[38] Personen, die in entsprechenden psychologischen Tests dem impulsiven Typus zugeordnet werden, reagieren also schneller, impulsiver und unüberlegter als die Personen des konträren reflexiven Typus, die eher langsam, analytisch-logisch, bewusst und weniger emotionsgeleitet handeln. Der impulsive Typ hat normalerweise kaum ein Problem mit dem Tun, handelt aber oft unüberlegt und ohne dabei die möglichen Konsequenzen zu bedenken. Der reflektive Typ entspricht dem Bild des „ewigen Planers", der vor lauter Überlegen nicht dazu kommt, seine Intentionen in die Tat umzusetzen.[39]

Die **Prokrastination** (vulgo: Aufschieberitis) ist als Phänomen in den letzten zwanzig Jahren in der psychologischen Wissenschaft zunehmend interessant geworden, vielleicht auch bedingt durch die vielen Ablenkungen (soziale Netzwerke, TV, Handy etc.), denen die Menschen mittlerweile ausgesetzt sind. Dieses Phänomen ist aber keineswegs neu und es meint auch nicht das „normale" Aufschieben im Alltag („Was du heute kannst besorgen, das verschiebe nicht auf morgen"), sondern ein nutzloses bis schädigendes Nichterledigen von Aufgaben in dem Wissen, dass dies mittel- bis längerfristig bedeutsame negative Konsequenzen hat. Das mangelnde Vermögen, wichtige Aufgaben zu erledigen (die Umsetzungskompetenz: im DI•ARS-Modell ist diese in den gegensätzlichen Primären Feldern „Tun" bzw. „Motivation/Intention" angesiedelt), betrifft wichtige Selbstregulationsfähigkeiten und ist damit im Beratungskontext höchst relevant. Dies ist umso mehr der Fall, da in Zeiten des New Work vorgegebene Strukturen abnehmen, sodass die Eigenverantwortung für das persönliche Zeitmanagement zunimmt und gleichzeitig die informelleren Umgebungsbedingungen Prokrastination befördern. Persönlichkeitsmerkmale, die sich hinsichtlich Prokrastination in Studien als relevant herausgestellt haben, sind beispielsweise Gewissenhaftigkeit, Selbstkontrolle, Ablenkbarkeit oder Erfolgserwartung (Steel 2007).

Es lassen sich also zwei grundsätzliche Handlungsweisen unterscheiden: das Handeln, das ein Nachdenken, Planen, Vorbereiten erfordert, bei dem also das eben erwähnte System 2 stark beteiligt ist, und jenes Handeln, das eher spontan, automatisiert und schnell abläuft, also dem System 1 zuzuordnen ist. Die System-2-Handlungen gehören in das Primäre Feld „Motivation/Intention", die System-1-Handlungen werden stärker dem Primären Feld „Tun" zugeschrieben.

---

38 Die Termini „System 1" und „System 2" wurden ursprünglich von den Psychologen Keith Stanovich und Richard West eingeführt und später von Daniel Kahneman weiterverwendet.
39 Ein klassischer Vertreter dieses Modelltyps ist das Dual-Process-Modell von Strack & Deutsch (2004), welches postuliert, dass eine Kontrollinstanz, das Intending, die Verknüpfung zwischen der Entscheidung für ein Verhalten und dem Ausführen von Verhaltensschemata herstellt.

Das Feld „Motivation/Intention" ist besonders mit dem **analytischen Denken** assoziiert: Es wird genau überlegt, analysiert, geplant und die Konsequenzen bedacht. Was aus dem Verhalten resultiert, bleibt ständig im Blick. Es geht also um eine Fokussierung auf das Ergebnis, das im Zusammenspiel vor allem mit der Aktivität, also dem Feld „Tun", erbracht wird. Dieses Zusammen- bzw. Wechselspiel ist höchst bedeutsam, da zu einem konkreten Verhalten (wenn es nicht stark automatisiert abläuft) stets eine gewisse Vorbereitung gehört, also eine Absicht, es auszuführen.

Die Dual-Process-Modelle stellen dem regelbasierten, reflektierten Ablauf ein **„quick and dirty"** gegenüber, wobei diese sich naturgemäß oft im Widerspruch befinden: Zu schnell und unüberlegt handeln oder zu langsam und überlegt? Strack und Deutsch (2004) etwa postulieren in ihrem Modell, dass das impulsive System immer aktiv ist, während das reflektive nur bei Bedarf zugeschaltet wird. Das reflektive System benötigt eindeutig mehr kognitive Kapazitäten und sowohl eine zu starke (etwa Angst) als auch zu geringe Aktivierung (etwa durch Müdigkeit) kann leicht zu Störungen führen, weshalb es am besten auf mittlerem Aktivierungsniveau arbeitet. Das impulsive, stark automatisiert arbeitende System ist sozusagen immer bereit, aber um den Preis, dass mögliche Folgen des Verhaltens nicht bedacht werden. Wenn es sich um einfache Routinen handelt, stell dies jedoch kein Problem dar.

Es ist also evident, dass Motivation/Intention und Tun immer in einer direkten und oft widersprüchlichen Beziehung zueinander stehen: Es geht um das Abwägen von regelbasiert und reflektiert versus impulsiv. Wenn das Feld „Motivation/Intention" aktiviert ist (eben weil es etwas zu „bedenken" gibt), arbeitet der klare, analytische Verstand. Wir sind im Leben regelmäßig mit Dingen konfrontiert, die sich nicht „einfach so auf die Schnelle" lösen lassen, sondern eine bewusste, reflektive Auseinandersetzung erfordern. Das heißt, wo Probleme gelöst werden müssen, die Nachdenken erfordern, ist dieser Bereich unseres Verstandes hoch aktiv.

3.2.4 Das Primäre Feld „Tun"

Das Feld „Tun" steuert die Ausführung von Denken und Verhalten, und zwar – je nach Situation und Vorerfahrungen – mehr oder weniger stark auf der bewussten Ebene. Automatisierte Handlungsabläufe können durchaus ohne bewusste Anteile umgesetzt werden: Man denke etwa an das Gangschalten beim Autofahren nach jahrelanger Routine. Aber auch bei kognitiv anspruchsvolleren Tätigkeiten werden oft bestimmte Schritte nahezu ohne bewusste Anteile ausgeführt: Ein Verkaufstrainer hat bestimmte Abläufe schon so oft erklärt, dass er automatisch und mit gleichbleibender Stimme seine Sätze herunterbetet und die Teilnehmer das Gefühl haben, einem Tonband zu lauschen. Der Verkaufstrainer ist sich manchmal tatsächlich nicht sicher, ob er das eine oder andere eine Minute zuvor nicht schon erwähnt hat.

Man könnte sagen: Es wird etwas „irgendwie" wahrgenommen, vorbewusst, es ist vorhanden, aber irgendwie auch nicht. Das Gesagte oder ein Gegenstand kann mit etwas Anstrengung in das Bewusstsein gerückt werden. Wenn der Verkaufstrainer innerlich sagt: „Stopp! Konzentration!", kann er sich die routinegesteuerten Inhalte seines Tuns sofort bewusst machen. Die Inhalte des Primären Feldes „Tun" bewegen sich also irgendwie zwischen dem Impliziten und dem Expliziten. Sie sind mal an der Peripherie und mit wenig Anstrengung ins Explizite rückbar, mal jenseits der Peripherie und mit etwas mehr Anstrengung ins Bewusstsein zu bringen.

Das Primäre Feld „Tun" kann aber durchaus sehr bewusst in das, was wir denken und ausführen, eingebunden sein. Stellen Sie sich vor, Sie nehmen das erste Mal Golfunterricht und üben sich im Schwingen des Golfschlägers. Das ist ein Ablauf, den ein Profi zwar hochkonzentriert, aber auch hoch automatisiert ausführt. Sie als Anfänger müssen sich jedoch mit hoher geistiger Anstrengung auf Ihre Körperhaltung, auf die Art und Weise, wie Sie die Handgelenke beugen, wie die Knieposition gegenwärtig ist und sich von Sekunde zu Sekunde verändert, und vieles mehr konzentrieren. Teil des Übens ist es ja, diese Abläufe im Zeitlupentempo und mit höchster Bewusstheit zu internalisieren – ein Vorgang, der simpel erscheint, aber bis zur Perfektion Hunderte bis Tausende von Stunden benötigt. Irgendwann wird Ihre bewusste Aufmerksamkeit für die motorischen Abläufe nicht mehr benötigt, stattdessen verlagert sich die Aufmerksamkeitsenergie auf Ihren Inner State, also darauf, dass Sie sich selbst beruhigen können, oder auf Ihre Kompetenzzuschreibungen. Alle Golf-Profis haben die Bewegungen so oft eingeübt, dass sie sich in der motorischen Meisterschaft der Ausführung nicht mehr messbar unterscheiden: Der Inner State ist es dann, der ihnen beim Turnier einen Strich durch die Rechnung macht oder eben nicht.

Beim entspannten, lockeren Umgang mit vertrauten Menschen laufen die meisten Verhaltensweisen relativ unbewusst ab. Würde man sich zu sehr auf jedes Wort, auf die Körperhaltung, auf den Eindruck, den man hinterlässt, konzentrieren, wäre die Unterhaltung nicht mehr entspannt und locker, sondern steif, starr und affektiert.

Wichtig ist, eine Balance zwischen dem Wollen – den Intentionen – und dem tatsächlichen Ausführen der Handlung – dem Tun – zu finden.

Aber warum ist das wichtig? Angenommen, jemand möchte unbedingt ein guter Golfer werden, hat also eine starke Motivation/Intention. Er beschäftigt sich intensiv mit dieser Sportart, liest darüber, sieht Turniere im Fernsehen. Dennoch ist es nicht selbstverständlich, dass er die notwendige Handlungsenergie tatsächlich aufbringt, denn er weiß: Es wird einiges an Anstrengung kosten, Golf spielen zu lernen, verbunden mit Höhen und Tiefen, Frustrationen, freudigen Momenten und so weiter. Wenn es nicht gelingt, Energie vom Primären Feld „Motivation/Intention" abzuziehen und in das Primäre Feld „Tun" zu transferieren, wird er das Ziel, ein guter Golfspieler zu werden, nicht erreichen.

Auf der anderen Seite läuft man Gefahr, das Ziel nicht zu erreichen, wenn man sich „nur" gut fühlt, positiv gestimmt ist und voller Elan und mit viel Handlungsenergie an das Golflernen geht, ohne intensiv darüber nachzudenken. Warum? Weil man in dieser positiven Stimmung zum einen dazu tendiert, eher impulsiv und intuitiv zu handeln, und weil man zum anderen rasch einen Dämpfer erfahren kann, sobald Schwierigkeiten auftreten. Und das geschieht relativ schnell bei Plänen, die schwierig zu verfolgen sind: Hindernisse begleiten den Lernprozess und lernen bedeutet ja, Hindernisse zu überwinden. Aktiviert man aber in diesen schwierigen Situationen ganz bewusst das Primäre Feld „Intention/Motivation", reagiert also analytisch-reflexiv, kann man einen Ausgleich herstellen zwischen dem Wollen (der Absicht, etwas Schwieriges zu erlernen) und dem Tun (dem Umsetzen). Man verteilt also die zur Verfügung stehende Energie gerecht auf beide Felder und schafft so eine Balance.

Die folgende Tabelle 2 fasst die wesentlichen Charakteristika der vier Primären Felder zusammen:

Tab. 2: Die wesentlichen Charakteristika der vier Primären Felder im DI•ARS-Modell (eigene Darstellung)

Holismus	• ganzheitliche Erfassung, kein Fokus auf Details und Besonderheiten • parallele Verarbeitung • stellt eine Verbindung her zwischen Vergangenem und zukünftigen Möglichkeiten (Scharmer 2009) • Widersprüchliches wird gemeinsam betrachtet und miteinander verbunden • in die Tiefe gehen und die „tiefere" Wahrheit ergründen • Problematisches wird nicht geleugnet und verdrängt, sondern mit dem Selbst konfrontiert • erlaubt Subjektivität, ohne alles begründen und beweisen zu müssen • erlaubt Gefühle und Zustände der Verwundbarkeit mit dem Ziel des Selbstwachstums • sogenannte „Fehler" werden als Möglichkeit zum Selbstwachstum erkannt • Einzelerfahrungen werden in die Gesamterfahrungen des Lebens integriert
Detailtreue	• starker Fokus auf Details • Details werden aus dem Gesamtkontext herausgelöst • Einzelheiten stehen nicht im Kontext der Gesamterfahrungen des Lebens, sondern sind abgetrennt • Fehlerorientierung • Neigung zu „Ja, aber"-Reaktionen hemmt den Gesamtblick • objektbezogenes, rationales Argumentieren; keine „Verunreinigung" durch Gefühle • Daten und Fakten werden gesucht, ohne die Gesamtheit der Situation zu überblicken • klare, definierte Strukturen werden gegenüber kreativen, offenen Feldern bevorzugt • Neigung zu Wertungen anhand der Kategorien Richtig und Falsch • wird besonders durch negative Affekte aktiviert • häufige Suche nach Gründen, warum etwas nicht funktionieren kann

Fortsetzung Tab. 2: Die wesentlichen Charakteristika der vier Primären Felder im DI•ARS-Modell (eigene Darstellung)

Motivation/ Intention	• Orientierung an geplanten Handlungen • Pläne schmieden • Orientierung an (vorgestellten) Zielen • Ausübung von Kontrolle im Fokus • analytisches Denken • Neigung zu Abstraktionen • kritischer Geist • häufige Aktivierung des reflexiven, langsamen Systems 2 („kühles System" sensu Mischel[41]) und Abwägen von Für und Wider • parallele Verarbeitung und Hin- und Herspringen zwischen verschiedenen Gedanken • Erstellen von Listen und Schemata, in denen Aufgaben und Ziele angeführt sind • Orientierung an Gefühlen und gegenwärtigen subjektiven Befindlichkeiten nicht erwünscht
Tun	• serielle Verarbeitung • Verhalten wird oft unbewusst ausgeführt • Dominanz von Automatismen und Routinen • starke Orientierung an der Gegenwart, nicht an der Zukunft • dynamisch und schnell • häufige Aktivierung des spontanen, schnellen Systems 1 („heißes System" sensu Mischel) • Verhalten wird eher sensomotorisch als rein „kognitiv" gesteuert • Streben nach raschen Veränderungen und Anpassungen an die Situation

3.2.5 Die Vermittlerin „Emotionale Regulation"

Die vier Primären Felder des DI•ARS-Modells stehen über ein zentrales, maßgeblich durch Emotionen gesteuertes Verbindungselement, die Emotionale Regulation, miteinander in Kontakt. Fließt Energie von einem Feld in ein anderes, geschieht dies durch die Emotionale Regulation, die zwischen den vier Feldern vermittelt. Sie übt also eine zentrale Funktion aus, die im Folgenden genauer zu erklären ist.

Wie in Abbildung 14 (siehe S. 73) ersichtlich, nimmt die Emotionale Regulation auch räumlich eine zentrale Stellung ein. Sie befindet sich auf jener Ebene, welche den Schnittpunkt zwischen Körper und Psyche herstellt. Der portugiesische Neurowissenschaftler **Antonio Damasio** hat einflussreiche wissenschaftliche Arbeiten über das Denken und die

---
40 Walter Mischel unterscheidet das „heiße System" (limbisches System, amygdalagesteuert, das „Es", automatisiert) vom „kühlen System" (kognitives System, prominent im präfrontalen Cortex angesiedelt, das „Aufschubsystem") (siehe z. B. Mischel, 2015).

Emotionen publiziert,[41] welche den Überlegungen zur Emotionalen Regulation zugrunde liegen. Die Inhalte unseres Denkens und unser Verhalten haben ihre Ursprünge *auch* auf einer rein körperlichen Ebene, ausgehend von der Ebene der Sinnesreize. Der US-amerikanische Psychologe William James verwendete vor weit über 100 Jahren bereits folgendes Beispiel, um dies zu verdeutlichen: Stellen Sie sich ein starkes Gefühl vor, etwa intensive Wut oder ein starkes Empfinden von Liebe. Versetzen Sie sich in eine Situation, in der Sie ein solches starkes Gefühl gespürt haben; war es ein Wärmegefühl irgendwo in der Herzgegend, ein Zittern der Hände, ein Verkrampfen der Hals- und Nackenmuskulatur, ein tiefes Einatmen? Und nun ziehen Sie all diese Körperempfindungen ab, eliminieren Sie diese so weit wie möglich. Wenn Sie ein Wärmegefühl empfunden haben: Weg damit! War es ein intensives, tiefes Einatmen? Weg damit! Versuchen Sie, sich in einen Zustand zu versetzen, in dem all diese körperlichen Empfindungen wie weggewaschen sind. Was fühlen Sie? Wenn wir das tun, so „stellen wir fest, dass wir nichts zurückbehalten, keinen ‚Seelenstoff', aus dem sich das Gefühl zusammensetzen ließe, und dass ein kalter und neutraler Zustand intellektueller Wahrnehmung alles ist, was bleibt".[42]

Es ist also sehr schwierig, sich Gefühle ohne diese **somatischen Empfindungen** vorzustellen – ein Gefühl ist keine rein kognitive Angelegenheit. Aber es ist natürlich *auch* kognitiv, weil die Gesamtheit unserer Erfahrungen, Denkprozesse, Wünsche usw. mitbestimmt, wie wir unsere Gefühle bewerten. Wenn wir unter Emotion das verstehen, was sich ganz zu Beginn des Prozesses auf der körperlichen Ebene abspielt (Reize wirken von innen und außen auf den Körper ein, werden also in den Körper „eingebettet"), dann sind die Emotionen die Basis jeglichen Gefühls.

Damasio (2006, S. 202) schreibt: „Damit man ein Gefühl empfindet, ist es notwendig [...], dass neuronale Signale aus den Viscera, aus den Muskeln und Gelenken und aus Neurotransmitter-Kernen [...] bestimmte subkortikale Kerngebiete und die Großhirnrinde erreichen." Wir brauchen diese Körpersignale, um Zugang zu unserem Selbst zu haben, um Entscheidungen treffen, um den emotionalen Gehalt von Situationen bewerten zu können, um Zugang zu haben zu dem immensen Netzwerk von Erinnerungen sowie Erfahrungen und um einen Wegweiser zu haben, der durch das Dickicht all dessen führt, was wir benötigen, um uns in dieser chaotischen und unüberschaubaren Welt zurechtzufinden.

Um diese körperlichen Reize, die „rohen Emotionen", zu dem zu machen, was wir Gefühle nennen, müssen notwendigerweise irgendwelche Verknüpfungen mit unseren Erfahrungen geschehen. Dabei handelt es sich um **Konditionierungsprozesse**. Die rohen Emotionen reisen über bestimmte körperliche Bahnen, über das Rückenmark, den

---

41 Die Begrifflichkeiten werden in den Neurowissenschaften leider nicht einheitlich verwendet. „Emotion", „Empfindung", „Gefühl" und dergleichen können Unterschiedliches meinen. Deshalb ist Vorsicht beim Lesen der Publikationen verschiedener Autoren angebracht. Als Grundlage für das hier vorgestellte Modell sind viele Differenzierungen, die sich in der Literatur finden, nicht notwendig, weshalb hier nur von (rohen) Emotionen und Gefühlen die Rede ist.
42 Zitiert nach Damasio (2006, S. 180).

Hirnstamm, Steuersysteme wie den Hypothalamus, und das limbische System schließlich zu höheren Gehirnregionen, wo sie wahrgenommen und kognitiv rückgekoppelt werden. Diese Prozesse laufen nicht auf einer Einbahnstraße ab, sondern als Schleifen in beide Richtungen.

Stellen Sie sich folgende Situation vor: Ein Freund teilt Ihnen etwas sehr Unangenehmes mit und das führt dazu, dass Sie unmittelbar eine unangenehme Empfindung (vielleicht im Bauch) wahrnehmen – das geschieht ganz automatisch. Diese Empfindung ist sehr kurz, aber spürbar. Wenn Sie nun lange Zeit später wieder an dieses Ereignis denken, werden Sie höchstwahrscheinlich auch diese körperliche Empfindung wieder verspüren. Das Ereignis wurde also damals regelrecht *markiert*. Ebenso kommt es vor, dass Sie bei einer bestimmten somatischen Reaktion das damit assoziierte Ereignis wiedererinnern. Diese Prozesse sind **Schleifen**: Körper und Geist beeinflussen sich gegenseitig.

Gefühle sind die Wahrnehmungen dieser im Wesentlichen angeborenen körperlichen Veränderungen. Körperliche Veränderungen vermischen sich mit Kognitionen, mit höheren geistigen Prozessen. Kognitionen verstärken diese somatischen Zustände und betten sie in das Erleben ein.

Mit anderen Worten heißt das, dass angeborene, neuronale Mechanismen aufgrund bestimmter Reizklassen bestimmte körperliche Zustände erzeugen, wobei Kognitionen (Erinnerungen, Werte, abgespeicherte Bilder und Melodien und vieles mehr) diese körperlichen Zustände verstärken. Durch diese Verstärkung der körperlichen („somatischen", von lat. „soma": Körper) Zustände werden zwangsweise Teile des Körpers in einen anderen Zustand versetzt. Wir haben also somatische Marker, die uns Hinweisreize liefern, ob wir eine Situation als unangenehm oder angenehm empfinden können. Die berühmten Schmetterlinge im Bauch markieren positive, die Anspannung der Kiefermuskulatur negative Zustände. Diese Zustände liefern uns Hinweisreize darauf, wie wir uns in einer bestimmten Situation verhalten könnten.

Daraus folgt, dass Emotionen die Reize auf der untersten körperlichen Ebene sind. Sie vermitteln uns zusammen und im Wechselspiel mit den Kognitionen ein dynamisches Bild der Umwelt: Es entstehen Gefühle.

Es ist leicht einzusehen, dass das meiste, was sich im Rahmen dieser Prozesse abspielt, unbewusst geschieht. Gleichzeitig sind wir als Menschen aber auch höchst kognitive Wesen, die planvoll strukturieren, bewerten, die Konsequenzen von Handeln oder Nichthandeln beurteilen können und die über ein enormes Abstraktionsvermögen verfügen. Wir bewegen uns auf hohen Bewusstseinsebenen. Man kann sagen: Wir halten uns in zwei verschiedenen Welten auf.

Die Welt der Emotionen und Gefühle wird in unserer westlichen Kultur seit der Zeit der Aufklärung tendenziell unterbewertet. Die Welt der Kognitionen, der Rationalität und des analytischen Verstandes hat hingegen einen sehr hohen Stellenwert. Die Auffassung, dass das analytische Denken durch Gefühle verunreinigt wird, dass Gefühle die Rationalität des Menschen stören, lässt sich jedoch nicht mehr aufrechterhalten. Mittlerweile ist die so wichtige Rolle der Gefühle und der ihnen zugrunde liegenden Emotionen für unser Denken und die Entscheidungsfindung gut belegt. Daher könnte das Ziel darin bestehen, diese beiden Welten zu integrieren, also einen dialogischen Ausgleich zu schaffen, der alle Stimmen miteinbezieht und die **Balance aus Gefühl und Verstand** anstrebt, in der auch die verschiedenen Formen der Intuition eine Rolle spielen dürfen.

Damasio bemüht in diesem Zusammenhang seinen berühmten Patienten Elliot. Elliot wurde aufgrund einer Erkrankung ein Teil des präfrontalen Cortex entfernt. Die Operation verlief sehr gut, der Patient wurde von seiner Tumorerkrankung geheilt und seine intellektuellen Leistungen waren in keiner Weise beeinträchtigt. In allen medizinischen und psychologischen Tests schnitt er ausgezeichnet ab, in keinem einzigen Bereich konnte irgendeine signifikante Beeinträchtigung seiner kognitiven Funktionen festgestellt werden; viele Fähigkeiten – auch sein verbales Ausdrucksvermögen – waren sogar nach wie vor überdurchschnittlich ausgeprägt.

Doch Elliot machte einen grundlegenden Persönlichkeitswandel durch. Vor allem war er nicht mehr in der Lage, angemessene Entscheidungen zu treffen, ganz besonders, wenn es um Entscheidungen ging, die seinen persönlichen Bereich betrafen. Er verlor jeglichen emotionalen Bezug nicht nur zu sich selbst, sondern zu seiner gesamten sozialen Umgebung. So sprach er beispielsweise über die Tragödie seines Lebens mit vollkommener Gleichgültigkeit, leidenschaftslos und wie ein unbeteiligter Dritter. „Dabei unterdrückte er nicht etwa den Ausdruck innerer Beteiligung oder Turbulenz – es gab einfach nichts, was er hätte unterdrücken müssen" (Damasio 2006, S. 77). Aufgrund seiner hervorragenden intellektuellen Fähigkeiten *wusste Elliot, ohne zu fühlen.*

Warum ist dieser berühmte Fall Elliot bedeutsam für das DI•ARS-Modell? Egal ob wir es Coaching, Supervision, Psychotherapie, qualifiziertes Freundesgespräch oder Selbstreflexion nennen: Jede Art der Selbst- und Fremdberatung mündet zwangsweise in Entscheidungen (und sei es nur, sich nicht zu entscheiden). Vernünftige, angemessene Entscheidungen sind die Grundlage für ein geordnetes Leben, ein Leben, das – soweit möglich – einer gewissen Selbstkontrolle unterliegt. Der Patient Elliot steht beispielhaft für einflussreiche wissenschaftliche Erkenntnisse der letzten 25 Jahre, die Folgendes zeigen:

- Körpersignale (Emotionen) sind die Grundlage für Gefühle.
- Fühlen und Denken sind nicht strikt zu trennen.
- „Gefühllosigkeit des Denkens" (!) führt dazu, keine angemessenen, vernünftigen Entscheidungen für sich und sein Leben treffen zu können.
- Wir verfügen über ein emotionales Erfahrungsgedächtnis, das heißt, jede Erfahrung wird (im Wesentlichen unbewusst) mit einer als gut oder schlecht assoziierten Körperempfindung abgespeichert.
- Der Körper sendet, abhängig von diesen abgespeicherten Körperempfindungen, angenehme oder unangenehme Signale, die im Gehirn verarbeitet werden. Diese Signale werden „somatische Marker" genannt und oftmals gar nicht oder kaum, oft aber auch deutlich wahrgenommen.

- Wir können diese somatischen Marker als „Tendenzapparat" nutzen, um uns in der chaotischen Welt besser zurechtzufinden und angemessenere Entscheidungen zu treffen.[43]
- Gerade unbewusste Körpersignale, die aus der direkten Körperwahrnehmung resultieren, sind für den Zugang zum Selbst bedeutsam.
- Da somatische Marker nicht nur in real stattfindenden, sondern auch in vorgestellten Situationen ausgelöst werden können („Als-ob-Schleife"), sind sie für den Beratungsprozess höchst wertvoll.
- Körpersignale sind bei allen Menschen vorhanden, aber nicht alle Menschen verfügen über eine ausreichend trainierte Körperwahrnehmung, um Körpersignale bewusst wahrzunehmen. Die Körperwahrnehmung kann jedoch trainiert werden.
- Funktionale Begriffe wie das „Selbst", die „Identität" oder der „Inner State" sind abstrakt und nicht befriedigend operationalisierbar. Somatische Marker sind wesentlich einfacher erfass- und bis zu einem gewissen Grad auch messbar, weshalb man sie als Zugang zum Selbst nutzen kann.

Das Unbewusste spielt eine Rolle in der menschlichen Persönlichkeit, die allgemein nicht ausreichend gewürdigt wird. Unbewusste Inhalte – wie immer die modellhaft beschriebenen Architekturen des „Unbewussten" auch sein mögen – steuern unser Leben weit mehr, als uns „bewusst" ist. Dabei werden so viele Fragen aufgeworfen, die wir im Grunde nicht beantworten können – alleine schon, was denn eigentlich das Bewusstsein an sich ist. Wie können wir erklären, dass wir beim Betrachten eines bestimmten Gemäldes plötzlich ein subjektives Gefühl wie Freude oder Angst mit all den Schattierungen empfinden? Kandel (2006, S. 407) schreibt, es fehle „uns noch an einer überzeugenden Theorie dafür, wie ein objektives Phänomen – elektrische Signale im Gehirn – eine subjektive Erfahrung wie etwa Unlust hervorrufen kann". Gegenwärtig herrscht aber im Wesentlichen Einigkeit darüber, dass den bewussten Gefühlen bestimmte unbewusste physiologische Veränderungen *bottom up* vorausgehen (Muskelspannung, ein Stechen in der Herzgegend, Schwitzen etc.) und dass Kognitionen *top down* Bewertungen und dergleichen vornehmen. Wir können also von Feedback-Schleifen ausgehen, in welchen unbewusste Emotionen (körperliche Veränderungen), die auf physiologischen Vorgängen beruhen, direkt auf unser Denken einwirken (das „fühlende Denken" sensu Damasio) und vice versa.

Das heißt für die praktische Anwendung des DI·ARS-Modells: Wir benötigen selbstverständlich unser analytisches Denken. Es wäre abwegig, diesen bedeutenden Bereich unseres Denkapparates kleinzureden, der uns schließlich zu dem macht, was wir *auch*

---

43 Das darf und soll natürlich nicht heißen, dass Entscheidungen, die wir unter bewusster Beachtung körperlicher Signale treffen, qualitativ „besser" sein müssen. Damasio bezeichnet somatische Marker auch schlicht als „Tendenzapparat". Zwischen kognitiven und emotionalen Prozessen besteht eine enge Partnerschaft, wie immer auch die Welt „da draußen" beschaffen ist, unabhängig davon, welche Konsequenzen unsere Entscheidungen auch haben mögen.

sind: Sinneswesen mit Vernunft, die nach Wissen streben, über Moral verfügen, Gut und Böse unterscheiden und in höchstem Maße abstrakt denken können. Aber wir sollten in einem dialogisch orientierten Beratungsprozess das Unbewusste und die Rolle der Emotionen und Gefühle wesentlich stärker in den Blick nehmen, als wir dies üblicherweise tun.

3.3 Das DI•ARS-Modell in der Anwendung: Coaching

Wir wollen die theoretischen Überlegungen zum DI•ARS-Modell nun anhand eines Beispiels durcharbeiten und Möglichkeiten aufzeigen, wie das Modell in der Beratungspraxis angewendet werden kann. Der Beratungsfall wurde so gewählt, dass er nicht zu komplex strukturiert, somit überschaubar und relativ einfach zu analysieren ist.

Beratungsfall: Ein 35-jähriger Marketing-Angestellter leidet unter extremen Ängsten, wenn er Präsentationen und Schulungen für Kunden abhalten muss. Das ist insofern problematisch, als diese einen nicht unwesentlichen Teil seiner Tätigkeit ausmachen, nahezu wöchentlich hat er zumindest ein Training abzuhalten. Auf die Frage, warum er nun zur Beratung kommt und was er sich konkret erwartet, antwortet er: „Ich merke, von alleine wird es nicht besser. Ich erwarte mir ein paar Antworten für mich, die mir zeigen, wie ich diese Ängste loswerden oder zumindest besser mit ihnen umgehen kann. Früher hatte ich wenigstens keine Schlafprobleme, aber seit einem halben Jahr schlafe ich in der Nacht vor einem Training sehr schlecht, vor Präsentationen auf Messen und Ähnlichem ist es sogar noch schlimmer. Wenn ich das nicht in den Griff kriege, muss ich mir eine andere Tätigkeit suchen."

- *allgemeines Coaching-Ziel*: Möglichkeiten erarbeiten, um den Vortragsstress zu reduzieren oder loszuwerden
- *konkretes Ziel*: Der Klient hat in drei Monaten eine wichtige Präsentation im Ausland und möchte spätestens dort eine subjektiv messbare Erleichterung spüren.

Zunächst führen wir uns noch einmal vor Augen, was es mit der Emotionalen Regulation auf sich hat und warum diese so zentral für das Modell ist. Anschließend wenden wir uns in der Analyse den vier Primären Feldern zu. Diese Analyse bildet die Grundlage für die nachfolgenden beiden Schritte: Reorganisieren und Stärken.

Die Mitte des Di•ARS-Modells: Emotionale Regulation

Wenn wir die Überlegungen zur Emotionalen Regulation ernstnehmen, liegt es auf der Hand, dass wir es (in Beratungsprozessen) immer mit Emotionen und Gefühlen zu tun haben. Im vorgestellten Fall ist es dem Klienten überhaupt nicht schwergefallen, körperliche Zustände (also das, was wir als Emotionen bezeichnen) zu benennen, wenn er

Vortragsstress empfindet: ein „flaues" Gefühl im Magen, das Gefühl zu zittern (obwohl dies andere nicht wahrnehmen – diese Rückmeldungen hat er schon mehrmals bekommen), Schwierigkeiten ruhig zu stehen und nicht ständig hin- und herzuwippen und einige mehr. Auch die damit verbundenen Gefühle konnte er beschreiben: Ängste, nicht die richtigen Worte zu finden, als unfähig zu gelten, die Angst zu stottern, Befürchtungen, deswegen in seinen Karrieremöglichkeiten benachteiligt zu sein, von Arbeitskollegen verspottet zu werden, usw.

Für die dialogische Beratung ist es wichtig, sich vor Augen zu führen, dass der Zugang zu den vier Primären Feldern nicht *nur* über das analytische Denken, sondern in prominenter Weise *auch* über das Unbewusste führt. Wenn wir das Unbewusste *durch* die Emotionale Regulation ansprechen, erreichen wir das Lernfeld des Klienten *relativ direkt*.

Eine Schwierigkeit besteht darin, diejenigen Wege anzubieten, die dem Wesen des Gegenübers entsprechen. So werden die meisten Kindergartenpädagogen kaum ein Problem damit haben, ihren Körper oder die Musik als Pforte zu ihrem Unbewussten (und damit zu ihren Gefühlen) zu akzeptieren; bei einem Controller werden wir hier mit hoher Wahrscheinlichkeit auf Widerstände stoßen (weil der zahlenorientierte rational-analytische Menschentyp oft anders „tickt" als der emotional-intuitive Typ). *Dennoch* sind beide in gleicher Weise emotionale Wesen und in einem dialogischen Beratungsprozess müssen wir die jeweils akzeptierten Pforten finden und nutzen. In der Praxis erweist sich dies jedoch als relativ unproblematisch, denn es gibt viele Möglichkeiten, das Unbewusste anzusprechen (eine Auswahl siehe Kap. 8).

Abbildung 15 veranschaulicht die Stufen des Prozesses von der Ebene der physiologischen Reize hinauf zur Zielerreichung (bottom up) und von der Zielerreichung hinunter zu den physiologischen Reizen bzw. den Emotionen (top down). Diese Prozesse sind zirkulär, sie fließen ineinander über, wobei sie sich gegenseitig Feedback geben. In unserem Fallbeispiel könnte dieser kontinuierliche Feedback-Prozess so aussehen, dass der Klient sein Zittern bemerkt, dieses dann (oft auch implizit) kognitiv bewertet und diese Kognitionen das Zittern wiederum verstärken, was dazu führt, dass sich seine somatischen Reaktionen noch deutlicher zeigen und Versagensängste befördern usw.

Der Klient erlebt eine Differenz zwischen der Art und Weise, wie er sich gern verhalten würde, um ein Ziel zu erreichen, und der, wie er sich gegenwärtig verhält. In unserem Beratungsfall besteht diese Differenz darin, dass der Klient in Vortragssituationen gerne ruhig, selbstbewusst und souverän wäre, sich tatsächlich jedoch als ängstlich, aufgeregt und unruhig erlebt. An dieser Diskrepanz gilt es zu arbeiten, denn die Bewertung der erlebten Differenz zwischen Soll und Ist bereitet dem Klienten Probleme (nicht aber die Diskrepanz an sich). Wir können allerdings nicht auf der Verhaltensebene beginnen (denken Sie an die „Sei spontan"-Anweisung). Meistens wissen wir, was wir tun sollten, aber tun es entweder nicht oder schaffen die Umsetzung nicht. Wie oft spricht der Workaholic davon, weniger zu arbeiten? Er könnte aufhören, tut es aber nicht. Wer beim Vortrag zittert, kann das in der Regel nicht abstellen, es gelingt ihm also nicht, sein Verhalten so zu ändern,

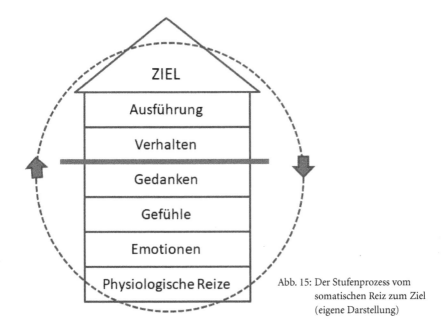

Abb. 15: Der Stufenprozess vom somatischen Reiz zum Ziel (eigene Darstellung)

dass er sein Ziel erreichen kann. Das Verhalten wird wesentlich von unseren Gedanken mitgesteuert. Deshalb tendieren wir dazu, „sinnvolle" Fragen zu stellen, wie:
- Warum zittere ich?
- Wovor habe ich Angst und warum?
- Warum höre ich nicht auf, von einem Fuß auf den anderen zu wippen?

Solche Fragen sind durchaus nützlich, werden aber in den meisten Fällen nicht ausreichen, um zu einer dauerhaften Verhaltensänderung zu führen und schließlich das anvisierte Ziel zu erreichen. Auch wenn unser Verhalten von gegenwärtigen, vergangenen, bewussten und unbewussten Gedanken gesteuert wird, so spielen doch Gefühle eine größere Rolle, als wir üblicherweise annehmen. Damasios Patient Elliot verfügte, wie oben beschrieben, über ein hocheffizientes analytisches System und hatte keinerlei messbare kognitive Beeinträchtigungen. Dennoch war er nicht in der Lage, angemessene Entscheidungen zu treffen, sodass sich sein Leben im Chaos verlor. Durch den operationsbedingten Verlust von Teilen des präfrontalen Cortex konnte er nicht mehr „emotional denken" – die Folgen waren gravierend.

Natürlich beeinflussen sich Gedanken und Gefühle gegenseitig, aber – um es nochmals zu betonen – der Einfluss der Gefühle auf die Gedanken scheint weit stärker zu sein als jener der Gedanken auf die Gefühle. Gefühle lassen sich normalerweise nicht von Gedanken alleine verändern. Kaum jemand wird eine unglückliche Liebe aufgeben, nur weil er auf der kognitiven Ebene, der Ebene der Gedanken, eingesehen hat, dass es nichts bringt (etwa weil sich die verehrte Person für jemanden anderen entschieden und dies auch öffentlichkeitswirksam verkündet hat). Gefühlsmäßige Angelegenheiten können normalerweise nicht rein rational-analytisch gelöst werden. Personen, die dies versuchen, gibt es und sie bezahlen dafür einen Preis. Versuchen wir uns eine Situation vorzustellen, in der ein Mann sich zwischen zwei Frauen dadurch entscheidet, dass er eine Liste mit Argumenten pro und contra anfertigt, um dann jene zu wählen, für die er weniger Contra-Argumente gefunden hat, statt im wahrsten Sinn seinem Herzen zu folgen. Der analytische Verstand kann eine solche Herzensentscheidung nicht treffen. Er kann lediglich nachfolgend mit entsprechenden Bewertungen und kognitiven Argumentationen helfen, die Situation zu meistern.

Was wir fühlen, wird von „rohen" Emotionen gesteuert. Emotionen lassen sich ebenso wenig wie ihre kognitiven Verwandten, die Gefühle, aufgrund rationaler Entscheidungen einfach abstellen.

Im Gegensatz zu den Gefühlen sind rohe Emotionen schwierig zu benennen. Sie steuern maßgeblich mit, was wir fühlen, sind aber kaum direkt zu beeinflussen. Der veränderte Gesichtsausdruck bei Angst ist das Resultat roher Emotionen und bewegt sich entlang einer Linie zwischen dem, was uns nicht bewusst ist, und den benennbaren Zuständen von Bewusstheit. Diese körperlichen Ausdrucksformen, die vollautomatisch in Sekundenbruchteilen ablaufen, werden in der Regel von uns nicht benannt.

Rohe Emotionen resultieren aus direkten körperlichen Reizen, sie sind der physiologische Ausdruck direkter Reizeinwirkung. Der Körper sendet derartige Reize ununterbrochen in enormer Zahl, sodass sie fast zur Gänze unbewusst bleiben müssen. Wenn Sie gerade auf einem Stuhl sitzen: Spüren Sie den Druck auf der Sitzfläche? Wenn Sie gerade im Bett liegen: Spüren Sie den Druck, dem Ihr Rücken, Ihr Becken oder Ihre Beine ausgesetzt sind? Oder den Druck, den das Buch, das Sie in Ihren Händen halten, ausübt? Wenn wir darüber nachdenken, spüren wir das alles. Vorher war all dies ebenso vorhanden, aber nicht bewusst.

Der Klient hat irgendwann in seinem Leben gelernt, bestimmte Situationen mit bestimmten körperlichen Reizen zu verknüpfen. Warum das passiert ist, kann zumeist mit dem analytischen Verstand nicht beantwortet werden. Warum zeigen manche Menschen Freude und fühlen sich wohl, wenn sie einen Vortrag halten (dürfen), andere hingegen empfinden so viel Furcht, dass ihnen beim bloßen Gedanken daran schon übel wird? Wenn der Berater direkt nach den Gründen fragt, wird er vermutlich eine Antwort erhalten, aber diese Antwort wird nicht substanziell zur Problemlösung beitragen, denn sonst hätte der Klient das Problem schon längst selbst abgestellt.

Die Abfolge der Prozessstufen (siehe Abb. 15) veranschaulicht etwas höchst Relevantes: Wenn wir ein Ziel nicht erreichen, obwohl wir dies grundsätzlich könnten, liegt das letztlich auch an den entsprechenden Emotionen und der erlernten Verknüpfung von Emotionen und Erlebnissen. Irgendwann im Leben des Klienten entstanden diese Verknüpfungen, die er entweder schon längst nicht mehr im Bewusstsein hat oder trotz Bewusstheit nicht auflösen kann. Am Beginn des Prozesses – ganz unten im Stufenschema – stehen nur zwei Arten von Reizen: angenehme, positive Reize (vermittelt durch das körpereigene Belohnungssystem) und unangenehme, negative Reize (vermittelt durch das Bestrafungssystem).

Positive und negative Affekte werden im Gehirn in unterschiedlichen Strukturen erzeugt. Die Amygdala als Teil des limbischen Systems repräsentiert das Bestrafungssystem, der Nucleus accumbens das Belohnungssystem. Eine einfache Emotion sagt im Grunde also nichts anderes als: Das ist positiv/angenehm für mich oder das ist negativ/unangenehm für mich. Durch die im Lauf der Zeit erfahrenen Konditionierungen wurden diese einfachen Emotionen mit äußeren Situationen verknüpft, sodass sich der Klient nun unwohl fühlt, wenn er vor anderen sprechen soll. Was erlernt wurde, kann aber auch wieder verlernt werden.

Da es also zwei unterschiedliche physiologische Strukturen für das Angenehme und das Unangenehme gibt, ist es verständlich, dass ein und dieselbe Situation sowohl positiv als auch negativ erlebt werden kann. Wir bewegen uns nicht entlang eines Kontinuums mit den Polen „negativ" und „positiv".[44] In unserem Beratungsfall ist der Klient grundsätzlich in einer positiven Affektlage, weil ihm seine Arbeit Spaß macht. Gleichzeitig aber kommen in ihm negative Affekte hoch, weil er seine Arbeit niemals ganz von der Problematik, aufgrund derer er in die Beratung gekommen ist, trennen kann. Das heißt, er befindet sich nicht in einer mittleren oder mäßigen Affektlage, sondern empfindet **intensive positive und gleichzeitig auch starke negative Affekte** hinsichtlich desselben Bewertungsobjektes, seiner Arbeit nämlich.

Im dialogischen Beratungsmodell ist es höchst bedeutsam, auch diese basalen, emotionalen, vom Unbewussten beherrschten Ebenen anzusprechen. Das kann gelingen, wenn der Berater seinen Inner State dialogisch ausgebildet hat, sodass er sich authentisch verhält, und wenn er den Klienten dabei zu unterstützen vermag, dessen Inner State zu entwickeln, damit sich dieser nicht nur auf der Ebene der Gedanken bewegt, sondern über sein Unbewusstes Zugang zu den Emotionen findet.

Wie diese Entwicklung des Inner State gelingen kann, ist Teil der DI•ARS-Prozessschritte „Reorganisieren" und „Stärken". Diesen beiden Schritten ist das „Analysieren" vorangestellt.

1. Schritt: Analysieren – Die vier Primären Felder

Wo im Modell steht der Klient mit seinem Problem? Der erste Schritt in der Beratung nach dem DI•ARS-Modell besteht darin, Hypothesen über diese Frage zu bilden und mit dem Klienten zu besprechen.

Wenn ein positives, vertrauensvolles Verhältnis zwischen Klient und Berater aufgebaut ist (siehe auch Kap. 4: „Erleichterer"), müssen **Hypothesen** darüber, welche Dysfunktio-

---
44 Siehe beispielsweise Storch/Kuhl (2017).

nalitäten hinter der Problematik liegen könnten, formuliert werden. Es handelt sich deshalb um Hypothesen, weil dem dialogischen Beratungsmodell unbedingt die Einstellung zugrunde liegt, dass Klient und Berater in einem Prozess der Synchronisierung Lösungsmöglichkeiten erarbeiten und der Klient der Spezialist für sein Leben bleiben muss. Der Berater behält mit seiner Expertise den Prozess im Auge, bietet aufgrund seiner professionellen Erfahrung (neue) Lösungsmöglichkeiten an und begleitet deren Umsetzungsversuche – nicht mehr, aber auch nicht weniger!

Was ist mit **Klient-Berater-Synchronisierung** gemeint? Storch und Tschacher (2014, S. 9) argumentieren, dass „[d]ie Ansicht, zwei Menschen könnten sich über immaterielle Botschaften […] austauschen, indem sie fixe Botschaften mittels Chiffrier- und Dechiffriermaschine hin- und herschieben", falsch sei. Tatsächlich kommen die seit Jahrzehnten als fixer Seminarbestandteil präsentierten Sender-Empfänger-Modelle aus der Kryptografie. Claude Shannon und Warren Weaver, die Urväter des beliebten Sender-Empfänger-Modells, beschäftigten sich u. a. damit, wie man Nachrichten im Krieg so verschlüsseln kann, dass sie für den Feind unlesbar bleiben. Die daraus entstandenen Überlegungen sind aber, trotz einiger durchaus verwendbarer korrekter Aussagen, im weiten und chaotischen Feld menschlicher Kommunikation praktisch unbrauchbar. Denn eine Botschaft darf nicht wie ein Ding angesehen werden, das hin- und hergeschoben wird, sodass sich – nach einigen „Dechiffrierungen" – Sender und Empfänger einig sein können, was diese Botschaft neutral, objektiv und unmissverständlich bedeutet. Zumindest für komplexere Botschaften ist das illusorisch. Nicht einmal bei einer höchst einfach wirkenden Botschaft wie „Schneide das Brot" ist auszuschließen, dass ein ganzes Konvolut an unausgesprochenen, sogar vollkommen unbewussten Inhalten für jene verborgenen psychischen Vorgänge verantwortlich ist, die dieser einfachen Aufforderung zugrunde liegen.

In der menschlichen Kommunikation gibt es kein „neutral, objektiv und unmissverständlich", weil ein interindividueller Bedeutungsgehalt nur gemeinsam gestaltet werden und niemals in all seinen Schattierungen für zwei Personen deckungsgleich sein kann. Eine Botschaft ist eher als eine Art Arbeitskompromiss aufzufassen, auf den man sich zumindest vorläufig stützt und den man jederzeit anpassen oder verwerfen darf. Richtig und falsch, wahr und unwahr – das sind Kategorien, die innerhalb eines definierten axiomatischen Systems gelten, nicht aber in der zwischenmenschlichen Kommunikation, die zum großen Teil von unbewusst wirkenden Anteilen gesteuert wird. „Wenn aber unbewusste psychische Vorgänge sowohl beim Sender als auch beim Empfänger einer Botschaft wirksam sind, dann wird es schwierig bis unmöglich festzustellen, was denn nun die Botschaft sei" (ebd., S. 55).

Dieses Konzept von Synchronie, das durch das Gemeinsame etwas Neues schaffen kann, hat David Bohm (2005, S. 27) bereits wunderbar zum Ausdruck gebracht, wenn er über den Begriff „Kommunikation" schreibt:

„Wenn jemand in einem solchen Dialog etwas äußert, wird die Erwiderung des Gesprächspartners im allgemeinen nicht von genau derselben Bedeutung ausgehen, die die erste Person im Sinn hatte. [...] Wenn der Gesprächspartner daher antwortet, erkennt die erste Person einen Unterschied zwischen dem, was sie sagen wollte, und dem, was der andere verstanden hat. Beim Nachdenken über diesen Unterschied wird vielleicht das Erkennen von etwas Neuem möglich, das sowohl für die eigene Sichtweise wie auch für die Sichtweise des Gesprächspartners relevant ist. Und so kann es hin- und hergehen, während ständig neue Inhalte entstehen, die beiden Gesprächspartnern gemeinsam sind. [...] Vielmehr könnte man sagen, daß die beiden etwas gemeinsam machen, das heißt, daß sie zusammen etwas Neues schaffen."

Bohm führt weiters etwas für den Beratungsprozess höchst Relevantes aus. Er stellt fest, dass die Gesprächsteilnehmer in der Lage sein müssen, einander uneingeschränkt (und vorurteilsfrei[45]) zuzuhören; ihr Interesse muss der Kohärenz gelten. „Wenn jedoch zwei Menschen einander nur bestimmte Vorstellungen oder Ansichten mitteilen wollen, als handle es sich um Informationen, werden sie kaum zusammenkommen" (ebd., S. 28).

Deshalb ist das Hypothetische in der Arbeit zwischen Klient und Berater zentral: Man vermittelt damit auch implizit das Offensichtliche, nämlich dass es in dieser Beziehung nichts Absolutes – nichts absolut Richtiges oder absolut Falsches – gibt, und dies fördert die **„Position des Lernenden"** im Sinne Bohms (vgl. Bohm, 1998). Dialogische Beratung baut auf dem Grundsatz auf, dass der zu Beratende und der Berater Lernende sind. Dabei gibt es eine klare Aufgabenzuordnung: Der Berater ist der Spezialist für den Prozess und der Klient der Spezialist dafür, diesen Prozess mit Inhalten (aus seinem Leben) anzureichern. Darüber hinaus wird mit der Perspektive des Hypothetischen die Wahrscheinlichkeit für Widerstände auf Klientenseite reduziert.[46]

Wo also steht der Klient mit seinem Problem? Betrachtet man das Modell (siehe Abb. 14, S. 73) und führt sich die wesentlichen Charakteristika der vier Primären Felder vor Augen (siehe Tab. 2, S. 79 f.), wären folgende Überlegungen denkbar:

Hypothese: Der Klient hat einzelne Reaktionen im Blickfeld, wie z. B. Angst vor Versagen, zu zittern etc. Die Erfahrung lehrt, dass man sich im Zustand negativer Affekte immer stärker auf diese Einzelaspekte konzentriert und sie dadurch verstärkt. Gleichzeitig verliert man den Blick für die Dinge, die man gut kann. Es gehen positive Referenzerfahrungen verloren. Insgesamt ist diese Ausrichtung also von negativen Emotionen und Gefühlen begleitet. Der Klient bewegt sich in diesem Problemfeld entlang der Achse „Denken" mit den Polen „Detailtreue" und „Holismus", ist aber stark im Feld „Detail-

---

[45] Der Begriff „vorurteilsfrei" sollte in Kenntnis der Art und Weise, wie das menschliche Denken funktioniert, nicht wörtlich genommen werden. Siehe dazu die entsprechenden Ausführungen zu mentalen Modellen u. Ä. in diesem Buch.
[46] Vergleichbar mit der „My friend John"-Technik von Milton Erickson (siehe z. B. Erickson/Rossi, 2010).

treue" gefangen. Er scheint sich mit seinem eigenen Denken gewissermaßen selbst zu hemmen.

Schlussfolgerung: Der Klient braucht Unterstützung dabei, mehr in sein holistisches Feld einzutreten und das Ganze zu sehen, nicht so sehr das, was er momentan nicht kann und wovor er Angst hat. Ein Teil der „Denk- und Handlungsenergie", die gegenwärtig detailgebunden ist, muss in Richtung Holismus verschoben werden, damit beide Handlungsfelder aktiv sein können (Abb. 16).[47] Diese Verschiebung von Denk- und Handlungsenergien erfolgt vor allem über die Emotionale Regulation. Veränderungen, die primär über die rational-analytischen Pfade versucht werden (Abb. 15: das sind in erster Linie die Ebenen „Verhalten" und „Gedanken" im Stufenprozess), funktionieren nur unzureichend („Konzentrieren Sie sich auf das, was Sie gut können", „Seien Sie nicht nervös, aktivieren Sie Ihre Ressourcen", „Sei spontan" sensu Watzlawick).

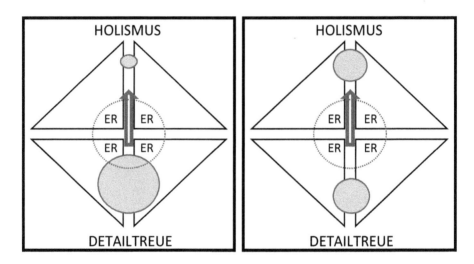

Abb. 16: Der Analyseprozess im DI·ARS-Beratungsmodell (eigene Darstellung)

Dieser anzustrebende Energiefluss von einem Primären Feld hin zu einem anderen mit dem Ziel einer gewissen Balance integriert die Ressourcen des Klienten in die Gesamtheit seiner Möglichkeiten – er „steckt" nicht mehr fest in seiner Detailfokussierung. In einem allgemeineren Sinne stellt Csíkszentmihályi (2010b, S. 64) fest: „Ein Selbst, das nur differenziert ist – nicht integriert –, kann große individuelle Leistungen erbringen, riskiert aber, sich in Egozentrik zu verfangen. [...] Erst wenn man psychische Energie gleicher-

---

[47] Ein Teil der Energie muss natürlich auch im Feld „Detailtreue" verbleiben, denn der Klient möchte das, was er im Coaching lernt, auch umsetzen und darf dabei den Blick für das Detailhafte in diesem Prozess nicht verlieren.

maßen in beide Prozesse leitet und sowohl Eigensucht als auch Konformität vermeidet, wird das Selbst der Komplexität gerecht werden."

2. Schritt: Reorganisieren der Denk- und Handlungsenergien

Wie kann der Klient dabei unterstützt werden, seine Denk- und Handlungsenergien so zu (re-)organisieren, dass auch sein holistisches Feld in den Veränderungsprozess eingebunden wird? Der zweite Schritt im Beratungsprozess nach dem DI·ARS-Modell widmet sich genau dieser Frage.

Die grundlegende Vorgehensweise eines dialogisch orientierten Beratungsprozesses besteht in der Verhaltensänderung über die Emotionale Regulation. Diese setzt also in dem Stufenschema (siehe Abb. 15, S. 87) nicht auf der Ebene des konkreten (Ziel-)Verhaltens oder der Gedanken an, sondern weit darunter. Es gilt, **Türen zum Unbewussten** aufzumachen und über diesen Pfad Veränderungen „von unten", von den Tiefen des Unbewussten her, zu entwickeln. Hierbei ist die **Fokussierung auf die emotionale Ebene** substanziell, auch wenn dies natürlich mit der analytischen Denkebene kombiniert werden kann und muss (je nach den Bedürfnissen und der Persönlichkeit des Klienten).

Wie schon ausgeführt, ist die Basis dieses Vorgehens eine dialogisch bestimmte Klient-Berater-Beziehung, ohne die vermutlich nichts Weitreichendes geschehen wird. Wie soll ein Klient in einer schwierigen Situation eine Beratung annehmen, wenn nichts substanziell Menschliches in dieser Beziehungskonstellation für ihn spürbar ist? Der fähigste Hypnotiseur wird einen Klienten niemals in die Hypnose führen können, wenn dieser kein Vertrauen empfindet und sich gegen die Hypnose sträubt. Deshalb sind das therapeutische Vorgespräch und das Ausräumen von Ängsten im Hypnoseprozess so wichtig. Ähnlich verhält es sich im Beratungssetting: Es muss etwas „Dialogisch-Menschliches" aufgebaut werden, das dann die Basis für alles Weitere bildet.

Das Reorganisieren der Denk- und Handlungsenergien im Rahmen eines Beratungs- oder Coachingprozesses kann über verschiedene Wege initiiert werden, je nach Hintergrund, Ausbildung und Kompetenzen des Beraters, in Abstimmung mit den Erwartungen und persönlichen Gegebenheiten des Klienten sowie je nach der zur Verfügung stehenden Zeit. Die Möglichkeiten sind enorm, der Berater hat die Verantwortung, nur die Wege zu beschreiben, für die er kompetent ist.

Allen gewählten Vorgehensweisen liegt die Überzeugung zugrunde, dass das Ansprechen von Emotionen und Gefühlen den Klienten dabei unterstützt, Lösungswege zu kreieren, die er allein mit seinem analytischen Verstand nicht findet:

„Ein weiterer Grund, warum Gefühlen gelingt, was Ideen nicht schaffen, hat mit dem einzigartigen Wesen der Gefühle zu tun. Gefühle wurden nicht allein vom Gehirn hervorgebracht, sie sind vielmehr das Ergebnis einer partnerschaftlichen Kooperation von Körper und Gehirn, die mittels ungehindert fließender chemischer Moleküle und Nervenbahnen in Wechsel-

beziehung stehen. […] Die Quelle des Gefühls ist das Leben auf dem Drahtseil, das zwischen Gedeihen und Tod balanciert" (Damasio 2016, S. 20).

Wie kann nun aber im angeführten Beispiel der Klient beim Reorganisieren seiner Denk- und Handlungsenergien konkret unterstützt werden? Aus der Perspektive des DI·ARS-Beratungsmodells wird es zielführend sein, einen Teil der momentan im Feld „Detailtreue" gebundenen Energie über die Emotionale Regulation dem Feld „Holismus" zur Verfügung zu stellen, damit der Klient Erfahrungen machen kann, die ihm gegenwärtig durch die Verengung seines Blickwinkels auf seine Schwächen verschlossen sind.

Wichtig ist, dass ich als Berater nun als Resultat aus dem ersten Schritt, der Analyse, eine vorläufige Hypothese über die Position des Klienten im Modell gebildet habe, die meine Arbeitsgrundlage darstellt (siehe Abb. 16, S. 92). Ob ich bei dieser Hypothese bleibe oder sie ändere, wird sich im Verlauf und an den erzielten Fortschritten zeigen.

Die Denk- und Handlungsenergien sollen also *über* die Emotionale Regulation so reorganisiert werden, dass sie vom Feld „Detailtreue" mehr in das Feld „Holismus" fließen, um hier eine Balance herzustellen. Sie sollen nicht von der Detailtreue komplett abgezogen, sondern nur „gerechter" verteilt werden! Die Detailtreue ist wichtig. Zum Problem wird sie, wenn sie aufgrund übermäßiger Versorgung mit Energie den Blick und den Zugang auf das Ganze, auf das, was das holistische Feld ausmacht, verstellt.

In unserem Fallbeispiel bedeutet dies, dass der Klient seine Aufmerksamkeit nicht vollständig von seiner persönlichen Problematik abzieht und diese ignoriert, denn damit würde er etwas tatsächlich Bestehendes, also seine Ängste und Befürchtungen, leugnen. Er soll aber lernen, diese Ängste anzunehmen, zu bearbeiten und als Entwicklungsaufgabe anzuerkennen, indem er das Primäre Feld „Holismus" aktiviert. Die Prozesse und Erkenntnisse werden auf diese Art in seine Gesamtpersönlichkeit integriert. Unser Klient kann sich z. B. vornehmen, seine eigenen Überwindungserfahrungen später anderen Kollegen, die ähnliche Probleme haben, zur Verfügung zu stellen, um so etwas „Größeres" zu leisten und seinen Ängsten letztendlich einen Sinn zu verleihen. Mit dieser Verschiebung in Richtung „Holismus" kann der Klient also eine ihn in seinen Denk- und Handlungsmöglichkeiten bereichernde Erfahrung machen.

Damit „Veränderungsenergie" fließen kann, sind grundsätzlich zwei Wege denkbar: Sie kann den analytischen Pfad nehmen, also überwiegend kognitiv gesteuert werden, oder – und das ist in den meisten Fällen der wirksamere – den Weg über das Unbewusste. Dieser zweite Weg spricht das Unbewusste stärker an und bedient sich stärker der Intelligenz der Intuition als der rein kognitive Pfad. Das dialogische Beratungsmodell orientiert sich zunächst stärker an den Emotionen und dem Unbewussten. Das Unbewusste hat in den letzten Jahrzehnten seine „esoterische" Konnotation weitgehend verloren, kann mittlerweile mit (natur-)wissenschaftlichen Begriffen beschrieben und in seriösen therapeutischen Kontexten angewandt werden. Viele der in Kapitel 8 beschriebenen Übungen nehmen auf diese unbewussten Pfade Bezug.

Um also sinnvolle Maßnahmen abzuleiten, hilft es, die Charakteristika dieser beiden Felder zur Hand zu nehmen (Tab. 3). Wie kann man den Energiefluss von der Detailtreue hin zum Holismus unterstützen?

Tab. 3: Reorganisieren der Denk- und Handlungsenergien im DI·ARS-Beratungsmodell

Detailtreue	Holismus
Extrem fokussiert auf Details	Ganzheitliche Erfassung, weg von den Details und Besonderheiten
Löst Details aus dem Gesamtkontext heraus	Parallele Verarbeitung
Stellt Einzelheiten nicht in den Kontext der Gesamterfahrungen des Lebens, sondern trennt sie ab	Stellt eine Verbindung her von Vergangenem und zukünftigen Möglichkeiten
Fehlerorientiert	Möchte Widersprüchliches gemeinsam betrachten und miteinander verbinden
Neigt zu „Ja, aber"-Reaktionen und hemmt dadurch den Gesamtblick	Möchte in die Tiefe gehen und die „tiefere" Wahrheit ergründen (siehe die Anmerkung zu Bohr, S. 68)
Argumentiert objektbezogen, rational, will sich nicht durch Gefühle „verunreinigen" lassen	Leugnet und verdrängt Problematisches nicht, sondern konfrontiert das Selbst
Sucht nach Daten und Fakten, ohne die Gesamtheit der Situation zu überblicken	Erlaubt Subjektives, ohne alles begründen und beweisen zu müssen
Fühlt sich in klaren, definierten Strukturen wohler als in kreativen, offenen Feldern	Erlaubt Gefühle und Zustände der Verwundbarkeit mit dem Ziel des Selbstwachstums
Bewertet gerne anhand der Kategorien Richtig und Falsch	Erkennt an, dass sog. „Fehler" stets eine Möglichkeit zum Selbstwachstum darstellen
Wird besonders durch negative Affekte aktiviert	Integriert Einzelerfahrungen in die Gesamterfahrungen des Lebens
Sucht gerne nach Gründen, warum etwas nicht funktionieren kann	Muss nicht alles analytisch hinterfragen

Die Charakteristika der beiden Felder lassen annehmen, dass es dem detailverhafteten Klienten schwerfällt, seine gegenwärtigen Probleme, aufgrund derer er die Beratung aufsucht, im Lichte der Gesamtheit seiner Lebenserfahrungen zu betrachten. Vermutlich kann er positive Referenzerfahrungen, etwa das Bewältigen schwieriger Prüfungssituationen während des Studiums, nicht zur Problembehandlung heranziehen und es fällt ihm schwer, seine vermeintlichen Fehler als Entwicklungsmöglichkeiten zu begreifen (Fehlerorientierung).

Es gilt nun, basierend auf den spezifischen Kompetenzen des Beraters sowie den Möglichkeiten des Klienten[48], diesem die entsprechenden Unterstützungsmöglichkeiten anzubieten. Das holistische Feld ist stark mit Emotionen und Gefühlen verbunden, lässt das Subjektive und Selbstkonfrontative zu, verringert die Angst vor Fehlern und Verwundbarkeit, vermag Ambiguitäten zu verarbeiten und auch sogenannte Fehler in die Gesamtheit der Lebenserfahrungen zu integrieren. Deshalb soll ein Vorgehen gewählt werden, das den Zugang des Klienten zu seinem ganzheitlichen Denken unterstützt: „weg von" der isolierten, mit negativem Affekt verbundenen Betrachtung „hin zur" positiv getönten, ganzheitlichen Verarbeitung.

Es liegt an der Kompetenz des Beraters, dem Klienten die adäquaten Wege unter Zuhilfenahme seiner ganzheitlichen, mehr den unbewussten Pfaden zuzurechnenden Möglichkeiten aufzuzeigen und anzubieten und vor allem ihn dabei zu unterstützen, aus den Interventionen „gute" Schlussfolgerungen zu ziehen. „Gut" ist hier z. B. gemeint im Sinn von:
- Wie kann ich diese Erfahrungen nachhaltig für mich (meine Ziele) nutzen?
- Was aus dieser Übung, dieser Erfahrung, diesem Gespräch hilft mir und warum?
- Wie kann ich dies nutzen, um den nächsten konkreten Schritt zu setzen?
- Da ich nun *diese* Erkenntnis gewonnen habe – woran würde eine andere Person merken, dass ich einen Schritt weitergekommen bin?

Anregungen zu konkreten Übungen finden Sie in Kapitel 8.

3. Schritt: Stärken

Wenn der Klient einen professionell durchgeführten Beratungsprozess erlebt und Erkenntnisse aus gemeinsam reflektierten Übungen mitgenommen hat, gilt es, in die längerfristige Stärkungsphase einzutreten. Was in den Beratungs- bzw. Coachingstunden geschieht, bildet die Basis für das nun *wirklich* Wichtige: die Stärkung neugewonnener Kompetenzen[49] und deren **stabiler Transfer in das Alltagsleben.**

Der Lernprozess kann ohne Weiteres durch ein reflektiertes, kritisches Gespräch unter Freunden stattfinden, er kann auch in der Einsicht bestehen, die man beim Betrachten eines guten Spielfilmes gewinnt. Er geschieht am besten in Anwesenheit positiver Affekte. Gewiss, der Griff auf die heiße Herdplatte im Alter von fünf Jahren führt auch zu einer stabilen Lernerfahrung; aber es handelt sich dabei um ein singuläres Ereignis, das dem direkten Überleben dient. Auch hier zeigt sich die Relevanz der engen funktionalen Verknüpfung von Emotion und Verstand, da für unterschiedliche Lernprozesse unter-

---

48 Lehnt beispielsweise ein Klient Tranceinduktionen explizit ab und möchte damit nicht arbeiten, so ist dies zu akzeptieren, auch wenn der Berater hundertprozentig von deren Sinnhaftigkeit und Wirksamkeit überzeugt ist und diese anhand unzähliger „Erfolgsgeschichten" belegen kann.

49 Der Begriff „Kompetenzen" ist hier sehr weit gefasst. Eine einzelne bedeutsame Einsicht kann durchaus eine wichtige Kompetenz darstellen.

schiedliche Strukturen im Gehirn zuständig sind: Die im Temporalhirn gelegenen Mandelkerne werden benötigt, um rasch zu lernen, dass bestimmte Reize unangenehm oder sogar lebensbedrohlich sind (wie z. B. dass heiße Herdplatten Schmerz auslösen), und diese folglich zu vermeiden. Patienten mit Läsionen der Mandelkerne können neue Fakten lernen, erlernen aber keine mit diesen Fakten verknüpften Ängste. Das Faktenlernen findet hingegen im Hippocampus statt. Fehlt dieser bzw. ist dieser lädiert, können Ängste wahrgenommen, nicht aber die damit verknüpften Fakten gelernt werden (Spitzer 2007, S. 163 f.).

Längerfristige Verknüpfungen von Neuem mit bereits Bekanntem werden wesentlich besser hergestellt, wenn sie mit positiven Gefühlen assoziiert sind. Es gilt daher, positive Gefühle zu fördern, wenn ein solches Lernen stattfinden soll. Hat ein Klient das Empfinden, bestimmte Situationen nicht kontrollieren zu können, dann entsteht Stress mit den bekannten negativen Emotionen und Gefühlen. Dies ist für den Klienten in unserem Beispiel dann der Fall, wenn er vor einer Gruppe sprechen soll. Eine Beratung, sei es nun Coaching, Supervision oder Psychotherapie, hat – direkt oder indirekt – immer das Ziel, **das subjektive Kontrollerleben zu stärken**. Und sei es nur, eine Entscheidung für oder gegen eine Ausbildung oder einen Jobwechsel zu treffen oder die Prokrastination besser in den Griff zu bekommen: Jeder Schritt nach vorn wird das Empfinden, die Situation besser zu beherrschen, fördern.

Da eine lebens- und praxistaugliche Stärkung des subjektiven Kontrollerlebens angestrebt werden muss, ist das, was außerhalb der Beratungssituation geschieht, das *wirklich* Relevante! Es muss ein Transfer der Kompetenzen in den Alltag stattfinden. Das ist kritisch, denn nur allzu oft geschieht genau dies nicht. Viele kennen das von Trainings und Ausbildungen, an denen sie selbst teilgenommen haben. Während des Trainings sowie eine bestimmte, meist kurze, Zeit danach ist man Feuer und Flamme, aber mangels Beharrlichkeit gehen die positiven Effekte wieder verloren. Hat man ein längerfristiges Ziel, das nicht „einfach so", sondern nur mittels „Dranbleiben", Einüben und Festigen erreicht werden kann, entsteht zunächst ein negativer Affekt, den es auszuhalten gilt: Autofahren lernt man ja auch nicht in drei Stunden. Möchte man sich eine Fremdsprache so weit aneignen, dass man in gängigen Alltagssituationen einigermaßen gut zurechtkommt, sind rund 750 Stunden fokussierten Lernens notwendig. Diese Aussicht dämpft natürlich die positive Grundstimmung; kann man diese Dämpfung zum Zwecke der Zielerreichung nicht aushalten, wird man weder Autofahren noch eine Fremdsprache erlernen können und bleibt abhängig (von einem Chauffeur oder einem Dolmetscher). Eine stärkere subjektive Kontrolle erlangt man eben nur durch **Beharrlichkeit**.

Die Stufe 3 des DI•ARS-Beratungsmodells ist also sehr wichtig, um eine mittel- bis langfristige Kontrolle über seine „Probleme" zu erlangen: Die *Analyse* bildet die Grundlage für den Beratungsprozess, die *Reorganisation* schafft die Kompetenzen, die *Stärkung* führt den Prozess zum Erfolg.

Zieht man zu diesen Überlegungen die mittlerweile eindeutigen Befunde zur Rolle der positiven Affekte für vernetztes Lernen hinzu, wird klar, worum es in der Stufe 3, der

Stärkung, geht: Es muss alles getan werden, um **angenehme, positive, möglichst zwanglose und stressfreie Lernumgebungen** für die Zeitspannen „zwischen den Beratungen" und vor allem **„nach dem Beratungsprozess"** zu schaffen. Veränderungen in Bereichen, die vom Klienten als tiefgreifend erlebt werden, benötigen typischerweise Zeit. Manchmal begleiten sie einen das ganze Leben lang, weil immer wieder die Gefahr besteht, „rückfällig" zu werden. Auch wenn Veränderung möglich ist, bleiben die früheren, problematischen Muster dennoch gespeichert.

Wie bereits dargestellt können im holistischen Feld, d. h. in den großen Netzwerken des Lebens, die Gesamtheit der Erfahrungen gespeichert, die Einzelerfahrungen integriert und schwierige Ambiguitäten gut bearbeitet werden. Der Zugang dazu geschieht über positive Gefühlslagen, also in Abwesenheit von Spannung, Druck oder Stress. Wenn die im Beratungsprozess besprochenen Interventionen, Übungen, Reflexionen usw. in geistigen und körperlichen Lagen geschehen, die von positiven Affekten bestimmt sind, erhöht sich die Wahrscheinlichkeit für hilfreiche Musterveränderungen im Sinne des Klienten deutlich.

Aus diesen Überlegungen kann für das „Stärken" folgendes Resümee gezogen werden: Der dialogisch orientierte Berater bietet dem Klienten Maßnahmen an, um für die Zeit zwischen den Beratungsstunden und vor allem für die Zeit danach positiv getönte Umgebungen zu schaffen. Diese unterstützen ihn dabei, durch das Ansprechen des Unbewussten die Zugänge zu seinem Selbst zu stärken und die Erkenntnisse aus den Übungen, Interventionen bzw. Reflexionen aufrechtzuerhalten und zu vertiefen. Eine Auswahl an Übungen für den Stärkungsprozess finden Sie in Kapitel 8.

Die Beratung soll den Energiefluss zwischen den vier Primären Feldern über die Emotionale Regulation beeinflussen und eine der Situation und der Klientenpersönlichkeit angemessene Balance bewirken. **Situationsangepasst** bedeutet, dass wir in manchen Situationen eine starke Energiekonzentration benötigen (so liegt beispielsweise in einer Gefahrensituation der Fokus auf der Detailorientierung; in einer romantischen Liebesbegegnung kann es angemessen sein, die Energie für eine bestimmte Zeit in erster Linie auf die holistische Wahrnehmung mit all ihren Gefühlen, Ambiguitäten und absoluter Subjektivität zu konzentrieren). Die **Klientenpersönlichkeit** ist zu berücksichtigen, weil man möglichst authentisch bleiben sollte, solange es die Umstände erlauben[50] (so kann es aber auch für den sehr stark auf Kongruenz und Authentizität bedachten Klienten einen Zeitpunkt geben, an dem es – aus Gründen der Vernunft, z. B. Kostengründen – sinnvoll ist, von manchen subjektiv bedeutsamen Werten abzurücken und Kompromisse einzugehen).

---

50 Nach Kuhl (2005, S. 178) sind Willensstärke (Verwirklichung eigener Absichten und Ziele) und Selbstkongruenz (Bilden von Absichten und Zielen, mit denen man sich identifizieren kann) jene Komponenten, die eine „gestandene" Persönlichkeit ausmachen.

3.4 Interventionen: Eine Übersicht

Im Folgenden werden die vier hauptsächlichen Beratungspfade dargestellt. Vorgegebene Abläufe werden dem Einzelfall niemals gerecht. Nimmt man unter anderem die Überlegungen zur Synchronisation ernst, sind Rezepte und „Tools" notwendigerweise unsinnig und würden auch einer dialogischen Herangehensweise zuwiderlaufen.

Als verantwortungsbewusster Berater muss man auf jene Interventionen zugreifen, für die man erstens kompetent ist und die man zweitens authentisch anzuwenden vermag. Die hier zu jedem Beratungspfad aufgelisteten Anregungen sollen daher helfen, sowohl den Gegebenheiten des Klienten als auch des Beraters gerecht zu werden. Auch hier können die Übungsbeispiele (siehe Kap. 8) unterstützen.

Im Folgenden werden die wesentlichen Instrumente zur Stärkung der Pfade im DI·ARS-Modell vorgestellt.

3.4.1 Vom Holismus zur Detailtreue

Hier geht es um Prozesse, die nach Kuhl die Selbstkonfrontation betreffen.

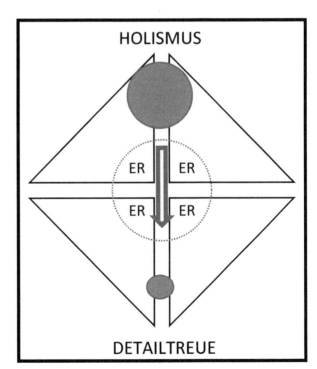

Abb. 17: Das DI·ARS-Modell: vom Holismus zur Detailtreue (eigene Darstellung)

Die Interventionen sollten Folgendes fördern:
- sich mit negativen Stimmungslagen (mit Ängsten und negativen Erfahrungen) konfrontieren, also: sich mit Problemen bzw. Schwierigkeiten bewusst emotional auseinandersetzen
- den Blick für Einzelheiten und Details schärfen
- analytisches Denken einsetzen, nach „Fakten" suchen
- persönliche Verwundbarkeit – herausgelöst als Einzelereignis – zulassen
- nicht alles auf die leichte Schulter nehmen und darauf vertrauen, dass alles schon irgendwie gut werden wird, sondern aktiv werden
- rationale Argumente suchen
- Pro- und Contra-Argumente in eine Liste schreiben
- Kritik wahrnehmen und akzeptieren

3.4.2 Von der Detailtreue zum Holismus

Diese Richtung betrifft Prozesse, die nach Kuhl das Selbstwachstum stärken.

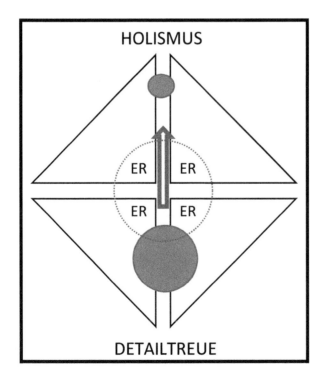

Abb. 18: Das DI·ARS-Modell: von der Detailtreue zum Holismus (eigene Darstellung)

Hier sind Interventionen angebracht, die folgende Schwerpunkte setzen:
- die Dinge in einem „ganzheitlichen" Licht sehen
- Vertrauen entwickeln
- Gelassenheit üben
- anerkennen, dass das Gegenteil von wahr auch wahr sein kann
- anerkennen, dass ein Leben ohne „Fehler" nicht möglich ist und dass Fehler stets Lernmöglichkeiten bieten
- Entspannungsübungen erlernen
- Fehlerfokussierung durch konstruktive Gedanken ersetzen
- sich mit künstlerischen Ausdrucksformen beschäftigen
- die Schönheit der Natur suchen
- statt analytischem Beobachten hinwenden zu Betrachten und Innewerden
- Details in die ganzheitliche Betrachtung integrieren
- Kreativität üben

3.4.3 Von der Motivation/Intention zum Tun

Interventionen auf diesem Pfad sollen die Selbstmotivierung sensu Kuhl anregen.

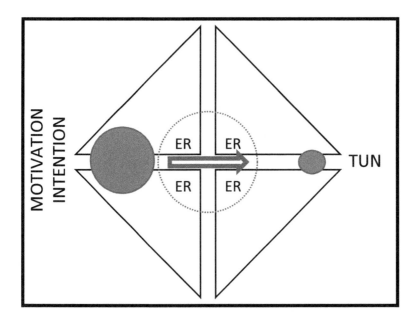

Abb. 19: Das DI·ARS-Modell: von der Motivation/Intention zum Tun (eigene Darstellung)

Auf diesem Pfad sind vor allem folgende Richtungen naheliegend:
- Klarheit schaffen über das, was einen abhält, Pläne zu verwirklichen
- Routinen offenlegen und bearbeiten
- die Zusammenhänge und Verschränkungen von Vergangenheit, Gegenwart und Zukunft reflektieren
- Belohnungsaufschub üben
- Selbstmotivierungstechniken nutzen
- Eigenverantwortung für das aktive Tun üben
- Spontanität üben und in den Alltag integrieren
- Zeitpläne erstellen und Einhaltung (evtl. mithilfe Dritter) fixieren
- stimmungsaufhellende Übungen/Aktivitäten durchführen und mit der Zeitplanung verknüpfen
- Referenzerfahrungen aus dem holistischen Feld abrufen
- die dopaminfördernde Wirkung von körperlicher Bewegung/Sport nutzen

3.4.4 Vom Tun zur Motivation/Intention

Dieser Pfad betrifft Interventionen zur Selbstbremsung sensu Kuhl.

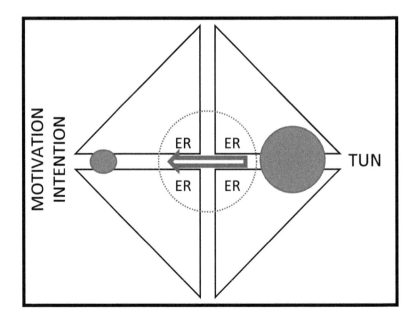

Abb. 20: Das DI·ARS-Modell: vom Tun zur Motivation/Intention (eigene Darstellung)

Interventionen auf diesem Pfad sollen in folgende Richtung wirken:
- zukunftsorientierte Pläne erstellen
- an Mittel- und Langfristigkeit orientieren
- Kontrolle üben
- Geduld und Ausgeglichenheit üben
- Listen mit Pro und Contra erstellen
- Ruhe und Entstressung
- momentane, gegenwärtige Gefühle und Befindlichkeiten spüren, analysieren und gegebenenfalls Aufschub gewähren
- Gegenwärtiges in die ganzheitliche Lebenserfahrung integrieren
- mehr Energie auf das Reflektieren an sich lenken
- den analytischen Verstand stärken
- den positiven Affekt, der mit einer spontanen Handlungsausführung verbunden ist, gegebenenfalls bewusst dämpfen, um den Zugang zum analytischen Verstand zu stärken
- Konsequenzen bedenken, auf die Denk- und Handlungsresultate fokussieren

4 „Erleichterer" für die dialogische Beratung

In einer Beratung geht es letztlich darum, den Klienten zu einer Innenschau anzuleiten, um zu spüren, wo Ansatzpunkte für Veränderungsprozesse bestehen, und das zunächst unabhängig davon, was man als Berater dem Klienten mitteilen möchte. Es geht um die Erkundung des Inner State, eine alles andere als einfache Aufgabe. Das innere Erleben ist keinesfalls ein statischer Prozess, sondern eine Funktion der Aufmerksamkeitsfokussierung, die stark von inneren und äußeren Rahmenbedingungen abhängt. Dieses Nach-innen-Gehen verlangt viel Offenheit dafür, sich möglichst von gedanklichen Zwängen und gewohnten Denkmustern zu befreien und dadurch auf sich selbst einzulassen. Das alleine ist eine sehr große Aufgabe und jeder, der schon einmal meditiert hat, weiß, wie sehr die eigenen Gedanken dazwischenfunken und diesen Prozess des Auf-sich-selbst-Hörens stören können.

Wenn Beratung erfolgreich sein soll, ist sie naturgemäß mit Veränderungen verbunden, mit dem Erleben irgendeiner Art von Unterschieden. Es gilt also, den Klienten bei seiner Innenschau zu unterstützen, sodass er in einen Dialog mit sich selbst treten kann, um Unterschiede herauszubilden (vgl. Prior 2007a, 2007b). Diese Innenschau kann durch Elemente gefördert werden, die Prior als „Erleichterer" bezeichnet (Prior 2020).

Im sogenannten **„Normalzustand"** ist unsere Aufmerksamkeit nach außen gerichtet, folgt eher dem analytischen Denken und ist stärker am Entweder-oder orientiert als am Sowohl-als-auch oder dem Und-und. Die Aufmerksamkeit ist breit gestreut und erleichtert die Orientierung in der Welt. Man redet *über* seine Erfahrungen in einer objektiveren Sprache. Anders im **Zustand der „Innenfokussierung"**, in dem die Aufmerksamkeit nach innen gerichtet ist: Hier *macht* man die Erfahrung nochmals in einer subjektiveren Sprache (und redet nicht nur *über* sie). Es geht also mehr um das nochmalige Erleben wirklicher Erfahrungen.

Die Innenfokussierung ist näher am Bereich der Emotionen und Gefühle (die für den Dialog so wichtig sind, wenn sie wahrhaftig und nicht berechnend offengelegt werden) als der Blick in die eher „objektive", „sachliche" Außenwelt. Es geht dann also nicht um die Logik des Entweder-oder, sondern um die des Sowohl-als-auch und des Und-und. Damit ist der nach innen gerichtete Zustand gemeint, jener Erfahrungsraum, der verglichen mit dem Normalzustand mehr Möglichkeiten bietet. Viele Probleme sind mit dem bewussten Verstand einfach nicht zu lösen. Der unbewusste Verstand eröffnet mehr Möglichkeiten, die dann allerdings ebenso mit dem bewussten Verstand, dem analytischen Denken, bearbeitet werden können.

Wenn wir versuchen, dem Klienten eine stärkere Konzentration auf seinen Inner State zu ermöglichen, geht es nicht um ein Entweder-oder (bewusster Verstand *oder* Unbewusstes), sondern um ein Sowohl-als-auch (*sowohl* bewusster Verstand *als auch* Unbewusstes).

Eine strikte Unterscheidung zwischen Verstand und Unbewusstem ist ohnedies unsinnig, aber dennoch kann man seinen Fokus mehr auf die „objektive" Verstandestätigkeit richten und sich gegen das Gefühlsmäßige sträuben und vice versa. Natürlich spielt das Unbewusste auch bei rational-analytischen Prozessen eine prominente Rolle.

Ein wunderbares Beispiel für die raffinierte Tätigkeit des holistischen Selbst mit seiner unbewusst vorhandenen „Weisheit" ist bei Pöppel (2006) nachzulesen. Ernst Pöppel berichtet von der Betrachtung eines sehr abstrakten Werkes der japanischen Künstlerin Toko Shinoda, bei der ihn plötzlich und mit einem Schreck eine Erkenntnis überkam: „Da quält sich ein Hirnforscher auf einem anderen Kontinent ab, eine Taxonomie für das menschliche Erleben zu entwickeln, und dann liegt plötzlich ein Bild vor ihm, das seine Überlegungen bildlich besser zum Ausdruck bringt, als er es formulieren könnte" (Pöppel 2006, S. 476; siehe Abb. 21). Nach Pöppels Grundüberlegung geht es uns immer

Abb. 21: „Interval" von Toko Shinoda. Die Grafik kann als Darstellung der Theorie Pöppels betrachtet werden.

um zwei Dinge: Gewissheit (damit sind eher die rationalen Prozesse gemeint) und Nähe (hier geht es eher um die emotionalen Prozesse).

Wenn wir dieses abstrakte Kunstwerk betrachten und gleichzeitig an den Kern von Pöppels Modell mit den zwei Grunddimensionen des Erlebens denken (senkrecht: Achse der Gewissheit, und waagerecht: Achse der individuellen Nähe), so erschließt sich auf den ersten Blick wohl kaum diese von ihm „mit Schrecken" wahrgenommene Assoziation, auf den zweiten jedoch schon. So bezeichnet der Quadrant links oben große Gewissheit und große Ich-Ferne, das ist das Feld der Wissenschaften „mit der Tendenz zu Helligkeit und Klarheit, durch die jedoch ein Riss hindurchgeht" (ebd.). Der Quadrant links unten ist das Feld, in dem das Unbekannte, das Unbestimmte, das Fremde und das Rätselhafte angesiedelt sind, und dementsprechend sehr dunkel. Dieses Bild wurde ohne bewussten Plan oder das Ziel einer Interpretation betrachtet, aber plötzlich, wie aus dem Nichts, besteht Klarheit und es wird vom Betrachter eine einleuchtende, erhellende Verbindung zu seinem theoretischen Modell hergestellt, wie ein Blitzlicht. Dies ist eine Leistung des Unbewussten, die mehr als erstaunlich ist. Und diese unglaublichen Möglichkeiten des Unbewussten wollen wir im Beratungsprozess ansprechen.

Wir erleben eine starke Fokussierung auf das Innen regelmäßig und unbemerkt im Alltag, und zwar täglich. So etwa beim Einschlafen, beim Fernsehen („die Zeit vergeht wie im Flug" bei einem spannenden Film), beim Musikhören, beim Lesen und vielen anderen Aktivitäten. Der **Flow-Zustand** sensu Csíkszentmihályi (2010b) beschreibt dies sehr schön. Dieser ist u. a. dadurch gekennzeichnet, dass die Konzentration auf ein eng begrenztes Feld gerichtet ist, dass Handlung und Bewusstsein verschmelzen und man ein Gefühl von Kontrolle der eigenen Handlungen hat. Das Bewusstsein ist gut geordnet, weil „Gedanken, Absichten, Gefühle und alle Sinne" auf das gleiche Ziel gerichtet sind; man empfindet Harmonie. „Und wenn diese flow-Episode vorbei ist, fühlt man sich gesammelter als zuvor, nicht nur innerlich, sondern auch mit Blick auf andere Menschen und die Welt im Allgemeinen" (ebd., S. 64). Jeder Mensch verfügt grundsätzlich über die Fähigkeit, derartige Zustände zu erleben – es handelt sich dabei *nicht* um Zustände von Kontrollverlust, sondern ganz im Gegenteil: Starke Innen-Fokussierung ist ein Zustand hoher Kontrolle, der sich eben durch eine über das gewohnte Maß hinausgehende Konzentration auf ein Erleben beschreiben lässt. Deshalb ist es im dialogischen Beratungsprozess von Vorteil, wenn man den Klienten dabei unterstützt, derartige Aufmerksamkeitsphasen zu erleben.

Eine Innen-Fokussierung kann der Berater fördern, indem er:
- von der „objektiven" Beschreibungssprache in die dritte Person wechselt, also vom „du tust" zum „es tut";
- statt der Vergangenheits- bevorzugt die Gegenwartsform verwendet;
- das Erleben „bunt", unter Einbeziehung aller Sinne, schildern lässt;
- Fragen so stellt, dass diese möglichst offen und frei beantwortet werden können (die Fragen also sprachlich möglichst wenig eingeengt sind);

- Pausen zulässt (Stille aushalten);
- das Tempo verlangsamt;
- in kleinen Schritten in das innere Erleben führt.

Dies alles sollte behutsam geschehen, eine entsprechend vertrauensvolle Atmosphäre und Synchronisation vorausgesetzt. **Es kann natürlich keine allgemeingültigen Rezepte geben. Der Berater benötigt ein Gefühl dafür, was angebracht und der Situation angemessen ist!**

Formulierungen, welche diesen Weg zum Innen unterstützen, sind beispielsweise:

Sprache der Außenfokussierung (Sprache des „Normalzustandes")	Sprache, welche den Fokus mehr auf das Innen lenkt
An welche Details können Sie sich erinnern?	Ihr Gedächtnis kann Ihnen Erinnerungen liefern und Sie können darauf achten, wie *es* passiert …
Denken Sie an …	Erleben Sie, wie Ihr Denken …
Was haben Sie gedacht, als Sie diesen Schritt unternommen haben?	Sie sind gedanklich dabei, diesen Schritt, von dem Sie berichten, zu unternehmen … Was ist dabei Ihre Erfahrung?
Welche Empfindungen sind Ihnen dabei durch den Kopf gegangen?	Wie fühlt sich das an?
Beschreiben Sie das Erlebnis.	Wenn Sie sich das Erlebnis als Bild, als Töne [je nach Klient und Situation] vorstellen: Was sehen [hören] Sie?
Was denken Sie dabei?	Wie ist es gerade?
Reduzieren Sie die Anspannung.	Da ist dieses Gefühl der Entspannung und diese Entspannung kann sich ausbreiten, sich entwickeln, weil …

Derartige Sprachmuster sollen den Klienten dabei unterstützen, Erfahrungen sinnlich zu sammeln und so die Wahrscheinlichkeit für das *Erleben* erhöhen. Er soll nicht nur in einer pragmatischen Sprache *über* das Erlebte reden. Auf diese Weise können Beziehungen zum Selbst und damit Assoziationen zum und im holistischen Feld besser hergestellt werden, die sonst nicht oder nicht so leicht greifbar wären. Wenn etwas noch einmal erlebt wird, ist man mehr im Innen, als wenn man nur darüber spricht.

Die dialogisch orientierte Beratung erfolgt – vermutlich mehr als andere Zugänge – möglichst nondirektiv und der Berater nimmt notwendigerweise *auch* eine Rolle des Lernenden ein. Mit Direktiven soll also möglichst sparsam umgegangen werden. Diese Haltung kann man, wo immer angemessen, auch sprachlich zum Ausdruck bringen. So wäre als einfaches Beispiel statt „Gehen Sie dorthin" auch der Hinweis möglich: „Da ist noch dieser Weg". Eine derartige **Es-Sprache** ist vor allem im Umgang mit Klienten angebracht, bei denen die Möglichkeit von Widerständen hoch ist. Widerstand verhindert den Fokus auf das Innen.

Es soll aber an dieser Stelle keineswegs der Eindruck erweckt werden, diese eben geschilderte Art der Kommunikation (vergangenheitsbezogen, vage, sinnlich) sei grundsätzlich der sachlichen, analytischen vorzuziehen; sie entspricht nur mehr dem dialogischen Zugang, innerhalb dessen aber die zweite, die rationale, Welt, stets auch ihren Platz hat. Es obliegt der Kompetenz und Verantwortung des Beraters, das zu wählen, was er als angebracht und mit größerer Wahrscheinlichkeit zielführend erachtet! Diese Entscheidung darf nicht abgegeben werden.

In der Hypnose-Tradition nach **Milton Erickson** kann eine möglichst vage Sprache den Klienten sehr auf dem Weg zur Innenfokussierung und damit eine wichtige dialogische Kompetenz unterstützen: nämlich das Offenlegen von Denkprozessen (und nicht nur das Präsentieren von Denkprodukten) *auch sich selbst* gegenüber. Das kann ein sehr bewusster oder auch ein wenig bewusster Prozess sein.

Es geht bei der dialogischen Beratung natürlich nicht darum, einen klassischen **Trancezustand** herbeizuführen. Es geht darum, bestimmte sprachliche Muster, die sich als tranceinduzierend bewährt haben, zu verwenden, um die Innenfokussierung des Klienten anzuregen. Trance ist – entgegen der weitverbreiteten Meinung – nichts anderes als eine Verfassung hochfokussierter Wahrnehmung in einer entspannten Lage, in der man das analytische Bewusstsein abschwächt und das Unbewusst-Intuitive stärkt.

Jeder, der sich schon einmal stark konzentriert freudvoll einer Tätigkeit gewidmet und dabei „die Zeit vergessen" hat, kennt den Zustand, um den es hier geht. Solch eine Verfassung hat überhaupt nichts mit Willenlosigkeit oder dergleichen zu tun: Man konzentriert sich (willentlich) sehr stark auf etwas und kann jederzeit aus dieser Fokussierung aussteigen.

Auch der Flow ist ein tranceartiger Zustand. Ein Freestyle-Climber, der ohne Sicherung eine Felswand emporklettert und genau weiß: ein einziger Fehltritt und ich bin nicht mehr, befindet sich in höchster Trance. Derartiges ist das Gegenteil von Willenlosigkeit.

In der Beratungssituation geht es immer wieder darum, den Klienten in ein inneres Erleben zu führen, in dem er mehr Möglichkeiten hat, sein Unbewusstes anzusprechen – so wie der Freeclimber hoch intuitiv der „Weisheit" des Unbewussten vertrauend seinen Weg klettert. Diesen direkten Zugang zum Unbewussten kann der Berater unterstützen, indem er durch entsprechende Worte und Sprachmuster den Klienten anregt, viele „weiße" Stellen mit eigenem Erleben aufzufüllen. Auch deshalb sind in der Beratung Ja/Nein-Fragen möglichst zu vermeiden. „Welche Verbesserung erwarten Sie, wenn Sie …?" ist der Frage „Erwarten Sie eine Verbesserung, wenn Sie …?" aus genau diesem Grund vorzuziehen.

Ganz allgemein kann man davon ausgehen, dass die Art und Weise, wie ein Klient sein Erleben schildert, nur einen Ausschnitt dessen darstellt, was er schildern *könnte*. Sei es, weil er bestimmte Dinge nicht sagen möchte oder weil ihm bestimmte Inhalte einfach nicht bewusst sind, die man aber ins Bewusstsein rücken könnte. Um letzteres geht es. Da niemand willenlos ist, kann der Berater davon ausgehen, dass die Entscheidung, was der Klient preisgeben möchte, stets bei ihm selbst liegt. Die Aufgabe des Beraters besteht darin, dem Klienten zu helfen, einen tieferen Zugang zu dem zu finden, was ihm verborgen ist, aber einem (therapeutischen) Veränderungsprozess dienlich wäre.

Die folgenden Erleichterer sollen nicht als in jedem Fall hochwirksame Patentrezepte missverstanden werden. Sie bieten jedoch Möglichkeiten, den Zugang zu tieferen Wahrnehmungs- und Erlebensschichten zu unterstützen. Sie sollen also die *Wahrscheinlichkeit* erhöhen, dass sich der Klient stärker auf sein Innen fokussieren kann. Sie sind Mosaiksteinchen in der Beratung, die in ihrer Gesamtheit allerdings ihre Wirkung entfalten. Die hier gewählte Kategorisierung und Reihenfolge dieser „Erleichterer" ist mehr willkürlich als umfassend begründbar und dient lediglich dazu, einen ungefähren Überblick zu gewinnen.

4.1 Aktives Zuhören

Das aktive Zuhören gehört vermutlich zu den am meisten unterschätzten Kompetenzen in der dialogischen Beratung. Um tatsächlich als wertvolle Beraterkompetenz wirksam zu sein, muss das aktive Zuhören ein bewusster, keinesfalls passiver und zusätzlich expandierender Prozess sein, der auf etwas zutiefst Menschlichem aufbaut. Wollte jemand nur vorgeben, wahrhaftig, empathisch und „echt" zuzuhören, so gelänge ihm das bestimmt nicht ohne ein erwähnenswertes schauspielerisches Talent.

Es ist unglaublich schwierig, einem anderen so zuzuhören, dass nicht ständig eigene Gedanken, Vorurteile, Erwartungen und Ähnliches das Zuhören beeinflussen. Es erfordert, sich bis zu einem bestimmten Grad und für eine bestimmte Zeit vom eigenen Ego freizumachen, also die ständigen Versuche, mit eigenen Gedanken das Feld zu betreten, zu unterdrücken und genau zu überlegen, wie man auf das Gehörte reagiert und was man darauf sagt. Da das Unbewusste ständig mitspielt, wird das Verhalten begleitet von unmerklich ablaufenden körperlichen Ausdrücken, von Mimik und Gestik, die das Gegenüber, der Klient bzw. der Berater, wahrnimmt. Auch hier geht es um Synchronisierung, die nur funktionieren kann, wenn ein Mindestmaß an Authentizität vorhanden ist. „Zuhören heißt, inneres Schweigen zu entwickeln. […] Man muss sich dazu auch nicht in ein Kloster zurückziehen oder sich bekehren lassen. Aber man muss sich bewusst darum bemühen, in sich selbst und gemeinsam mit anderen ein Setting zu kultivieren, in dem Zuhören *möglich* ist, oder, anders ausgedrückt: Wir müssen einen Raum schaffen, in dem Zuhören geschehen kann" (Isaacs 2002, S. 86 f., Hervorhebung im Original).

Zuhören verlangt, anders als Lesen, ein besonderes Maß an Konzentration, weil man das Gehörte ja nicht noch einmal hören kann und zudem auch auf körpersprachliche Signale achten muss, um sein Gegenüber in dessen Ganzheit erfassen zu können. Man befindet sich in einem Wechselspiel zwischen dem Vertrauen, das Bedeutsame aufzunehmen, und der Konzentration auf die Situation, um eben nichts Bedeutendes zu verpassen. Wenn dann etwa eigene Erinnerungen, Emotionen und dergleichen in uns hochkommen, funken Gedanken dazwischen, die den gesamten Prozess beeinflussen, ja stören können. Daniel Barenboim (2009, S. 43) schreibt: „Aufnahmen auf Tonträgern […] erhöhen die Wahrscheinlichkeit, dass man Musik hört, ohne ihr zuzuhören, ohne sie zu erfassen […] Die Verantwortung dafür liegt bei uns selbst; denn wir entscheiden schließlich selbst darüber, ob eine Aufnahme der Erhellung und Vertiefung dient […] oder ob sie einzig und allein der Zerstreuung dient". Diese Gedanken lassen sich perfekt auf das Zuhören übertragen: Es kann unglaublich wichtig, erhellend, tiefgehend, im wahrsten Sinn *therapeutisch* sein oder die oberflächliche Qualität von „Muzak" haben, einer seichten Hintergrundmusik, die nur berieselt und der man nicht wirklich zuhört. So betrachtet könnten wir das Zuhören im Beratungssetting durchaus als aktives intellektuelles Teilnehmen auffassen, das wie „Musik Stille verlangt und völlige Konzentration vonseiten des Zuhörenden" (ebd., S. 45).

Isaacs (2002, S. 85) beschreibt Zuhören als **„expandierende Aktivität"**, aber was bedeutet das? Allgemein verstehen wir Zuhören als etwas Passives: Es geschieht, weil wir Ohren haben und eintreffende Schallwellen sinnhaft interpretieren können. Aktives Zuhören verlangt aber, den „Lärm im Inneren" wahrzunehmen und vor allem auch loszulassen, um dadurch Platz zu schaffen für das, was der andere sagt. Mit anderen Worten: Das, was der andere sagt, ergreift uns raumfüllend, wir lassen das, was wir hören, in uns eindringen, nehmen es unmittelbar wahr und partizipieren so an der Welt des Gegenübers direkt und ergreifend. Da in ein volles Gefäß nichts mehr hineinpasst, müssen wir lernen, von den ständig vorhandenen Geräuschen in unserem Inneren abzulassen, sie ein Stück weit auszuleeren und so Platz zu schaffen für das, was unser Klient sagt. Ein wahrlich schwieriges Unterfangen, das Übung erfordert. Beobachtet man sich selbst in einer Diskussion über ein interessantes Thema, stellt man fest: Es ist nicht einfach, sich ganz auf das, was jemand mit konträrer Meinung von sich gibt, einzulassen, ohne dabei ständig zu überlegen, warum das Gesagte so nicht stimmt. Wir neigen dazu, oppositionelle Argumente bereitzuhalten und gespannt die Gelegenheit abzupassen, diese einzubringen, anstatt sich voll auf das Gegenüber zu konzentrieren und die eigenen Ego-Bedürfnisse (recht haben wollen, gute Ratschläge erteilen etc.) wegzuschieben. Nahezu gleichermaßen schwierig ist es, sich auf das einzulassen, was jemand in Übereinstimmung mit den eigenen Gedanken erzählt, ohne gleichzeitig nach eigenen Beiträgen zu suchen, die diese Gedanken untermauern und zeigen, dass man sie unabhängig entwickelt hat.

Die meisten von uns verfügen grundsätzlich über die Fähigkeit, aktiv zuzuhören, wenngleich wir sie verlernt haben. Man denke an ein Rendezvous, eine Situation, in der es eben *nicht* schwerfällt, nicht nur auf das, was gesagt wird, sondern auch auf die Stille zwischen den Worten zu „hören". Warum gelingt das so gut? Weil wir uns voll und ganz, aktiv und bewusst, authentisch und empathisch auf den anderen einlassen *möchten*. Einige Jahre später, wenn die „entwickelte" Beziehung ihren routinierten Abläufen folgt und man zu wissen glaubt, was geschehen wird, verschwindet oft auch diese so wichtige Fähigkeit des aktiven Zuhörens innerhalb der ausgetretenen Beziehungspfade. Wenn wir uns die Kompetenz des Zuhörens erhalten, bleiben wir in partizipativem Kontakt mit dem Gegenüber.

4.2 Synchronisierung auf (körper-)sprachlicher Ebene

Menschen verwenden bestimmte Worte und Wortkategorien sehr individuell. Sprechen ist eine sehr anspruchsvolle, aber großteils automatisierte Aktivität; sie erfolgt also in höchstem Grad unbewusst. Gerade beim Erlernen einer Fremdsprache wird dies offensichtlich. Man kann davon ausgehen, dass Worte auf dieser unbewussten Ebene zumindest einen Teil des inneren Erlebens repräsentieren. Deshalb mag es von Vorteil sein, als Berater genau auf die Worte des Klienten zu achten und diese zu paraphrasieren, und zwar aus zwei Gründen: Erstens unterstützt man dadurch das aktive Zuhören und zweitens nimmt man eine eher zugewandte Körperhaltung ein, was dem Gegenüber vermutlich auffallen und dem Prozess der Synchronisation förderlich sein wird. Da die Synchronisation den Klienten wie den Berater gleichermaßen betrifft, sollte diese Ebene keinesfalls unterschätzt werden. Es geht um Triggersignale, die unbewusst eine enorme Wirkung entfalten und den Kommunikationsprozess maßgeblich beeinflussen können. Körpersprachliche Signale sind ausgiebig wissenschaftlich untersucht worden, ihre Relevanz ist unstrittig. Grammer (1995, S. 361) beispielsweise berichtet von Untersuchungen, die zeigen, dass die Bedeutung des Lachens durch die Körperhaltung modifiziert wird (Abb. 22): „Die Körperhaltung, die eine Person einnimmt, die lacht, kann entscheidend zur Dekodierung der Bedeutung des Signals ‚lautes Lachen' beitragen." Wir Menschen sind darauf trainiert – sowohl genetisch als auch kulturell/sozial –, Körperhaltungen auf einer sehr wenig bewussten Ebene zu interpretieren und in den Gesamtkontext zu stellen.

Wie wichtig die Synchronisierung auf körpersprachlicher Ebene ist, sehen wir in ganz natürlicher und ungezwungener Form an Spiegelungsprozessen beim Umgang mit Kleinkindern. Als Erwachsene machen wir uns ganz automatisch kleiner (gleichen uns der kindlichen Größe an), sprechen mit höherfrequenter Stimme (gleichen uns der kindlichen Stimmlage an) und verlangsamen unser Tempo. Dadurch erhalten wir mit höherer Wahrscheinlichkeit Zugang zum „Innen", was eine wesentliche Voraussetzung dafür ist, dass uns das Kind (bzw. der Klient) überhaupt zuhört und sich öffnet. Ohne diesen öffnenden Zugang haben wir kaum eine Chance, bei unserem Klienten beraterisch wirken zu können.

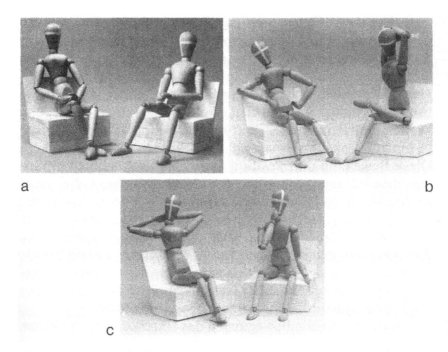

Abb. 22: Triggersignale und Lachen: Die Körperhaltung der lachenden Person ist relevant für die Dekodierung der Bedeutung des Lachens (nach Grammer 1995, S. 361).

Auf sprachlicher Ebene kann der Prozess befördert werden, indem der Berater seine nächste Frage aus der letzten oder zumindest einer vorherigen Antwort des Klienten ableitet. Die bisherige Schilderung des Klienten hat einen Bezugsrahmen geschaffen, der zur Vertiefung genutzt werden kann. Durch solche sich wiederholenden Bezugnahmen kann es gelingen, den Klienten immer weiter in eine verstärkte Innenfokussierung zu begleiten, dabei im Bezugsrahmen des Klienten zu bleiben und gleichzeitig den Pfad der Synchronisierung zu verstärken.

> Beispiel: *Der Klient hat wenige Minuten zuvor auf die Frage, was er mit seiner neugewonnenen Zeit anstellen würde, geantwortet: „Ich könnte mich mehr um meine Frau kümmern und hätte auch mehr Gelegenheit, Ordnung in meine Werkstatt zu bringen." Nun nimmt der Berater auf diesen Rahmen Bezug und fragt: „Sie haben gesagt, Sie könnten sich mehr um Ihre Frau kümmern. Woran würde Ihre Frau merken, dass Sie sich mehr um sie kümmern?" Der Klient antwortet: „Eine einfache Sache wäre, dass ich sie wieder so wie früher mindestens einmal pro Woche zum Essen einlade." Der Berater leitet daraus ab: „Wenn Sie das tun würden: Wie wäre das für Sie?" Klient: „Ich würde mich besser fühlen." Berater: „Beschreiben Sie, woran Sie merken, dass Sie sich besser fühlen." Usw.*

4.3 Humor und humorgeleitete Provokation

Humor ist in vielen Situationen – sei es in einer Dialog-Runde mit 25 Personen, in einer Supervisionsgruppe oder im Rahmen einer dyadischen Beratungssituation – hervorragend geeignet, Muster zu unterbrechen und die Emotionale Regulation anzusprechen, um einen Pfad hin zum Feld „Holismus" zu aktivieren. Wie ist das gemeint? Nehmen wir den Konflikt zwischen Denken und Fühlen. Ein Mensch mit einseitiger Neigung zum Analysieren und Grübeln (starke Energie in den Feldern „Motivation/Intention" und „Detailorientierung") wird ebenso wenig wie ein Mensch mit übertriebener Gelassenheit und Positivismus (starke Energie in den Feldern „Holismus" und „Tun") eine optimale psychische Balance erreichen. Selbstentwicklung würde nun darin bestehen, für einen besseren energetischen Ausgleich hin zu den vernachlässigten Feldern zu sorgen. Dies kann auf verschiedene Weise und eben auch über den Humor geschehen, wenn der Humor von Beraterseite zum Wohle des Klienten zweckgerichtet gesteuert ist. Auch hier geht es wieder darum, durch das **Unterbrechen von Mustern** Zugänge zu den Feldern zu öffnen, die bisher – zumindest in vielen Situationen – vernachlässigt wurden. In der Pointe erleben wir oft Momente der Unsicherheit. „Durch die Pointe sind die Regeln der Wirklichkeit für kurze Zeit durcheinandergeraten." Und weiter merken Farrelly und Brandsma an: „Unsicherheit kann sehr nützlich sein, wenn sie einen Menschen dazu veranlasst, sein Verhalten, seine Einstellung oder seinen Entwurf von der Wirklichkeit mit mehr Sorgfalt oder von einem anderen günstigen Punkt aus zu prüfen" (Farrelly/Brandsma 2005, S. 130). Farrelly spricht von einem „konstruktiven Ärger auf sich selbst", der Veränderungen beim Klienten initiieren kann.

> Beispiel: *Farrelly hat im Rahmen einer Demonstration mit einer rund 30-jährigen Frau, die Schwierigkeiten hatte, nein zu Forderungen seitens ihrer Eltern zu sagen, gleichzeitig aber deren finanzielle Unterstützung annahm, nacheinander eine Reihe von einfachen Fragen gestellt, wie „Möchtest du dort hingehen?" Während des Nachdenkens forderte Farrelly sie einigermaßen bestimmt auf: „Say Yes!", und das mehrmals. Er stellte eine Frage und sagte dazu: „Say Yes!", und berührte sie einige Male leicht an der Schulter (das wirkte wie ein angedeuteter Klaps). Es dauerte nicht lange und die Probandin ebenso wie Farrelly und einige im Publikum begannen zu lachen, weil sie merkten: Hier ist ein Problem auf humorvolle Art sichtbar gemacht worden: die Unentschlossenheit einer erwachsenen Frau gepaart mit kindlich-unreifem Verhalten. Diese Demonstration hat vermutlich mehr bewirkt als eine trockene Analyse: Der Probandin wurde es möglich, auf ihr erwachsenes Selbst zuzugreifen, ohne sich in einen Widerstand zu begeben.*

Humorvoll-provokative Interventionen haben das Potenzial, über Musterunterbrechung Netzwerkknoten im Unbewussten zu aktivieren, die zu spontanen Einsichten führen und damit Aspekte des Selbstwachstums anregen können. Wie ist solch ein Prozess der Musterunterbrechung zu erklären? Suls (1972) publizierte ein **Zwei-Stufen-Modell der**

Humorperzeption, wonach zwei Bedingungen erfüllt sein müssen, damit man einen Witz lustig findet. Zunächst ist es notwendig, eine Inkongruenz wahrzunehmen (wäre die Pointe von Anfang an klar, wäre es keine Pointe), und nach dieser Überraschung muss wieder ein Zusammenhang hergestellt werden, weil man den Witz nach der erkannten Inkongruenz sonst nicht verstanden hätte.

Im obigen Beispiel passiert mit solch einer Intervention wohl in etwa Folgendes: Die Klientin stellt eine Inkongruenz fest. Spekulieren wir, da wir sie nicht direkt befragen können: Sie erwartet bestimmt nicht, dass der Therapeut sie wie ein kleines Kind mit „Say Yes!"-Aufforderungen bombardiert, es kommt also zu einer Inkongruenz von Erwartung und tatsächlicher Gesprächsentwicklung. Dann stellt sie aber, vermutlich auf einer eher unbewussten Ebene, den für sie stimmigen Zusammenhang her, auf den sie nicht direkt angesprochen wurde (etwa durch eine analytische Bemerkung hinsichtlich ihres kindlichen Benehmens), und sie erlebt unmittelbar oder vielleicht Tage, Wochen oder Monate später einen Aha-Effekt. Der Pfad von der Detailtreue hin zum Feld „Holismus" – das Selbstwachstum – wurde gestärkt.

Für therapeutische Provokationen sind allerdings zwei Voraussetzungen notwendig: Es muss eine gute und auf Vertrauen beruhende Beziehung zwischen Berater und Klient gegeben sein und es braucht ein hohes Maß an Feinfühligkeit und beraterischer Erfahrung (das Gegenteil von gut ist „gut gemeint").

4.4 Bildhafte Sprache mit allen Sinnen und Pausen im Präsens

Wenn der Klient nicht nur *über* das Erleben spricht, sondern aufgrund stärkerer Innenfokussierung dieses auf eine gewisse Art nochmals durchlebt, spricht er am besten im Präsens. Dann wird die Erfahrung eher *präsent* mit all den erlebten Sinneseindrücken. Er sieht, hört, spürt, riecht und schmeckt in diesem Augenblick, obgleich er „nur" eine Erinnerung abruft. Regt man den Klienten an, die Gegenwartsform zu benutzen („Was ist da gerade …?" statt „Wie war das?"), und benutzt dabei Begriffe, die direkt die sinnlichen Wahrnehmungen ausdrücken, die ja die Basis allen Erlebens bilden, so unterstützt dies den Fokus auf das innere Erleben. Wenn wir etwas im Traum nochmals durchleben, so geschieht das nicht als etwas Vergangenes – ein Traum wird als vollkommen reale Erfahrung im Hier und Jetzt erlebt.

Da wir Menschen besonders visuell orientiert sind, unterstützt das bildhafte Sich-Vergegenwärtigen von Vorstellungen oder Erinnerungen den direkten Selbstzugang. So könnte ein „Entspannungsbild" eine Urlaubserinnerung sein, die man als Ausgangspunkt benutzt. Da das direkte Erleben in der Regel mehr Zeit benötigt als das Reden über ein Erleben, spielen Verlangsamung und Pausen eine wichtige Rolle. Nicht ohne Grund ist die Entschleunigung ein wesentliches dialogisches Prinzip. Als Berater muss man solche Pausen aber auch aushalten können! Es ist oft eine Gratwanderung zwischen Abwarten und Eingreifen – da man nicht in den Kopf des Klienten schauen kann und Gedankenlesen nicht valide funktioniert, gilt das Prinzip des Nachfragens: „Ist das Tempo für Sie so in Ordnung?" Derartige Fragen empfindet der Berater oft als „schwieriger" als der Klient!

> Beispiel: *Ein Klient sucht ein Coaching auf, weil er – nun im Alter von Mitte dreißig – zunehmend das Gefühl hat, seine Ziele nicht erreichen zu können, und zwar primär Tagesziele. Er leidet zunehmend unter seiner Aufschieberitis. In den letzten beiden Jahren kam es regelmäßig vor, dass er am Wochenende (unbezahlt) arbeiten musste, weil er an fast jedem Wochentag bis zu drei oder vier Stunden vertrödelt hat. Er surft im Internet, sieht sich Urlaubsziele an, klickt sich durch Shopping-Seiten. Dabei macht ihm die Arbeit an sich großen Spaß, das Klima ist gut und bisher konnte er die prokrastinationsbedingten Nachteile durch Delegieren an Mitarbeiter recht gut ausgleichen. Da ihn diese Art zu arbeiten aber zunehmend belastet (Schlafprobleme, „mieses Gefühl" bis hin zu depressiver Verstimmtheit) und er sich einfach schlecht dabei fühlt, möchte er dies nun ändern und braucht „Anregungen von Coachingseite", wie er es formuliert.*

Aus Sicht des DI•ARS-Modells handelt es sich hier wohl relativ eindeutig um den Pfad von der „Motivation/Intention" zum „Tun". Diese Berater-Hypothese wird dadurch unterstützt, dass der Klient sagt: „Die Dinge, die ich zu erledigen habe, stauen sich wie Boote in einem Hafen an, sodass der Ausgang zum Meer verstopft ist – kein Boot kommt mehr durch. An manchen Tagen kann ich dann gar nichts mehr erledigen und gehe deprimiert nach Hause. Wenn ich keine Abscheu vor Alkohol hätte, ich wäre wohl schon zumindest ein Gelegenheitstrinker." Mit anderen Worten: Weil er so viel tun möchte, das heißt das Primäre Feld „Motivation/Intention" sehr stark aktiviert ist, steht nur noch sehr wenig Energie zur Verfügung, die in das Feld „Tun" fließen könnte. Es gilt, genau hier anzusetzen und diesen Pfad zu stärken.

Zu dem im Folgenden beschriebenen Vorgehen ist anzumerken: Einzelne dieser kleineren Interventionen sind wie Mosaiksteinchen, von denen jedes für sich nur einen kleinen Beitrag leisten kann (allerdings kommt es durchaus vor, dass ein einzelnes Mosaiksteinchen den entscheidenden Anstoß für nachhaltige Veränderungsprozesse liefert). Diese kleinen Beiträge addieren sich und sind deshalb nicht zu unterschätzen, sie sollen jedoch nicht unrealistisch überbewertet werden, da sie als Einzelinterventionen aus einem größeren Konvolut herausgegriffen werden, um das hier zu erläuternde Prinzip „Bildhafte Sprache mit allen Sinnen" zu verdeutlichen.

Eine der ersten Coaching-Interventionen besteht nun darin, nach Möglichkeiten zu suchen, den Klienten wieder in Schwung zu bringen. Er soll ein angenehmes Bild beschreiben, das ausdrückt, dass er sich sehr wohl fühlt (zur Erinnerung: im DI•ARS-Modell spielt die Emotionale Regulation im Feld „Tun" deshalb eine so wichtige Rolle, weil Aktivität maßgeblich mit positiven Gefühlen verbunden ist – jemand, der viel Energie im Tun bindet, tut das für gewöhnlich mit positiven Affekten, ohne viel darüber nachzudenken. Der charakteristische „Macher-Typ" handelt und prokrastiniert nicht endlos durch zu intensives Grübeln über das, was sein könnte oder hätte sein können oder anders hätte laufen können ...

Nachfolgend sind beispielhaft Äußerungen des Beraters wiedergegeben, die dazu dienen sollen, das *präsente* und *sinnhafte* Erleben des Klienten zu unterstützen.

> *Der Klient wählt als „schönes" Bild eine Erinnerung an eine Urlaubslandschaft.*
> Berater: „Sie sind also in diesem Urlaub in den Bergen und haben dieses Bild von den Bergen – wie ist das?"
> *Der Klient beschreibt u. a. den „schönen blauen" Himmel.*
> Berater: „Der schöne Himmel – wie ist der schöne Himmel? Was für ein Blau hat der Himmel? Und was ist noch so schön am Himmel? Was außer dem angenehmen Blau ist da noch?"
> *Der Klient redet über eine besondere, aber anstrengende Hüttenwanderung.*
> Berater: „Wie spüren Sie diese Anstrengung? Was genau macht diese Hüttenwanderung so besonders?"

Diese Art der Sprache wird dann auch bei den eigentlichen Themen angewandt, wenn eine Erfahrung – aus welchen Gründen auch immer – reichhaltig unterstützt werden soll.

4.5 Vage Sprache

Eine vielbenutzte Möglichkeit, die Innenfokussierung zu unterstützen, ist die sogenannte vage Sprache sensu Milton Erickson (siehe beispielsweise Erickson/Rossi, 2004). Es geht dabei darum, den bewussten Verstand abzulenken, um ihn für das Unbewusste zu öffnen, und Widerstände, die der bewusste, analytische Verstand so gerne jedem Änderungsversuch entgegensetzt, zu reduzieren. Wir kennen das vermutlich alle: Sagt man zu einem Freund: „Ich werde diese Prüfung nicht schaffen, ich kann mich einfach nicht konzentrieren", und antwortet dieser die eigene Vernunft ansprechend etwa so: „Du hast schon so viele Prüfungen bestanden, du weißt, dass du es kannst", dann wird dies üblicherweise entweder nicht ernstgenommen oder Widerstand erzeugt. Der eigene Standpunkt wird mit Argumenten untermauert, warum es diesmal anders ist, es geht um Verteidigung und darum, recht zu behalten.

Ein wichtiges Prinzip bei der vagen Sprache sensu Erickson besteht darin, dem Klienten zu erlauben, das Gesagte persönlich zu deuten. Der Berater lässt also so viele weiße Stellen übrig, dass der Klient somit tiefer in das eigene innere Erleben eintauchen kann, ohne durch falsche Interpretationen des Beraters abgelenkt zu werden.

Der Weg zur Innenfokussierung gelingt üblicherweise nur langsam und in kleinen Schritten, mit Höhen (wieder zurück zu mehr Außenfokus) und anschließenden Tälern, die durch eine zunehmende Innenfokussierung gebildet werden. Durch das nicht vom Berater gestörte Nachdenken werden die inneren Erfahrungen tiefer.

Grinder/Bandler (2007, S. 316 ff.) nennen folgende Kategorien des „Weglassens von Informationen", welche diesen Prozess unterstützen sollen: Nominalisierungen, Verwendung unbestimmter Verben, unbestimmter Inhaltsbezug und Tilgung.

Nominalisierungen: Es handelt sich um möglichst unkonkrete Hauptwörter, die eigentlich einen Prozess bezeichnen. Der Klient kann und muss die für ihn passenden Bedeutungen ergänzen und diese sucht er in seinem eigenen Inneren, in seinem subjektiven Erleben, in Erinnerungen, Assoziationen, Emotionen usw. Eine häufig dargestellte Methode, um zu erkennen, ob es sich um eine Nominalisierung handelt, bietet die Frage „Kann ich es in eine Schubkarre tun?". Ist das Wort ein Hauptwort und nicht (zumindest theoretisch) in eine Schubkarre zu packen, dann handelt es sich um eine Nominalisierung, z. B. Lernen, Neugier, Liebe, Freiheit und Wohlbefinden. Im Gegensatz dazu bezeichnen Hauptwörter wie Haus oder Bild etwas, das man anfassen und in einer Schubkarre transportieren kann.

Beispiele: *Die Bedeutung dieses Erlebens können Sie auf eine Art nutzen, die Sie selbst bestimmen, weil Ihr Unbewusstes genau die Erinnerungen abrufen kann, die Sie benötigen …*
Die Lösung liegt dort, wo Ihnen Ihre persönlichen Kompetenzen aufgrund Ihrer bisherigen Erfahrungen die beste Unterstützung geben können.

Wenn man diese Sätze liest, wird einem klar, warum Nominalisierungen bei Politikern so beliebt sind. Sie klingen gut, sind aber inhaltsleer. Für den Beratungsprozess kann dies jedoch ein großer Vorteil sein.

Verwendung unbestimmter Verben: Zeitwörter werden möglichst unspezifisch benutzt, sodass der Klient aus seinem Erleben heraus ergänzen und Bedeutung zuweisen muss. Oft ist es günstig, solche Verben zu verwenden, die sich nicht so leicht und eindeutig einem Sinneskanal zuordnen lassen, wie z. B. wahrnehmen, empfinden, entdecken, herausfinden, lernen, verbinden, verstehen, tun, wissen, fühlen, erinnern.

Beispiele: *Wie Sie sein Verhalten auch wahrnehmen, es gibt immer Möglichkeiten, darin etwas zu entdecken, was Sinn ergibt …*
Durch das Nachdenken findet der unbewusste Verstand oft etwas heraus, was dem Bewusstsein nicht zugänglich ist und Sie wissen dann, was zu tun ist.

Unbestimmter Inhaltsbezug: Es werden Aussagen gemacht, die nicht näher spezifiziert und extrem allgemein sind. Sie werden daher auch leicht angenommen und durch subjektive Suchprozesse mit Bedeutung gefüllt, die eine zustimmende Haltung fördert.

Beispiele: *Es ist möglich, eine bestimmte Empfindung zu spüren …*
Man kann immer etwas dazulernen …
Wer sich umschaut, erkennt den sich verändernden Fokus der Augen …

Tilgung: Dies sind Sätze, in denen das Objekt fehlt, der Klient muss wiederum weiße Stellen auffüllen.

Beispiele: *Sie können sich dann überraschen lassen …*
Die Neugier entsteht von selbst, wodurch …
Angst ist eine Reaktion, die Bedeutung hat …

Kausalitäten und Verknüpfungen schaffen: Eine Möglichkeit, den Klienten in eine bestimmte Richtung zu führen, dabei vage zu bleiben und nicht als direktiv bzw. bestimmend wahrgenommen zu werden, ist das Herstellen von Verknüpfungen, die etwas, was gerade geschieht oder schon geschehen ist, mit *Möglichem* verbinden. Es wird eine Kausalität ausgedrückt, die gar nicht gegeben ist.

1. Die schwächste sprachliche Verbindung ist das Wort „und":
   Sie malen sich vor Ihrem inneren Auge also dieses Bild und beginnen Ihre Möglichkeiten zu sondieren.
   Da ist der angenehme Rhythmus des Ein- und Ausatmens und so fällt das entspannte Nachdenken auch leichter.
2. Etwas stärker sind Verknüpfungen mit Worten wie „während", „wenn" oder „indem":
   Während Sie an dieses Ereignis denken, können sich schon Ideen entwickeln …
   Indem Sie die Vor- und Nachteile dieser verschiedenen Lösungsmöglichkeiten abwägen, hat Ihr Unbewusstes genügend Zeit, vergangene Erfahrungen abzurufen und Ihnen anzubieten.
   Wenn der Körper nun so weit entspannt ist, können die inneren Bilder an Kraft gewinnen …
3. Noch stärker sind Wörter, die explizite Kausalitäten herstellen, ungeachtet des Umstandes, ob diese tatsächlich bestehen, wie z. B. „bewirken", „verursachen", „zwingen", „erfordern", „führt zu":
   Wie Sie jenes Problem jetzt gedanklich untersuchen, wird bewirken, dass Ihnen Ideen einschießen, die Sie bis jetzt noch nicht hatten.
   Das Schließen der Augen bewirkt ein tieferes Eintauchen in das Unbewusste …
   Es wird mit etwas begonnen, das tatsächlich stattfindet (die Klientin untersucht das Problem wirklich, der Klient hat die Augen tatsächlich geschlossen), und anschließend scheinbar kausal mit etwas verbunden, das geschehen *soll* (mit etwas, das *möglich* ist).

All diese kleinen „Tricks" werden verständlich, wenn wir uns vor Augen führen, dass wir nicht nur streng rational-analytisch denken, sondern eben auch in jene zweite Welt der Bilder, Ideen, Phantasien, Geschichten usw. eintauchen können – dort haben unsere Ko-

gnitionen ganz andere Möglichkeiten. Ganz einem gängigen Vorurteil folgend sieht sich auch der analytischste Steuerberater, den Sie sich vorstellen können – jemand, der alles rational abwägt, Listen erstellt und in den Keller lachen geht –, hin und wieder einen Kinofilm an und ist emotional berührt, obwohl er genau weiß, dass es sich um Fiktion handelt. Oder er lauscht der Eroica seines hochverehrten Beethoven, weil er dabei angenehme Empfindungen spürt und das Gefühl hat, der Welt ein bisschen entrückt zu sein.
… Wir alle sind *auch*, aber nicht nur rationale Wesen!

4.6 Persönlichkeitsanteile wahrnehmen

Die Verwendung bestimmter Wörter und Wendungen kann, bei vorhandener Synchronisierung zwischen Klient und Berater, kleine Wunder bewirken, um die Innenfokussierung zu stärken und das Unbewusste verfügbar zu machen, d. h. um verborgene Erfahrungen, Wahlmöglichkeiten und bisher nicht bedachte Lösungsansätze ans Licht zu holen. Es ist bekannt, dass Menschen beim Wandern in der Natur, beim Hören von Musik, bei einem Museumsbesuch und dergleichen Einfälle haben, die sie vorher nicht hatten – sie tauchen plötzlich auf. Es ist ratsam, sich diese gleich zu notieren, da die Gedanken auch schnell wieder in Vergessenheit geraten können.

Mit den Worten und Wendungen, die wir nun besprechen wollen, verhält es sich ähnlich: Sie können als ein (unbemerkter, nicht bewusst geplanter) Anreiz dienen, irgendwo hinzublicken und einen gedanklichen Weg zu beschreiben oder eine Emotion (in unserer Diktion: ein gespeichertes Ereignis) zu aktivieren, die ihrerseits wieder ein Stück „tiefer" führt. Die Schilderungen von Klienten, die stark innenfokussiert sind, unterscheiden sich oft von den Schilderungen im „Normalzustand", weil sie ein anderes Wahrnehmungssystem (etwa stärker kinästhetisch als visuell) benutzen und in einer bildhaften Sprache sprechen. Dann wird aus „Was ich da gesehen habe, war ziemlich undeutlich und kaum erkennbar" des Normalzustandes ein „Ich habe mich überhaupt nicht geborgen gefühlt, wie ein Kind, dem in der Menschenmenge der Kontakt zu seinen Eltern abgeschnitten wurde" der bildhaften Sprache des stärker innenfokussierten Zustandes.

Wichtig sind dabei zwei Dinge:
- Der Klient gibt den Weg vor, den der Berater unterstützt. Es geht nicht um einen *erzwungenen* Richtungswandel, sondern um die **Verstärkung** dessen, was der Klient von sich aus tut, sodass der Berater zusätzliche Alternativen anbieten kann – im Sinne des Trial-and-Error-Prinzips. Das Wahrnehmungsmodell des Klienten wird übernommen und weitergeführt. Dies behutsam und letztendlich nutzbringend *für* den und *im Sinne des Klienten* tun zu können, darin zeigt sich die beraterische Kompetenz.
- Es ist sinnvoll und hilfreich, im Rahmen der Beratung **das Unbewusste** immer wieder zum Thema und durch entsprechende Beispiele greifbarer zu machen. Eine sehr simple (und alleine wohl nicht ausreichende, aber exemplarische) Möglichkeit ist etwa, den Klienten zu fragen: „Von welchem Land ist Paris die Hauptstadt?" Dies zeigt, dass

man etwas abrufen kann, was im Bewussten gerade nicht vorhanden ist – das Unbewusste ist aber ständig da, überwacht, beeinflusst, steuert und kann genutzt werden. Dass eine derartige Frage situativ angemessen gestellt werden muss, versteht sich von selbst.

Oft gehörte Formulierungen wie „Ich schaffe es nicht …" oder „Sosehr ich mich auch bemühe …" haben einen Haken: Sie verallgemeinern und werden der Komplexität der Persönlichkeit niemals gerecht. Was die Zukunft möglicherweise bringt, kann man nicht wissen. Deshalb ist es günstig, als Berater indirekt darauf hinzuweisen, dass das bewusste Nachdenken über Probleme *bisher* (!) wohl nicht gefruchtet hat, dass man aber keinesfalls voraussagen kann, was in der Zukunft noch möglich sein wird.

> Beispiel: *Sie haben mit dem bewussten Verstand bisher keine akzeptable Lösung gefunden … …*

Außerdem sollte Persönlichkeit als **„Teile-Persönlichkeit"** gedacht werden, d. h. als ein Bündel verschiedener Persönlichkeitsanteile, die in unterschiedlichen Situationen verschieden wirken.[51] „Ich bin schüchtern", ist wohl niemals richtig. Richtiger wäre: „Ich bin im Umgang mit dem anderen Geschlecht schüchtern", und auch das wird vermutlich in dieser Allgemeinheit nicht stimmen. Am zutreffendsten ist es wohl zu sagen: „Ein Teil von mir ist in dieser oder jener Situation verglichen mit Person X schüchtern." Auf Derartiges kann man den Klienten hinweisen.

> Beispiel: *Sie haben ja von der Begegnung erzählt, in der Sie sehr wohl diese Dame nach dem Weg gefragt haben … Da ist offenbar ein Teil Ihrer Persönlichkeit nicht so schüchtern gewesen wie jener Teil, der unter den Umständen Y sich nicht getraut hat, das zu tun …*

Wir erleben uns normalerweise als Einheit („Ich bin Mathematiker" oder „Meine Mutter ist konservativ"), aber dass wir innerpsychisch sehr komplex sind und überdies noch die verschiedenen Situationen zu berücksichtigen haben, in denen wir agieren, liegt auf der Hand. Solch eine Sicht auf die Teile kann man beraterisch gut nutzen, weil sie das Unbewusste anspricht.

Manfred Prior (2007b, S. 28) schreibt: **„,Immer' stimmt in Verbindung mit einem Symptom nie!"** Wir neigen zu Verallgemeinerungen, und nicht nur das. Wir neigen auch zu Auslassungen, sodass das, was wir sagen, (die „Oberfläche") keine oder nur sehr fehleranfällige Rückschlüsse auf das wirkliche Erleben (die „Tiefenstruktur") zulässt. Deshalb ist es wichtig, Inhalte, die im Unbewussten des Klienten schlummern, an die Oberfläche zu bringen, damit sie für die Suche nach Lösungsmöglichkeiten verwendet werden können.

---

51 Vgl. u. a. Prior (2007b), Grinder/Bandler (2007).

Klienten wissen oftmals nur, wohin sie nicht wollen. Auf die Frage „Was führt Sie zu mir" kommt dann als Antwort: „Ich halte meine Arbeit nicht mehr aus." Das genügt nicht, denn wenn ich nicht weiß, was mein Ziel ist, kann ich es auch nicht erreichen. Irgendwo im Klienten schlummern aber Vorstellungen darüber, wohin der Weg führen könnte. Ein **„Sondern …"** oder „Was möchten Sie stattdessen …" sind Anregungen in eine Richtung weg von der Problemfokussierung. Aber was, wenn auf das „Sondern …?" ein „Keine Ahnung" folgt und „Um das herauszufinden, bin ich ja hier!"? Das DI·ARS-Modell legt in diesem Fall den Pfad von der Detailorientierung hin zum Holismus nahe; es gibt zahlreiche Möglichkeiten, diesen Pfad zu verstärken (siehe z. B. Kap. 8.1).

4.7 Denkprozesse anstatt Denkprodukte

Im Bohm'schen Zugang zum Dialog spielt die Unterscheidung zwischen Denkprodukten und Denkprozessen eine große Rolle, weil all die Erlebnisse, Gedanken und Gefühle, die letztlich zu einer Überzeugung führen, das eigentlich Interessante darstellen. Betrachtet man die Stellung von Schachfiguren zu einem bestimmten Zeitpunkt, ist das nicht sehr aufschlussreich (vergleichbar mit einem Denkprodukt) – wie es dazu gekommen ist, dass die Figuren gerade so und nicht anders stehen, ist wesentlich interessanter und wichtiger für den Analyseprozess. Anders ausgedrückt bestimmt die momentane Stellung, also das Denkprodukt, die Oberflächenstruktur; die Prozesse, die dazu geführt haben, bilden die Tiefenstruktur. Letztere ist üblicherweise verborgen, weshalb es auch in der dialogischen Beratung so wichtig ist, die Denkprozesse sichtbar zu machen.

Ja/Nein-Fragen führen üblicherweise dazu, dass man Denkprodukte erfährt, die meist nicht sehr reichhaltig sind. Die Frage „Haben Sie eine Idee, wie Sie diese Anfälle depressiver Verstimmung in den Griff bekommen könnten?" wird mit hoher Wahrscheinlichkeit zu einem Denkprodukt der Art „Theoretisch ja, ist aber nicht umsetzbar" oder „Nein, keine Ahnung" führen.

Um das Unbewusste, das holistische Feld, das Selbst – wie immer wir das alltagssprachlich nennen wollen – anzuregen, sind konstruktive W-Fragen vorzuziehen. Diese wirken bei vielen Klienten und in vielen Situationen (nicht bei allen natürlich!) besser und gehen mehr in die Tiefe, wenn man vorher die Zugänge zum Holismus öffnet. Dafür bieten sich je nach Klient, Berater und Situation verschiedene Techniken an, z. B. **Kreativtechniken** (und wenn das nur bedeutet, den Klienten zu bitten, sein Problem in einer einfachen bildhaften Form, etwa als Symbol, auf ein Flip-Chart zu zeichnen) und **Entspannungstechniken** (etwa die Induktion einer leichten Trance, das Aussuchenlassen eines Fotos, welches das Problem am besten repräsentiert, oder das Erstellen von Somatogrammen usw.).

Wenn sich der Klient in einer entspannteren Haltung befindet bzw. in ein Wahrnehmungssystem geführt wurde, das vermehrt die Emotionen anspricht, dann steigt die Wahrscheinlichkeit, dass er stärker in die Tiefenstruktur eintaucht, die seiner bewussten

Wahrnehmung zugrunde liegt, von der er aber abgeschnitten ist. Damit ist eine bessere Basis bereitet für die sogenannten **W-Fragen** (siehe z. B. Radatz, 2008). Geht man davon aus, dass der Klient am besten weiß, was gut für ihn ist – das ist heutzutage der übliche Zugang –, aber eben *noch* keine Lösung gefunden hat, dann kann man sein Selbst mit Fragen anregen, „die das Gesuchte als vorhanden implizieren. […] Konstruktive W-Fragen sind konstruktiv im Sinne von aufbauend und nützlich, und sie helfen konstruieren, was Patient und Therapeut wollen" (Prior 2007a, S. 53). Das heißt im Sinne Bohms, dass sie helfen, die konstruktiven Denk*prozesse* offenzulegen und nicht nur die Denk*produkte*. Bei den vielzitierten W-Fragen handelt es sich um solche, die mit den Wörtern was, wann, welche, wodurch, wie, wer, woran etc. beginnen.

> Beispiel: *Der Beratungsprozess stockt, da die Klientin stets an zwei Details ihres Problems festhängt. Da ist zum einen das aus ihrem Empfinden zu niedrige Gehalt, zum anderen die Bevorzugung ihrer Kollegin, weil diese mit dem Sohn des Chefs liiert ist.*

Aus Sicht des DI·ARS-Modells benötigt sie Unterstützung auf dem Pfad „Detailorientierung – Holismus", weshalb folgendes Vorgehen angeboten wird: Ihr werden rund 30 Fotos unterschiedlicher Motive[52] vorgelegt, aus denen sie sich eines aussuchen soll, das ihren momentanen Zustand am besten darstellt. Anschließend wird mit W-Fragen gearbeitet, wie:
- Was an diesem Bild beschreibt, wie Sie sich gerade fühlen?
- Woran haben Sie es festgemacht, genau dieses Bild auszuwählen?
- Wie würden Sie einem Dritten, der über Ihre Situation nichts weiß, schildern, was an diesem Bild Ihr Problem beschreibt?
- Welche Elemente in diesem Bild sind geeignet, einen möglichen Weg zur Lösungsfindung anzuregen? (Auf die Antwort „Keine" folgt die Nachfrage: „Was müsste vorhanden sein, um diese Anregung zu liefern?")

Dieses Vorgehen hat die verfahrene Situation gelöst. Natürlich sind viele andere Interventionen denkbar, wie etwa die Kombination mit Somatogrammen (siehe Kap. 8.2). Musterunterbrechungen durch das Aktivieren einer eher emotionalen Ebene können, müssen aber nicht, kleine Wunder bewirken.

Wenn sich die verfahrene Situation also entspannt hat, besteht die Herausforderung für den Berater darin, den geöffneten Pfad zum Holismus weiter zu stärken, und zwar durch das Prinzip der kleinen Schritte. Bei den allermeisten Klienten ist dies angebracht, auch wenn wiederum Ausnahmen die Regel bestätigen. Es gibt Menschen, die extrem lösungsfokussiert sind und mit ihrer Zeit sehr ökonomisch umgehen. Wenn ein solcher

---

52 Derartiges Bildmaterial kann selbst angefertigt oder käuflich erworben werden. Es sollte unbedingt darauf geachtet werden, dass es reichhaltig ist, also Konkretes (Menschen, Dinge, Tiere, Landschaften usw.) ebenso wie Abstraktes, kleine Formen, große Formen, verschiedenfarbige Darstellungen etc. enthält.

Klient auf einen Berater trifft, der „herumquatscht und nicht zum Punkt kommt" (was sehr schnell passieren kann, wenn ein Klient so „gestrickt" ist), ist die Strategie der kleinen Schritte nicht angebracht.

Bei der **kleinschrittigen Fragestrategie** geht es darum, die angestrebten Veränderungsprozesse in überschaubare und damit bewältigbare Einheiten zu zerlegen. Eine Klientin, die nicht damit zurechtkommt, dass ihre Kollegin massiv bevorzugt wird, kann mit Fragen wie „Was können Sie tun, um diese Situation besser zu bewältigen?" oder „Was hat Ihnen in der Vergangenheit in vergleichbaren Situationen geholfen, das Sie jetzt auf diese Situation übertragen können?" vermutlich wenig anfangen. Die Fragen sind einfach zu weitgefasst. Zwei Vorschläge für eine kleinteiligere Herangehensweise seien hier angeführt: Skalierungsfragen und Verhaltensfragen.

Skalierungsfragen: Diese sind sehr vielseitig einsetzbar, weil sie sowohl beim Denken als auch im Tun helfen können, größere Schritte in überschaubare Einheiten zu zerlegen. Und sie helfen dabei, Unterschiede wahrzunehmen, weil die Unterschiedsbildung der Skalierung an sich inhärent ist. Im Kontext des DI·ARS-Modells sind Skalierungsfragen auf allen Pfaden einsetzbar: von der Detailtreue hin zum Holismus, von der Intention/Motivation hin zum Tun und vice versa. Ihr Einsatz folgt dabei immer folgender Grundstruktur:
1. Der Klient soll sich eine Skala (meist von 0 bis 10) vorstellen, wobei 0 den negativen und 10 den positiven Pol angibt.
2. Der Klient soll einschätzen, wo er auf der Skala momentan steht.
3. Der Klient soll einschätzen, wo er hinmöchte (in einem bestimmten Zeitraum).
4. Der Klient soll überlegen, was er tun muss, um auf der Skala weiter in die gewünschte Richtung zu kommen.

Hierbei handelt es sich nur um ein simples Grundschema; die Art und Weise, wie Skalierungsfragen angewandt werden können, ist enorm vielseitig. Vielen Menschen fällt es schwer, Veränderungsmöglichkeiten zu entdecken, weil sie so auf das Problem fixiert sind – man spricht auch von „Problemtrance". Ihr Blick verengt sich so sehr, dass sie irgendwann fast gar nichts mehr sehen. Deshalb empfiehlt sich die Strategie, Skalierungsfragen paradox zu stellen: „Was tun Sie/der Abteilungsleiter/etc., um dieses Problem aufrechtzuerhalten?"

Beispiel: Eine Klientin hat Beziehungsprobleme, wobei einer der Hauptvorwürfe ihres Mannes lautet, dass sie extrem negativ sei, immer nur das Schlechteste annehme und dort, wo andere Freude empfinden, griesgrämig herumsitze, sodass ihrem Umfeld der Spaß vergeht. Sogar eine Scheidung steht indirekt schon im Raum. Die Klientin findet zwar, dass es so schlimm, wie alle behaupten, gar nicht sei, aber es stimme schon, dass sie zum Schwarzsehen neige und mehr das Negative sehe als das Positive. Das liege aber an ihrer Erziehung, denn ihre Mutter und auch ihre Großmutter waren schon so.

Der Berater stellt folgende Arbeitshypothese: Es liegt eine funktionelle Beeinträchtigung des Pfades von der Detailtreue hin zum Holismus vor, der negative Affekt versperrt sozusagen den freien Fluss der Energie. Die Klientin kann schwer auf positive Stimmungen zugreifen und das holistische Feld nutzen. Um sich mehr in die positive Richtung zu verändern, sollte sie versuchen, die schwierigen und negativen Aspekte im Leben in ein größeres Erfahrungsfeld zu integrieren.

Der Beratungsprozess umfasst zunächst zwei grundlegende Schritte, die die Basis für die Weiterarbeit liefern:

1. An positiven Stimmungen und Vorstellungen arbeiten:
Da die Klientin durchaus offen für verschiedene Methoden ist und sich kreativ betätigt (sie malt und spielt ein Instrument), erstellt sie „aus der Intuition heraus" ein buntes Bild, das wiedergibt, wie sie sich gerne fühlen möchte, wenn das Problem gelöst ist. Derartige Methoden öffnen oftmals sehr gut einen Zugang zum Feld „Holismus".

2. Skalierungsfragen einsetzen, wie z. B.:
Wenn die 0 eine Entscheidung für die Scheidung und die 10 eine Entscheidung gegen die Scheidung bedeutet: Wo stehen Sie derzeit? Wo möchten Sie idealerweise hin?
Hinsichtlich der von Ihnen beschriebenen Tendenz, dass Sie oft mehr das Negative als das Positive sehen: Wo stehen Sie momentan auf der Skala? Woran würde Ihr Umfeld bemerken, dass Sie eine Einheit weiter in die positive Richtung gerückt sind?

Verhaltensfragen: In der Beratung geht es im Grunde nicht um Situationen, sondern um Denk- und Verhaltensmuster seitens des Klienten *innerhalb* von bestimmten als problematisch erlebten Situationen. Das zu erkennen ist aber meist schwierig, denn wir handeln oftmals unbewusst, denken unbewusst nach unseren subjektiven Mustern und schaffen dadurch Probleme. Klienten glauben meist, dass sich Situationen (oder Menschen) ändern müssten. Die Gestaltungsmöglichkeiten liegen aber *im* Klienten selbst, selten kann man das Außen verändern. Verhaltensfragen, also Fragen danach, was man in diesen problematischen Situationen tut und denkt, können den Blick in das Innen, das eigene Selbst, die eigenen Anteile deutlich schärfen. Wir bewegen uns auf dem Pfad *weg* von der Detailfokussierung (Blick auf Probleme, Fehler, Ungereimtheiten, schwierige Charakteristika von Situationen und Menschen) über den Holismus und in weiterer Folge hin zum Tun. Es geht also um eine **Transformation von Situationsbeschreibungen in das Ergründen möglicher Verhaltensänderungen** mit all den Potenzialen, die im Unbewussten aufgefunden oder hergestellt werden können.

Beispiel: *Ein Klient hat Schwierigkeiten mit einem wichtigen Kunden.*
Die Frage „Wie ist die Situation?" führt vermutlich zu einer groben *Beschreibung* der Situation, wie sie vom Klienten empfunden wird, und festigt eher seine Lähmung

("Opferhaltung"), als dass sie Potenziale berührt.[53] „Wie müsste sich der Kunde ändern, damit er Ihnen nicht mehr solche Probleme bereitet?" ist eine zu allgemein und abstrakt gestellte Frage, die sich zudem nicht auf den Machtbereich des Klienten bezieht. Die Frage „Was können Sie tun, um mit dem Verhalten dieses Kunden anders als bisher umzugehen?" spricht hingegen die Lösungskompetenzen an. Es geht also um Fragen der Art:

Was tun ...? (Was tun Sie/der wichtige Kunde konkret, um diese Situation herzustellen?)
Wie verhalten ...? (Welche konkreten Verhaltensweisen der beteiligten Personen verschlimmern/verbessern die Situation?)
Wie erreichen ...? (Wie könnten Sie sich verhalten/Was könnten Sie tun, um zu erreichen, dass der Kunde mit einer gewissen Wahrscheinlichkeit sein Verhalten X/Y/Z ändert?)
Wie bewirken ...? (Wie könnten Sie bewirken, dass Ihr Vorgesetzter eine Veränderung herbeiführt, die den Kunden davon abhält, X zu tun?)

Diese Fragen sollen bewirken, dass der Klient aus der (lähmenden) Situationsbeschreibung herauskommt und erkennt, dass soziale Situationen immer durch das *Verhalten* von Menschen (das eigene, das von anderen) verursacht und bestimmt werden. Dies erleichtert dem Klienten, wieder mehr Aktivität und Handlungskontrolle zu erlangen – also vom Erduldenden zum Gestalter zu werden. Es kommt mit höherer Wahrscheinlichkeit zu einer Energieverschiebung vom Feld „Detailorientierung" (über den Holismus) hin zum Tun. „Situationen erscheinen dem Coaching-Kunden nämlich meist unveränderbar – die Arbeit wird gleich bleiben, der Chef auch morgen noch der Chef sein, die Kollegen werden nicht plötzlich ausgetauscht werden. Aber – die Veränderung des eigenen Verhaltens wird eine Veränderung des Verhaltens aller anderen hervorrufen – und damit wird sich die gesamte Situation nachhaltig verändern" (Radatz 2008, S. 189).

4.8 Verschränkung von Ausdrucksebenen: Sprache, Bilder, Gefühle

Im „Normalzustand" sind dauerhafte Lösungen zumindest bis zum Beginn der Beratung nicht gelungen, denn sonst würde der Klient diese nicht aufsuchen. Normalzustand meint nichts anderes als das gewohnte Aufmerksamkeitsfeld: Man hält Augen und Ohren offen, die Aufmerksamkeit ist mehr oder weniger breit gestreut, bei den meisten Menschen stark beeinflusst vom analytischen Entweder-oder-Denken.

---

53 Natürlich sind solche Fragen sinnvoll, um sich als Berater ein Bild von der Lage zu machen; aber man sollte anstreben, einigermaßen rasch von diesen problemfokussierten Fragen hin zu lösungsorientierten, das „Selbst" ansprechenden Prozessen zu kommen.

Wir können einen Beratungsprozess so auffassen, dass der Klient dabei unterstützt wird, von diesem Normalzustand, in dem Lösungen offensichtlich nicht wirklich gelingen, in einen nach innen fokussierten Zustand zu wechseln, in dem sein Unbewusstes intensiver wirken kann, und dann wieder zurückzukommen in den Normalzustand, in dem auch ein Realitätscheck stattfindet.

Dieser Weg in die Innenfokussierung funktioniert mit höherer Wahrscheinlichkeit, wenn der Berater mit und durch das **Reden** den Klienten anregt, auch innere **Bilder** zu erzeugen und **Gefühle** zu aktivieren.

Wenn ein Klient das Problem schildert, sollte man sehr genau darauf achten, welches sein bevorzugtes Wahrnehmungssystem ist (visuell, akustisch, kinästhetisch) und welche Bilder, Beispiele, Worte, Geschichten usw. er benutzt, denn das sind jene Hinweise, die dem Berater dabei helfen, die momentane Gedanken- und Gefühlswelt des Klienten zu verstehen und in Folge zu betreten. Wie beim Small-Talk auf einer Party stellt man einen Kontakt her, bringt sich in eine Art synchronisierte Schwingung, aus der heraus sich eine tiefere Kommunikation entwickelt. Gelingt dies nicht, dauert das Gespräch meist nicht lange.

Durch aktives Zuhören (siehe Kap. 4.1) sollte es nicht schwerfallen, sich das Wesentliche der Klientenerzählung zu merken. Indem der Berater den Klienten anleitet, die gegenwärtige Ausrichtung seiner Wahrnehmung zu ändern (zum Beispiel von visuell auf kinästhetisch) und dabei gleichzeitig innere Bilder und Gefühle verstärkt, kann er alternative Sichtweisen, neue Verknüpfungen und Ideen herstellen, die dann in weiterer Folge den Gesamtprozess bereichern. Der Klient generiert also auf diese Weise neue Lösungswege.

Im folgenden Beispiel soll gezeigt werden, wie der Berater diese Informationen aus den unterschiedlichen Ausdrucksebenen (Sprache, Bilder, Gefühle etc.) nutzen kann, um den Innenfokus zu verstärken und eine Synchronisation aufzubauen (Pacing) – es geht noch nicht um eine direkte Problemlösungsintervention, diese würde im weiteren Beratungsverlauf folgen. Der Klient schildert ein berufliches Problem, das nun auszugsweise wiedergegeben wird.

> **1. Schritt: Aktives Zuhören**
> *Klient: … habe ich mir die Aufzeichnungen **angesehen** … es war **klar**, dass die Abrechnungszeilen nicht stimmen können, aber sicher war ich mir nicht … da habe ich das, was der Abteilungsleiter dazu sagt, schon förmlich <u>gehört</u> … obwohl das <u>Gefühl</u>, das ich dabei hatte, noch etwas **verschwommen** war, noch nicht ganz so deutlich **sichtbar** … unser Chef ist manchmal schon cholerisch, da hilft kein noch so **umsichtiges** Verhalten meinerseits … er ist jemand, der in solchen Situationen **rot** sieht … wie ein Stier, der den Torero mit seinen <u>kalten</u> **Augen** fixiert … ich habe mich entschlossen, das **Gesamtbild**, das ich analysiert habe, dem Gremium zu zeigen und ihnen **vor Augen** zu <u>führen</u>, dass …*

2. Schritt: Analysieren

Welche Hinweisreize auf das bevorzugte Wahrnehmungssystem gibt es?
visuell: angesehen, klar, verschwommen, sichtbar, umsichtig, rot, Augen, Gesamtbild, vor Augen führen
akustisch/kinästhetisch: Gefühl, gehört, kalt, führen
Welche Hinweise auf innere Bilder gibt es?
Stier – Torero, fixiert mich mit kalten Augen, cholerisch-wütender Chef

3. Schritt: Innenfokus verstärken/bereichern

Das bevorzugte Wahrnehmungssystem ist (typischerweise) das visuelle, also könnte die Wahrnehmung des Klienten etwa durch kinästhetische bzw. akustische Elemente bereichert werden. Dabei können auch die von ihm benutzten inneren Bilder und Hinweise auf Gefühle im Sinne des Pacing/Spiegelns zur Verstärkung der kommunikativen Synchronisierung verwendet werden. Als wichtiges sprachliches Hilfsmittel dienen **Verschränkungen** folgender Art (siehe auch 4.4 und 4.5):

- während …, geschieht …
- sodass …
- und …
- und dabei …
- je mehr …, desto …
- weil …
- …

*Berater (spiegelt das Gehörte im **visuellen** Modus und im Präsens, leitet dann über zur mehr* kinästhetischen *Wahrnehmungswelt unter Einbeziehung der vom Klienten benutzten Bilder und angedeuteten Gefühle): … Sie haben jetzt ausführlich geschildert, wie das war … Sie **schauen** sich also die Unterlagen an und **sehen**, da kann was nicht stimmen … sind sich aber nicht sicher, weil es für Sie nicht 100-prozentig **klar** und **durchschaubar** ist … ob das, was Sie bei der **Durchsicht** empfinden, tatsächlich darauf beruht, dass es sich um Unregelmäßigkeiten bei der Abrechnung handelt … Während Sie schon* hören*, wie der Abteilungsleiter cholerisch reagiert,* drückt *Sie förmlich das Unbehagen und Sie **sehen** das Unbehagen* herankommen *wie einen wilden Stier … und je mehr Sie sicher sind, dass das Gesamtbild so ist, wie es sich* darstellt*, desto mehr sind Sie von der Notwendigkeit* ergriffen*, dem Gremium zu* zeigen*, was Sie* herausgefunden *haben … Verstehe ich das so richtig?*

Dieses Verschränken des vom Klienten bevorzugten visuellen Wahrnehmungssystems mit dem kinästhetischen kann der Ansatz für eine beraterische Strategie sein, die fortgeführt und im Weiteren intensiviert wird. Es ist besonders wichtig, etwas Gewohntes, das den Klienten lähmt und in der Wahrnehmung einengt und das bisher offensichtlich noch nicht den gewünschten Erfolg gebracht hat, zu ändern. Eine neue Perspektive kann dem

Klienten möglicherweise wieder Schwung und Anregungen verschaffen, die ihn weiterbringen.

Der Berater kann eine vom Klienten angebotene Formulierung direkt nutzen, z. B. mit Deutungen wie **„Das hört sich an wie …"** oder **„Das ist vergleichbar mit …"**. Prior (2007b, S. 32 f.) weist darauf hin, dass es höchst hilfreich ist, den Klienten durch folgenden Strukturvorschlag anzuleiten: Vergleiche dein Problem mit einer deiner großen Stärken und achte auf Gemeinsamkeiten! In der Diktion des DI·ARS-Modells handelt es sich um eine Stärkung des Pfades von der Detailorientierung hin zum Holismus. Mittels Emotionaler Regulation kann das Einbringen eines positiven Affekts die Pforten zum Selbst weiter öffnen.

> Beispiel:
> *Problem:* Der Klient wird zum Abteilungsleiter befördert und hat das Gefühl, dieser Aufgabe nicht gewachsen zu sein. Im Rahmen der Beratung erzählt er, dass er in der Unterstufe des Gymnasiums drei Mal Klassensprecher war.
> *Stärke:* Offenbar waren seine Mitschüler mit ihm als Klassensprecher zufrieden, sonst hätten sie ihn – wie er selbst sagt – nicht noch zwei weitere Male gewählt.
> *Lösung:* Der Klient erkennt, geführt durch Fragen des Beraters, einige Parallelen zwischen den beiden Rollen (Klassensprecher, Abteilungsleiter) und erstellt eine Liste mit drei seiner damaligen Stärken, die ihm auch in der neuen Rolle als Abteilungsleiter nützen können.

Hermann Hesse schreibt in seinem Gedicht „Stufen":

Und jedem Anfang wohnt ein Zauber inne,
Der uns beschützt und der uns hilft, zu leben.

Aber es geht weiter:

Der Weltgeist will nicht fesseln uns und engen …
Kaum sind wir heimisch einem Lebenskreise
Und traulich eingewohnt, so droht Erschlaffen;
Nur wer bereit zu Aufbruch ist und Reise,
Mag lähmender Gewöhnung sich entraffen.

Und in der letzten Zeile heißt es:

Wohlan denn, Herz, nimm Abschied und gesunde!

5 Rahmenbedingungen dialogischer Gesprächsführung in der Gruppe

Manchmal wird Dialog gleichgesetzt mit Sitzkreis und Redesymbol. Dies resultiert aus dem Umstand, dass der Dialog im Bohm'schen Sinn stets auf einem Gruppensetting mit einem **Dialog-Begleiter bzw. Dialog-Facilitator** aufbaut. Der Dialog-Begleiter führt in den dialogischen Gruppenprozess ein und begleitet diesen, indem er auf die Einhaltung bestimmter Grundregeln achtet. Er sollte sich möglichst überflüssig machen, sobald die Gruppe gelernt hat, wertschätzend und dialogisch miteinander umzugehen. Das folgende Kapitel hat diese ursprüngliche Form der dialogischen Kommunikation mit ihren speziellen Rahmenbedingungen und Gruppenprozessen im Auge, obwohl beispielsweise das Benutzen eines Redesymbols keinesfalls dem Gruppensetting vorbehalten ist. Die dialogische Haltung, von der in diesem Buch die Rede ist, gilt für den Begleiter dialogischer Gruppenprozesse ebenso wie für den Berater im Einzelsetting.

Der Dialog ist eine weiche Gesprächsform, die aus einer Grundhaltung der „Offenheit und Klugheit in menschlichen Angelegenheiten" resultiert. In den Worten Martin Bubers ist das Fundamentale der menschlichen Existenz **„das Zwischenmenschliche"**. Die Entfaltung dieser zwischenmenschlichen Sphäre, das Dialogische, kann seinen Ausdruck weder im einen Gesprächspartner noch im anderen oder in beiden finden, sondern alleine in deren zwischenmenschlichem Austausch. Ein Gegenstand kann von einer Person zu einer anderen wandern, aber es bleibt stets ein Gegenstand. Eine Idee kann auch von einer Person zu einer anderen wandern, aber bei dieser Wanderung verändert sie sich naturgemäß, weil sie in einem vom Ursprünglichen sich unterscheidenden Habitat ankommt. Auf dieser Wanderung muss die Idee den Sender verlassen, ohne ihn wirklich zu verlassen, und den Empfänger erreichen, um dort ihre Wirkung zu entfalten. Dieser Vorgang führt notwendigerweise zu Veränderungen auf beiden Seiten und das Denkprodukt, die Idee, kann nicht das vollständig gleiche bleiben. Ein Gegenstand, der von einer Person zu einer anderen gereicht wird, bleibt ein Gegenstand. Ein Gedanke, der weitergegeben wird, verdoppelt und verändert sich, weshalb die klassischen Sender-Empfänger-Modelle hier nicht hilfreich sind (siehe „Synchronisierung").

Was bei wirklichen Dialogen abläuft, „das Zwischenmenschliche", wie Buber es nennt, ist schwer in Worte zu fassen, weil es schlicht erlebt werden muss. Die Aufgabe des Dialog-Begleiters bei Gruppendialogen ist es, für die **Einhaltung bestimmter Rahmenbedingungen** zu sorgen, welche die Entfaltung dieses Zwischenmenschlichen fördern, ohne dabei Druck entstehen zu lassen, dass etwas Besonderes passieren müsse! Denn gerade das Urmenschliche, das Zwischenmenschliche, macht die Eleganz des Dialogischen aus, von der sich doch so viele von uns entfremdet haben.

„Ein echter Dialog kann nicht erzwungen werden, aber man kann die Bedingungen schaffen, unter denen ein Dialog möglich wird", und „um einen Dialog zu ermöglichen, muss man sich in irgendeiner Form an […] Prinzipien halten, um die Energien […] Zuhören, Respektieren, Artikulieren und Suspendieren […] aktiv zu fördern und zu praktizieren", schreibt William Isaacs in „Dialog als Kunst gemeinsam zu denken" (Isaacs 2002, S. 239). Wenn wir gemeinsam das Verschiedene in uns *zwischen* uns als wirklich Beteiligte erleben, kann etwas kollektiv getragenes Neues entstehen.

Gewisse Rahmenbedingungen und Regeln sind also notwendig, um das Entstehen von Dialogen zu unterstützen.

5.1 Symbole und Regeln

Welche Regeln ein Dialog benötigt und in welcher Intensität, darüber könnte viel geschrieben werden und selbstverständlich gibt es zu dieser Frage äußerst unterschiedliche, ja konträre Zugänge. Aber dass Dialog Regeln benötigt, wird vermutlich niemand in Abrede stellen. Keinesfalls soll dies bedeuten, dass ein definiertes Setting erstens Voraussetzung für dialogische Elemente darstelle oder zweitens dieses zu Dialogen im hier verstandenen Sinn führen müsse. Allerdings wird durch ein Minimum an Regeln und qualifizierter Dialog-Begleitung die Wahrscheinlichkeit dafür massiv erhöht. Aber auch dies sei wieder mit Vorsicht und Zurückhaltung gesagt: Erfolgsdruck ist ein Killer des dialogischen Miteinander. Und wir wollen ja gerade diesem nicht folgen, sondern den Dialog als ein Mittel verstehen, dem Druck und der zunehmenden Schnelligkeit sowie Zielorientiertheit unserer Zeit entgegenzuwirken und zum Ursprünglichen zurückzufinden: „Dialogisches Leben ist nicht eins, in dem man viel mit Menschen zu tun hat, sondern eins, in dem man mit den Menschen, mit denen man zu tun hat, wirklich zu tun hat", schreibt Martin Buber und verdeutlicht diesen Gedankengang in einer verdichtenden Weise. Es soll eben gerade nicht dazu kommen, was Buber als dialogisch verkleideten Monolog bezeichnet, oder zu einem Gespräch, das „von der Notdurft der sachlichen Verständigung eingegeben ist" (Buber 2006, S. 166).

Der **Sitzkreis** ist eine notwendige, nicht aber hinreichende Bedingung für dialogische Gespräche. Das **Redesymbol**, etwa in Form eines Talking-Sticks, ist ein – gerade bei Gruppen mit wenig bis nicht vorhandener Erfahrung – oft nützliches, keinesfalls aber notwendiges Utensil. Sitzkreis und Redesymbol sind bestimmt nicht originär oder gar exklusiv dialogisch und überhaupt wäre es eine Fehleinschätzung, diesen äußeren Bedingungen ein zu großes Gewicht beizumessen. Wenngleich ein Dialog ohne Sitzkreis nicht funktioniert – ein Sitzkreis macht noch keinen Dialog. Es ist wichtig, die anderen in ihrer ausdrücklichen und körpersprachlichen Gesamtheit wahrzunehmen, und selbstverständlich symbolisiert der Sitzkreis die Absenz hierarchischer Gepflogenheiten.

Warum wird dem Sitzkreis als äußerer Gegebenheit eine so große Bedeutung beigemessen? Diese Bedeutung beruht einerseits auf der symbolischen und tatsächlichen Wirkung der stornierten Hierarchie, andererseits auf der Möglichkeit der Gesamtwahrnehmung der Personen.

5.1.1 Hierarchie vernichtet Dialog

Wenn in einer Gruppe **Hierarchien** vorhanden sind, seien es solche aufgrund institutioneller Positionen oder aber auch resultierend aus zugeschriebenem Expertentum, werden kreative Potenziale vermutlich nicht in ihrer Gesamtheit genutzt. Besonders deutlich zeigt sich dies, wenn wir Dialog-Runden in Institutionen durchführen, die trotz sogenannter flacher Hierarchien selbstverständlich Weisungsstrukturen besitzen. Auch wenn mit einer tatsächlichen inneren Überzeugung kommuniziert wird, dass im Rahmen des Dialogs die Hierarchie aufgehoben ist, so ist dies in der Regel doch nur Theorie. Dies kann in den Köpfen mancher Teilnehmer beispielsweise im nahezu unmittelbar einsetzenden Prozess der Antizipation der Genehmigung von freien Tagen durch eben die anwesende Führungskraft ihren Niederschlag finden.

Dass die nicht vorhandene Hierarchie aber für den schöpferischen Prozess des gemeinsamen Denkens eine tatsächlich notwendige Bedingung ist, liegt auf der Hand. Dabei soll keineswegs gegen die Hierarchie in Organisationen argumentiert, sondern nur ihre Bedeutung im Rahmen von Dialogen reflektiert werden.

Bohm hatte seine Zweifel daran, dass in hierarchisch strukturierten Institutionen Dialoge möglich sind, „weil dort die Bedingung der Kollegialität nur schwer zu erfüllen ist: „Hierarchie ist die **Antithese des Dialogs**, und es ist schwierig, Hierarchie in Organisationen zu vermeiden. [...] Die größten Vorteile gewinnt, wer sich dafür entscheidet, Widersacher als Kollegen mit anderen Ansichten zu betrachten" (Senge 1996, S. 298). Es sei aufgrund bisheriger persönlicher Erfahrungen bezweifelt, dass Hierarchie grundsätzlich temporär abgestellt werden kann.

Nach Meinung des Autors ist es auf der einen Seite ungünstig, wenn im Rahmen eines organisationalen Dialogprozesses Personen verschiedener Hierarchiestufen an denselben Dialog-Runden teilnehmen. In Pausengesprächen, in schriftlichen, anonymen Feedbacks oder (sehr selten) auch direkt in Reflexionsrunden nach dem Dialog artikulieren Teilnehmer immer wieder, dass die Anwesenheit eines Vorgesetzten ungünstig war. Wenn hierarchisch höherstehende Personen teilnehmen, dann geht das wohl nur nach vorbereitenden, vertrauensschaffenden Prozessen, welche ein hohes Maß an Authentizität seitens der Vorgesetzten erfordern. Vor allem müssen die Mitarbeiter durch Taten – nicht durch Worte! – überzeugt werden, dass das, was in den Dialogen geschieht, außerhalb niemals gegen sie verwendet wird. Mit anderen Worten: Ein derartiger Prozess braucht in jedem Fall viel Zeit, auch in einer flachen hierarchischen Struktur.

Auf der anderen Seite benötigt der Dialog in einem Unternehmen die bedingungslose Zustimmung der obersten Führungsebene und nicht nur ein Lippenbekenntnis. Der „Chef" darf also nicht ausgeschlossen werden. Die Frage ist nur, in welcher Unternehmenskultur wir uns bewegen? Ist sie reif für die stornierte Hierarchie im Rahmen des Dialogprozesses?

Ein möglicher Ausweg aus dem Dilemma ist die **vorbereitende Einbindung**, vorausgesetzt, die Atmosphäre in der Organisation erlaubt dies und es ist eine ausreichende Vertrauensbasis vorhanden. Diese vorbereitende Einbindung kann beispielsweise im Rahmen eines zumindest halbtägigen Vorbereitungsseminars versucht werden, an dem natürlich alle teilnehmen. Es müssen die Regeln und Rahmenbedingungen für den Dialog vorgestellt und die Bereitschaft eingeholt werden, diese auch zu beachten. Und es ist in diesem Kontext natürlich auch zu bedenken, dass Mitarbeiter normalerweise an Leitungsfunktionen gewöhnt sind. Der Dialog allerdings stirbt mit der Autorität.

Vielleicht jedoch, um auch in der gebräuchlichen Sprache zu bleiben, hilft dieser Gedanke: Der Dialog verträgt keinen Anführer – der Dialog erwartet von allen, Anführer zu sein, das heißt, es ist erwünscht und notwendig, dass jeder seine Erfahrungen, persönlichen Erkenntnisse und „Weisheiten" einbringt, um den Prozess des gemeinsamen Denkens voranzubringen. In einem voranschreitenden dialogischen Prozess werden wir immer wieder erleben, dass Personen, die üblicherweise sehr zurückhaltend und still sind, durch ihren Beitrag temporär eine Führungsfunktion bekleiden. Dies erfolgt einfach dadurch, dass sie mit einem Wort oder einem Satz den Weg in eine bestimmte Richtung weisen.

Es sollte uns nicht übermäßig erstaunen, dass Menschen, denen spätestens seit Beginn ihrer Einschulung im Alter von sechs Jahren ein **Modell des Folgens und Gehorchens** beigebracht wurde, während ihrer ersten Dialogerfahrungen in eine Art Vakuum fallen, wenn plötzlich ungewohnte chaotische, führungslose Zustände herrschen. Regelmäßig wird vom Dialog-Facilitator zumindest eine Art Moderatorrolle erwartet. Hier ist Geduld und Vertrauen in den Prozess gefordert. Durch das Geführtwerden verfallen wir leicht in eine Abhängigkeitsposition – und diese ist tödlich für den Dialog.

„Fast immer, wenn einer Gruppe die Möglichkeit verweigert wird, sich auf einen Anführer zu verlassen, wird sie danach schauen, die Führung selbst in die Hand zu nehmen. Sie fragen: Machen wir das Richtige? Sobald es sich unangenehm anfühlt, glauben Sie: Das ist kein Dialog. Wenn Sie der Dialog-Facilitator sind, werden Ihre Augen Sie anflehen einzugreifen und Führung anzubieten. Ein Facilitator mit einem gewissen Ego (und wer von uns hat das nicht) wird versucht sein, dann der Gruppe den Weg zu zeigen. Eine bessere Reaktion ist jedoch, die Gruppe zu ermutigen, einen Vorstoß zu wagen und sich selbst zu führen, jeder jeden, und der Versuchung zu widerstehen, in die Abhängigkeit zu flüchten. Dauerhafte Weigerung, dem Verlangen nach Führerschaft nachzugeben, wird die Gruppe schließlich dazu bringen, Verantwortung zu übernehmen und ihre eigene Führerschaft auszubilden."[54]

---

54 Simmons (1999, S. 56), Übersetzung des Autors.

5.1.2 Das Redesymbol

Oft wird in dialogischen Runden ein Redesymbol verwendet. Die Person, welche es in der Hand hält, darf während dieser Zeit nicht unterbrochen werden. Der **Talking-Stick** ist in vielen Kulturen zu finden, meist bezieht man sich in unseren Breiten aber auf nordamerikanische Indianerstämme.

Der Talking-Stick ist in unterschiedlichen Ausformungen zu finden, etwa auch mit einer Vogelfeder versehen, die weitergereicht wird, wenn ein anderer Teilnehmer eine konkrete Frage beantworten soll. Oft repräsentiert der Redestab bestimmte Charaktereigenschaften seines Besitzers und wird entsprechend gefertigt: aus Eichenholz für Kraft und Stärke, aus Walnussholz für den Beschützer usw.

Ein Redesymbol ist für den Dialog im Prinzip nicht wirklich notwendig. Auch muss sein Einsatz genau bedacht werden, da die Verwendung eines exotisch anmutenden Symbols bei bestimmten Zielgruppen leicht Widerstände hervorrufen kann. Es erleichtert aber gerade zu Beginn das Einhalten der Regeln, etwa den Sprechenden nicht zu unterbrechen.

Es empfiehlt sich, bei Gruppen, die an dialogähnliche Settings nicht gewöhnt sind und fest im „Business" stehen, das Redesymbol nicht von Anfang an zu verwenden. Eine von mir schon erprobte und bewährte Methode besteht darin, im Rahmen des Einführungsprozesses Videoausschnitte von hitzigen Diskussionen, bei denen jeder jedem ins Wort fällt, zu zeigen und später darauf bezugnehmend Beispiele moderierter Diskussionen einzubringen, in denen mit einem Mikrofon gearbeitet wird. So kann sich dieser Gedanke, dass auch in unseren Breiten Redesymbole, wenngleich in der Form verschieden, verwendet werden, zunächst einmal etablieren.

5.1.3 Die Mitte

Die **Mitte des Sitzkreises** hat eine gewisse symbolische Kraft. Sie wird – je nach Rahmenbedingungen und Zielgruppe – oft besonders gestaltet, etwa durch die Verwendung eines runden Teppichs, einer Kerze, Blumen, Steine, einer Klangschale usw. Es geht darum darzustellen, dass die Teilnehmer an einem Dialog in die Mitte sprechen und weniger direkt zueinander. Die Gedanken strömen in diese Mitte und finden von dort ihren Weg zurück zur Gruppe.

Was die Gestaltung der Mitte betrifft, ist eine gewisse Sensibilität gefordert. Wenn der Dialog in einem traditionellen, vielleicht sogar konservativen Unternehmensumfeld stattfindet, kann die Verwendung von Kerzen oder Klangschalen auf Widerstände stoßen. Es spricht überhaupt nichts dagegen, den Sitzkreis zunächst mit Tischen zu bilden, sodass das Setting an die Gewohnheiten herkömmlicher Besprechungen angepasst ist, und später auf offenere Formen überzugehen oder aber auch dabei zu bleiben.

5.2 Vielfalt im Gruppendialog

Als Dialog-Begleiter sollte man mit gruppendynamischen Prozessen vertraut sein und, basierend auf **selbstreflexiven Prozessen**, aufgrund durchgemachter Erfahrungen über ein gewisses Handwerkszeug verfügen. Wenn ich als Begleiter persönlich angegriffen werde – wie reagiere ich dann, warum reagiere ich so und nicht anders? Wie sehr beeinflussen meine gegenwärtigen Reaktionen meine Rolle als Begleiter? Was mache ich, wenn ich das Gefühl habe, die Gruppe hat sich gegen mich verschworen? Was bedeutet es für mich, wenn meine Steuerungsversuche von den Teilnehmern nicht angenommen werden oder wenn jemand in eine Alpha-Rolle schlüpft und ich die Befürchtung habe, dies wird die Gruppe vom Dialog wegführen?

Fragen dieser Art sind äußerst relevant und wer sich mit ihnen nicht intensiv auseinandergesetzt hat, wird früher oder später die Folgen spüren – gerade in organisationalen Kontexten, in denen Widerstände gegen Neues, gegen externe Berater oder Veränderungen in den Abläufen sehr schnell auftreten können.

Bohm nennt **drei Grundbedingungen**, die für einen Dialog erfüllt sein müssen (Senge 1996, S. 295):
1. Alle Teilnehmer müssen ihre Annahmen „aufheben", um sie sichtbar zu machen (es geht hier um die Bereitschaft, eigene Hypothesen in der Schwebe zu halten).
2. Alle Teilnehmer müssen einander als gleichberechtigte Partner betrachten.
3. Es muss einen Dialog-Facilitator geben, der den Dialog „zusammenhält".

Wenn wir nicht an die dialogische Herangehensweise gewöhnt sind, verfallen wir sehr schnell in die alten Diskussionsmuster zurück, da nützen dann auch die Einsichten wie „Ja klar, ich weiß, dass meine Meinungen zu dem Thema nur meine mentalen Modelle und nicht die Wahrheit darstellen" wenig. Der Facilitator hat die Möglichkeit und auch die Pflicht, das Gespräch immer wieder in die dialogische Richtung zu lenken, und das möglichst nondirektiv. Hierfür führt Senge ein Beispiel an: Der Facilitator stellt, nachdem ein Teilnehmer eine Beobachtung geäußert hat, die Frage in den Raum: „Aber das Gegenteil ist vielleicht auch wahr?"

Wann sind Gespräche relativ einfach? Sie sind es vor allem unter zwei Bedingungen: unter der Bedingung der **totalen Zustimmung** oder der **totalen Ablehnung**. Vertreten alle das Gleiche und stimmen vorbehaltlos zu, dann tauschen sie letztlich untereinander nur Bestätigungen aus. Das ist die Situation des bedingungslosen Ja, der Gleichmacherei. Ebenso verhält es sich bei der totalen Ablehnung. Es wird verbal gekämpft, widersprochen, gestritten. Das ist das bedingungslose Nein, der Kampf um die besseren Argumente (Abb. 23). In beiden Situationen ist das Fundament dieser Beziehung äußerst stabil. Mit anderen Worten: Die gemeinsame Bibelstunde vereint uns in vermeintlich harmonischer Art und Weise, so wie uns auch das Schlachtfeld der widerstreitenden Argumente aneinander bindet.

Schwierig wird es, wenn wir neben ähnlichen auch konträre Positionen vertreten, uns also abwechselnd ein Ja und ein Nein geben können, ohne dabei die gemeinsame Basis zu verlieren. Es ist nicht leicht, respektvoll miteinander umzugehen, ohne sich durch kompromisslose Ja- oder Nein-Positionen aneinander zu binden, sich also die Möglichkeit offen zu lassen, frei entscheiden zu können.

Wenn die Beiträge aller Teilnehmer wie Steine in die Höhe wachsen und dadurch aber auch etwas **gemeinsames Neues** erschaffen, kann das Gespräch leicht kippen. Es ist eine Gratwanderung. Der Grat ist der Respekt dem anderen Gegenüber, der Grat ist auch die Bereitschaft, konträre Positionen als gleichberechtigt nebeneinander stehen zu lassen und Unterschiede zu akzeptieren. Am bedingungslosen Ja lernen wir ebenso wenig wie am bedingungslosen Nein – **wir lernen an den Unterschieden**.

Dieses Ja oder Nein bilden beide eine sehr stabile Basis, da es einfach ist, nur dafür – gleicher Meinung – oder nur dagegen – unterschiedlicher Meinung – zu sein.

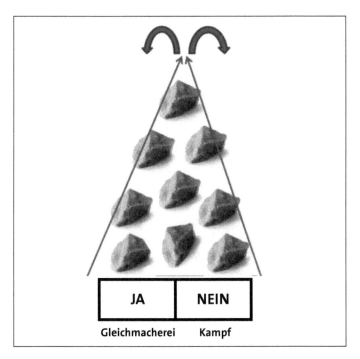

Abb. 23: Der Dialog als Gratwanderung auf der Basis einer respektvollen Haltung (eigene Darstellung)

Richard Bach beschreibt in seiner Parabel „Die Möwe Jonathan", wie diese, anstatt zu fressen und sich wie die anderen mit den einfachsten Grundbegriffen des Fliegens zufriedenzugeben, sich lieber mit der Kunst des Fliegens beschäftigt und ganze Tage mit Experimenten im tiefen Gleitflug verbringt, seine Übungen hundertfach wiederholt und sich mit dieser Neigung bei den übrigen Vögeln nicht gerade beliebt macht (Bach 1990, S. 14):

„‚Wozu das, Jon? Warum in aller Welt?', fragte seine Mutter. ‚Ist es denn wirklich so schwer, wie alle anderen zu sein?'"

Ja, es ist oft wirklich nicht leicht, den anderen in seiner Andersartigkeit zu respektieren.

Der Dialog ist ein Gruppenprozess und deshalb sind **gruppendynamische Entwicklungen** Teil dieses Prozesses. Klassischerweise folgt man bei der Beschreibung dieser Prozesse dem Modell von Bruce Tuckman: **forming, storming, norming, performing**, und Tuckman selbst erweiterte sein Modell noch um die Phase **adjourning**.[55]

Die Phase des „forming" ist gekennzeichnet durch Höflichkeit, Streben nach Sicherheit und Kennenlernen. Im „storming", der Konfrontationsphase, kommt es typischerweise zu gruppeninternen Machtkämpfen um die informelle Führung. Meinungen werden offen ausgesprochen, die Phase ist häufig durch eine Art Ich-Orientierung gekennzeichnet. Wenn es gelingt, die Konflikte des „storming" zu bewältigen, zeigt sich in der Phase des „norming" eher eine kooperationsbereite Wir-Orientierung. In der Phase des „performing" finden wir dann idealerweise eine Konzentration auf die Aufgabenbewältigung.

Einige Aspekte des Modells sind durchaus kritisch zu betrachten. So können beispielsweise einzelne Phasen fehlen, sich wiederholen, in anderer Reihenfolge auftreten oder man schließt sich diesen Phasendefinitionen erst gar nicht an, lehnt das Modell also grundsätzlich ab. Dass Gruppen normalerweise unterschiedliche Stadien durchlaufen, ist meiner Meinung nach dennoch eine allgemeine Erfahrung. Als Dialog-Begleiter tut man gut daran, auf solche Dynamiken zu achten.

William Isaacs beschreibt **vier Phasen einer Gruppendynamik** (Isaacs 2002, S. 240 ff.), die er für charakteristisch hält, wenn Menschen in den Dialog treten, und die von Dialog-Begleitern beachtet werden sollten:

Begleitende Leitung in der 1. Phase
Differenzen zwischen den Personen werden verborgen oder gar nicht erst wahrgenommen, die Gruppe steckt in Normen und Strukturen fest. Der Dialog-Begleiter sollte Anregungen geben, den Status quo zu hinterfragen.

---

55 Tuckman/Jensen (1977, S. 418). Zur fünften Phase – „adjourning" – schreiben Tuckman und Jensen in ihren „conclusions": „A major outcome of this review has been the discovery that recent research posits the existence of a final discernible and significant stage of group development – termination. […] The model now stands: forming, storming, norming, performing, and adjourning."

Für den Begleiter kann es nützlich sein:
- die eigenen Intentionen zu klären,
- einen „guten" Einstieg zu finden,
- jedem Teilnehmer individuell zu begegnen und
- Vertrauen zu schaffen.

Isaacs zufolge ist es von entscheidender Bedeutung, wie der Beginn des Dialogs gestaltet wird und wie man mit der Verschiedenheit der Teilnehmer umgeht, das heißt, dass man deren Individualität wahrnimmt und berücksichtigt.

Begleitende Leitung in der 2. Phase
Die Gruppe entdeckt, dass zwischenmenschliche Störungen tatsächlich vorhanden sind und den Austausch begrenzen. Es entstehen oft Konflikte. Der Dialog-Begleiter sollte dabei helfen, Strukturen sichtbar zu machen und eine vertrauensvolle Atmosphäre zu schaffen.

Begleitende Leitung in der 3. Phase
Die Teilnehmer beginnen, ihre Annahmen zu untersuchen, ihre Vorannahmen in der Schwebe zu halten und gemeinsames Denken zu üben. Die Neugier ist bestimmend. Wenn eine Atmosphäre des Vertrauens etabliert ist, sollte der Dialog-Begleiter auch als Vorbild agieren und die Teilnehmer dabei unterstützen, nach innen zu gehen und offen über die eigenen Vorgänge und Gedanken zu sprechen, anstatt Probleme bei anderen zu suchen.

In dieser Phase entdecken die Teilnehmer oft, „dass sie lernen, anders zu reden und zu denken, [so] sind sie in der Regel versucht, sich für irgendwie ‚besonders' oder ‚anders' zu halten. Das ist nichts anderes als die Entwicklung von Idolen und somit Anzeichen für eine Rigidität im Denken, die den freien Fluss des Dialogs beschränken kann. Wenn man das bemerkt und untersucht, bleibt der Dialog lebendig und fließend" (ebd., S. 244).

Begleitende Leitung in der 4. Phase
In dieser Phase wird das Gemeinsame noch stärker in das Blickfeld gerückt und idealerweise entsteht eine von Vertrauen und Sicherheit geprägte dialogische Atmosphäre, in welcher auch Phasen des Schweigens, der Stille nicht mehr als peinlich, sondern als Bereicherung erlebt werden können. Die Gruppe bewegt sich auch in ihren Widersprüchen als etwas Gemeinsames. Dem Dialog-Begleiter kommt die Aufgabe zu, den Teilnehmern dabei zu helfen herauszufinden, welche besonderen Möglichkeiten der Dialog im Vergleich mit anderen Settings bietet, um die Bedürfnisse der Gruppenmitglieder zu befriedigen: „Was ist das höchste Ziel, dem dieses Gespräch dienen könnte?"

Es ist wohl günstig, wenn man sich als Dialog-Facilitator in eben dieser Funktion, die ja über die bloße Teilnahme hinausgeht, hin und wieder an Modellen orientiert, um Gruppendynamiken mitsamt den Rollen einzelner Teilnehmer im Auge zu behalten. Das Erkennen von Strukturen ist grundsätzlich nicht nur eine Voraussetzung zur Veränderung, sondern kann dem Begleiter von Prozessen Halt bieten. Das Modell muss ja nicht rigide gehandhabt werden, sondern kann auch als lose Leitschnur dienen.

David Kantor benennt vier Rollen, die dynamisch von allen Teilnehmern eingenommen werden können: I. Mover, II. Opposer, III. Follower und IV. Bystander.[56] Eine Kurzbeschreibung dieser Rollen kann wie folgt lauten:[57]

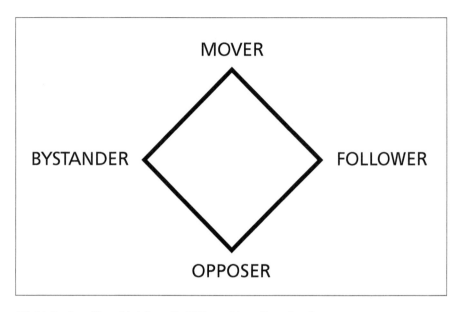

Abb. 24: Das Four-Player-Modell von David Kantor (eigene Darstellung)

I.   Ohne Mover gibt es keine Richtung.
II: Ohne Opposer gibt es keine Korrekturen.
III: Ohne Follower gibt es keine Vollständigkeit.
IV: Ohne Bystander gibt es keine Perspektive.

In jedem Kommunikationsprozess gibt es Personen, die sich bewegen („move") – sie initiieren Ideen und bieten der Gruppe Richtungen an. Andere folgen („follow") – sie ergänzen das Gesagte und unterstützen den Prozess, indem sie beispielsweise anderen helfen, ihre Gedanken klarer zu sehen. Andere opponieren („oppose") – sie fordern heraus und stellen Gesagtes infrage. Und wieder andere stehen bei („bystand") – sie nehmen deutlich aktiv Notiz vom Geschehen und liefern dem Prozess Perspektiven.

---

56 Siehe z. B. Isaacs (2002).
57 Isaacs (1999, S. 1): „Without Movers there is no Direction. Without Opposers there is no Correction. Without Followers there is no Completion. Without Bystanders there is no Perspective."

Alle diese Rollen sind notwendig, um dem Gespräch kreative Impulse, Korrekturmöglichkeiten, Reflexionshinweise, Richtungen und vor allem eine Balance zu geben, und müssen deshalb unterstützt werden. Der Facilitator ist gefordert! Aber natürlich nicht nur dieser, das gilt für alle Besprechungsteilnehmer.

„Teilnehmer, die zusätzlich zur inhaltlichen Aufmerksamkeit die Präsenz und Balance der vier Rollen beobachten und sich fragen, wer gerade welche der vier Rollen einnimmt, entwickeln ein feines Gespür für die Dynamik von Besprechungen und können daher wirkungsvoller steuern" (Mandl et al. 2008, S. 82), schreiben die Organisationsentwickler Christoph Mandl, Markus Hauser und Hanna Mandl in ihrem lesenswerten Buch und fahren im Kontext von Teambesprechungen fort: Die impulsgebende Rolle werde oft von der Geschäftsleitung erwartet, während die opponierende Rolle kaum eingenommen werde, sollten Vorschläge seitens Vorgesetzten eingebracht werden. Am wenigsten zu finden seien reflektierende Beiträge, da diese oft einen gewissen Mut benötigen: „Ich habe den Eindruck, wir verrennen uns" – solche Äußerungen können einem übel genommen werden.

Mandl et al. (ebd., S. 79) zeigen anhand eines einfachen Bildes die schöpferische Kraft der opponierenden Rolle, welche eben durch ihre Opposition ein hohes Potenzial an neuer Erkenntnis beinhaltet. Derselbe Gegenstand wird unabhängig voneinander zwei Gruppen von Menschen gezeigt, einmal als Kreis und einmal als Rechteck:

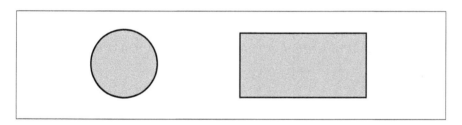

Abb. 25: Kreis oder Rechteck? (Eigene Darstellung)

„Nun kommen beide Gruppen zu einer Besprechung zusammen um zu erörtern, was für einen Gegenstand sie gesehen haben. Die erste Gruppe beginnt sofort, ihre Sicht darzulegen. Alle Mitglieder dieser Gruppe sind sich einig, finden, dass die Aufgabe trivial ist und wollen gehen" (ebd.).

Natürlich hat die andere Gruppe Zweifel an der Urteilskraft der ersten – es war ja eindeutig ein Rechteck und kein Kreis! „Nach einigem Hin und Her meint jemand: ‚Was wäre, wenn wir denselben Gegenstand gesehen hätten, aber jeweils aus einer anderen Perspektive?'" Die Lösung besteht darin, dass es sich um einen Zylinder handelte.

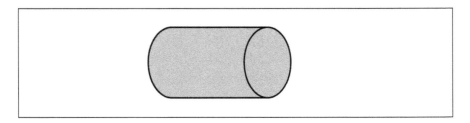

Abb. 26: Kreis und Rechteck, aber auch Zylinder: eine Frage der Perspektive (eigene Darstellung)

Wenn die Sichtweisen so klar und eindeutig sind, man so davon überzeugt ist, dass man recht hat, dann kann ein Opposer rasch als Nörgler oder Störenfried betrachtet werden: „Was sollen wir da jetzt noch herumreden – ist doch eh klar!" Doch gerade solche Korrekturschleifen können die Gruppe das entscheidende Stück weiterbringen.

Es soll nun ein Beispiel dafür gegeben werden, wie man als Dialog-Begleiter solch ein Modell nutzen kann, um sich in einer als gruppendynamisch schwierig empfundenen Situation selbst zu helfen. Im Verlauf einer Dialog-Runde, die der Autor dieses Buches für die Mitarbeiter eines öffentlichen Betriebes abgehalten hat, begann der Prozess immer mehr ins Stocken zu geraten, bis ein Teilnehmer zunehmend Äußerungen einbrachte, die von den meisten anderen als aggressiv und in der Wirkung als destruktiv empfunden wurden. Das Thema des Dialogs bestand im Wesentlichen darin, wie die Abteilung, in der die Anwesenden beschäftigt waren, kundenfreundlicher agieren könnte, denn es gab zunehmend Beschwerden seitens der Bürger, die sich mit ihren Anliegen an diese öffentliche Institution wandten.

Während einer Phase des Dialogs wurden viele Vorschläge eingebracht, ganz im Sinn meiner Anregung, alles zu sagen und Gedanken nicht zu zensieren, wie unrealistisch sie auch sein mögen. Dieser Teilnehmer nun reagierte auf die meisten dieser Vorschläge so, dass die anderen das als „Ideen abwürgen" bezeichneten. Eine Teilnehmerin meinte etwa: „Was ich auch sage, du machst jeden Vorschlag gleich zunichte. Ich sage ab jetzt nichts mehr." Der Dialog stagnierte und lief Gefahr, vorzeitig beendet zu werden und die Teilnehmer mit einem Gefühl der Frustration zurückzulassen. Ich möchte nicht verhehlen, dass ich diesen Teilnehmer auch zunehmend als unangenehm empfand, ihn für diese Entwicklung verantwortlich machte und das Aufkommen meiner eigenen negativen Emotionen bemerkte.

Das ist ein **Alarmzeichen**! Es sollte zu zwei Gedankenketten führen:
a) Was ist meine Rolle als Dialog-Begleiter in dieser Situation, hier und jetzt?
b) Wie kann ich meine aufkommenden Gefühle der Ablehnung so nutzen, dass es diesen Prozess weiterbringt?

Der Dialog-Begleiter ist für den konkreten Output eines Dialogs nicht verantwortlich. Die Verantwortung besteht darin, die **Teilnehmer auf dem Weg hin zum Dialog zu unterstützen**, d. h. für die Beachtung der Rahmenbedingungen zu sorgen und durch nützliche Interventionen dialogische Grundhaltungen zu fördern. Man hüte sich davor, in Bewertungen zu verfallen.

Dieser Teilnehmer nahm die Rolle des Opposers ein. Opposer werden oft als Störenfriede und Problemverursacher empfunden. Kommen in mir als Dialog-Begleiter ablehnende Gefühle auf, so hat das in jedem Fall auch mit mir zu tun. Ist es eines meiner persönlichen Themen, auf Personen, die mir widersprechen, zornig zu reagieren? Es sei hier auf Kapitel 8 („Praktische Übungen zur dialogischen Kompetenzerweiterung") hingewiesen – dort werden Möglichkeiten vorgestellt, wie man selbst mit derartigen Situationen umgehen kann. Rollen anhand eines Modells zu analysieren, führt schon einmal zu einem Abschalten, einer hilfreichen **rationalen Distanzposition,** aus der heraus es mir leichter fällt, mich nicht von destruktiven Emotionen leiten zu lassen. Ich kann mir sagen: „Dieser Teilnehmer macht das für ihn Beste, was er hier tun kann. Er handelt so, wie es ihm im Moment gegeben ist. Alle vier Rollen sind wichtig und es ist gut, dass auch die Opposer-Position vertreten ist."

Wie kann ich also den Dialogprozess unterstützen? Indem ich kurz abschalte, das Modell anwende und eine geeignete Intervention überlege:

Das naive Fragenstellen ist fast immer ein guter Weg, etwa: „Wir haben einige Vorschläge gehört, wie: das Aufstellen einer Box im Gang, in die anonym Beschwerden eingeworfen werden können, oder: einen Mediator einladen und den Bürgern die Möglichkeit anbieten, mit uns über Dinge zu sprechen, die wir ändern sollten, usw. Es gibt zu diesen Vorschlägen hier in der Runde unterschiedliche Meinungen. Wie wir eben aus drei Wortmeldungen gehört haben, fühlen sich einige von Ihnen so, dass sie nichts mehr sagen möchten. Ich schlage vor – das ist wirklich nur ein Vorschlag! –, dass Sie für eine gewisse Zeit in eine andere Richtung gehen und über Folgendes sprechen: Wie können wir hier in dieser Runde mit konträren Meinungen umgehen und wie könnten wir es schaffen, es so zu formulieren, dass wir konstruktiv weitersprechen können?"

Manchmal sind derartige Interventionen wirkungsvoll, manchmal nicht. In diesem Fall entwickelte sich der Dialog so weiter, dass über die konkreten Vorschläge zur Verbesserung der Kundenfreundlichkeit gar nicht mehr gesprochen wurde, sondern über den Umgangston der Kollegen untereinander. Das eigentliche Thema wurde erst beim nächsten Dialog zwei Wochen später wieder aufgegriffen, dann aber in einer aus meiner Sicht wesentlich konstruktiveren Art und Weise. Trotz der Spannungen zwischen einigen Anwesenden wurde lösungsorientiert am Problem weitergearbeitet. Die Rolle des Opposers, der von vielen in das Nörgler-Eck gestellt wurde, hat im Endeffekt dazu geführt, dass erst einmal der Umgang der Kollegen untereinander thematisiert wurde, was aus meiner Sicht in dieser Phase wichtig war, um eine Basis für eine konstruktive Lösungsfindung zu schaffen.

Der Dialog ist keine Diskussion und damit nicht geeignet, innerhalb einer definierten Zeitspanne zu konkreten Entscheidungen zu gelangen. Lernen die Mitglieder eines Teams aber dialogische Kompetenzen und schulen sich darin, wird der Boden für zielorientierte Prozesse bereitet, die dann mit hoher Wahrscheinlichkeit fruchtbarer ablaufen. Der Gewinn für eine Institution ist aus einer mittel- bis längerfristigen Perspektive heraus zu sehen.

6 Grundkompetenzen einer dialogischen Berater-Haltung

Wenn man im Rahmen eines Coaching-Gespräches oder einer Supervisionssitzung fragt, was sich die Klienten bzw. Teilnehmer wünschen oder was sie erwarten, erhält man als Antwort sehr oft eine „Weg von"-Bewegung, das heißt, es wird geäußert, wovon man sich befreien möchte: „Ich will weniger Überstunden machen" oder „Wir sollten nicht mehr eine wöchentliche Teambesprechung abhalten". Selten werden Ziele klar und konkret in einer positiven Weise formuliert. Das Problem dabei ist, dass wir zwar Nein sagen, aber nicht Nein denken können! Sobald ich nicht an den berühmten rosa Elefanten denken möchte, ist er schon in meinem Geist und schwer wieder wegzubekommen.

Personal Mastery meint die **Fähigkeit zur Selbstführung und Entwicklung persönlicher Stärken und Fertigkeiten**, und dazu gehört natürlich auch die Klarheit über seine eigenen Visionen. „Wer es zu einem hohen Grad an Personal Mastery bringt, verfügt über die Fähigkeit, seine wahren Ziele konsequent zu verwirklichen, er geht letztlich an das Leben wie ein Künstler an ein Kunstwerk. Das gelingt ihm, weil er offen auf Neues reagiert und nie aufhört zu lernen" (Senge 1996, S. 16), wie der amerikanische Organisationsentwickler Peter Senge schreibt. Für den Dialog-Begleiter ist die Entwicklung seiner Personal Mastery essenziell, besonders um sich darüber klar zu werden, was ihm wirklich wichtig ist – es geht um die grundlegenden Werte – und wie er seine persönlichen Ziele verwirklichen kann. Wir stoßen auf dem Weg zur Verwirklichung dieser Ziele immer wieder auf unsere eigenen Stolpersteine. Wie der Mensch aber auf diese Hindernisse reagiert, ob er sie als Herausforderung auffasst oder nicht, hängt davon ab, wo er bereits im fließenden Prozess auf dem Weg zu seiner Personal Mastery, seiner persönlichen Meisterschaft, steht.

Einer der wunderbaren, der wirklich schönen Aspekte im Dialog ist, dass wir als Teilnehmer ebenso wie als Dialog-Begleiter permanent lernen und die Personal Mastery weiterentwickeln können, da uns die eigenen Gefühle und Gedanken etwa nach Äußerungen von Dialog-Teilnehmern als wertvolle Reflexionsfläche stets neue Lernerfahrungen bieten. Eben weil der Dialog zur Entschleunigung einlädt, das aktive Zuhören fördert und keine (unmittelbaren) Redebeiträge einfordert, gewinnen wir den Raum dafür leichter als anderswo. Der Dialog verlangt auch von den Dialog-Begleitern explizit die Bereitschaft zum ständigen Lernen. **Das Expertentum ist ein Feind der dialogischen Grundhaltung.**

Die Psychologie verwendet den Begriff der **Ambiguitätstoleranz**. Darunter versteht man die Fähigkeit einer Person, Widersprüche oder **mehrdeutige Informationen** wahrzunehmen und mit ihnen positiv umzugehen. Hier interessiert dieses Konzept deshalb besonders, da ambiguitätsintolerante Personen auf die Wahrnehmung widersprüchlicher Reize vermehrt mit psychischem Unwohlsein reagieren, während ambiguitätstolerante Menschen diese mehr oder minder passiv wahrnehmen, jedenfalls nicht als problematisch erachten, oder oft sogar ein Bedürfnis entwickeln, solche zu erleben. Wir sind sehr häufig mit doppel- oder mehrdeutigen Informationen konfrontiert, mit Informationen, die oft total konträr sind, positive wie negative Gefühle gleichzeitig hervorrufen und uns in Spannungszustände versetzen. Welches Bild könnte dieses Konzept der Ambiguität besser veranschaulichen als das allerseltenste Tier der Welt, das „Stoßmich-Ziehdich" aus Hugh Loftings Kinderbuch „Doktor Dolittle und seine Tiere".

Abb. 27: Das seltenste Tier der Welt: Stoßmich-Ziehdich (Lofting 1995, S. 68)

Das klassische Beispiel aus der Literatur zur menschlichen Persönlichkeit schlechthin ist wohl das Freud'sche Konzept der **Ambivalenz**, die Gefühle von Liebe und Hass den eigenen Eltern gegenüber. Hier wird der Begriff des Unterschiedes deutlich wie in kaum einem anderen Zusammenhang, da es sich um so extreme bipolare Emotionen handelt. Doch gerade die Unterschiede ermöglichen uns in ihrer Spannung die besten Lernerfahrungen, wie überhaupt Lernen nur an Unterschieden möglich ist. Auch hier könnten wir sagen, analog zum eben angesprochenen Expertentum: **Die Routine ist ein Feind der dialogischen Grundhaltung.**

Doch kommen wir zurück zur Ambiguität. Von vielen Menschen wird Mehrdeutigkeit von Informationen als bedrohlich erlebt. Natürlich ist die Welt unbeständig und wir möchten Stabilität entdecken, die uns Sicherheit vermittelt. „Eine der grundlegenden Eigenschaften der normalen menschlichen Wahrnehmung ist die Neigung, Mehrdeutigkeit und Unsicherheit bezüglich der Umwelt in eine eindeutige Interpretation umzuwandeln, die eine vertrauenswürdige Handlungsgrundlage bietet" (Zimbardo 1992, S. 177). Diese Unbeständigkeit und Unsicherheit der Welt wurde von Eugen Roth in einem kleinen

Gedicht mit dem Titel „Gründliche Einsicht" ebenso humoristisch wie „wahr" zum Ausdruck gebracht:

Ein Mensch sah jedesmal noch klar:
Nichts ist geblieben so, wies war.
Woraus er ziemlich leicht ermißt:
Es bleibt auch nichts so, wies grad ist.
Ja, heut schon denkt er unbeirrt:
Nichts wird so bleiben, wies sein wird.

Wir sind in dieser unbeständigen Welt also permanent mit Veränderungen und Ambiguitäten, mit widersprüchlichen Informationen und konträren Ansichten, konfrontiert, die durchaus Ängste in uns hervorrufen können. Der Dialog-Begleiter muss in der Lage sein, mit diesen Ambiguitäten professionell umzugehen. Dies betrifft erstens das Erkennen und den kreativen Umgang mit mehrdeutigen, auch widersprüchlichen Informationen und Situationen und zweitens die kontinuierliche Beschäftigung mit den eigenen Erwartungen und den Abgleich dieser mit der wahrgenommenen Realität.[58]

Bei der Personal Mastery geht es nicht um das Lernen im klassischen Sinn, also um das, was wir gemeinhin unter schulischem Lernen verstehen, sondern um die **kreative Entwicklung von Visionen** und die Fähigkeit, diese zu verfolgen. Damit soll keineswegs eine Geringschätzung dessen, was wir in der Schule lernen, ausgedrückt werden. Aber um sogenannte Fakten[59] geht es hier ganz bestimmt nicht. Was wir etwa an historischen Daten oder komplizierten und alltagsfernen mathematischen Algorithmen lernen, hat seine Berechtigung, bleibt nach dem formalen Bildungsabschluss jedoch nur für eine Minderheit relevant und wird vom Rest rasch vergessen. Im Kontext der Personal Mastery wollen wir den Fokus auf tiefergehende Lernprozesse lenken, darauf, „dass man an das Leben herangeht wie an ein schöpferisches Werk und dass man eine kreative im Gegensatz zu einer reaktiven Lebensauffassung vertritt" (Senge 1996, S. 173).

Peter Senge spricht im Hinblick auf die Personal Mastery von zwei Verhaltensweisen. Die eine betrifft die Visionen, die andere die Realität: Es geht erstens um die Zielklärung und darum zu wissen, warum man sich auf diesen Weg begeben hat (**Klärung der eigenen Vision**), und zweitens um die Realitätswahrnehmung (**wo befinde ich mich auf dem Weg zum Ziel**). Lernen bedeutet im Kontext der Personal Mastery also nicht die Aufnahme von mehr Informationen, sondern die Erweiterung der Fähigkeit, die angestrebten

---

58 „Dasjenige, das wir konstruieren ist etwas anderes als die Wirklichkeit: Das, was wir als Erkenntniswelt konstruieren, nennen wir am besten Realität, dasjenige, mit dem wir leben, ‚Wirklichkeit'" (siehe z. B. Peschl 1991, S. 6).
59 Nebenbei sei bemerkt, dass die Sprache oft sehr ehrlich ist: Das Wort Faktum wurde im 17. Jahrhundert aus lat. „factum" (gemacht) substantiviert. Ein Faktum, die Tatsache, ist demnach etwas „Gemachtes" (Duden Herkunftswörterbuch 1989).

Ziele zu erreichen. „Menschen mit einem hohen Grad an Personal Mastery leben, um zu lernen. Sie kommen niemals an" (ebd.).

Ich möchte als ein zusätzliches, wesentliches Merkmal der Personal Mastery die Fähigkeit nennen, mit Mehrdeutigkeiten konstruktiv umgehen zu können, und zwar besonders, wenn diese subjektiv Widersprüche erzeugen. Obwohl Ambiguität nicht notwendigerweise auch das Vorhandensein widersprüchlicher Informationen bedeutet, wird im Folgenden dieser von Norton definierte Spezialfall zumeist angenommen: „Intolerance of ambiguity is a tendency to perceive or interpret information marked by [...] contrary, contradictory [...] meanings as actual or potential sources of psychological discomfort or threat".[60] Es ist in der Fachliteratur sehr gut belegt und mehrfach repliziert, dass ambiguitätstolerante Menschen weniger zu einfachen **Schwarz-Weiß-Sichtweisen** neigen und weniger anfällig sind, im „sicheren Hafen" stereotyper Ansichten Zuflucht zu suchen. Sie neigen also weniger zu Vorurteilen, fühlen sich weniger vom Feedback anderer Personen abhängig und sind auch weniger anfällig für Ethnozentrismus, Autoritätsgläubigkeit und vor allem Dogmatismus.

In der Regel wird es als unangenehm erlebt, wenn wir mit Reizen konfrontiert werden, die nicht eindeutig interpretierbar sind. Das gilt nicht nur für Menschen, es gilt beispielsweise auch für Hunde, was **Iwan Pawlow** bereits 1923 beschrieben hat:[61] Im Rahmen eines Experimentes bekamen Hunde immer dann Futter, wenn ein Kreis gezeigt wurde, nicht aber beim Erscheinen einer Ellipse. Nach erfolgreichem Lernen wurden Kreis und Ellipse immer mehr angenähert, bis sie für den Hund ununterscheidbar waren. Pawlow benutzte in diesem Experiment keinerlei Strafreize – dennoch entwickelten die Hunde das, was man als experimentelle Neurose bezeichnet. „Es ist nicht der Reiz, der das gequälte Verhalten des Hundes auslöst, sondern der Zustand der Inkonsistenz, der durch die gleichzeitige Aktivierung miteinander unvereinbarer Reaktionsbereitschaften ausgelöst wird" (Grawe 2004, S. 306).

Eine diesen wahrgenommenen Inkonsistenzen systematisch untergeordnete Thematik ist jene der **kognitiven Dissonanzen.** Von kognitiver Dissonanz spricht man, wenn unterschiedliche Erkenntniseinheiten, zum Beispiel Gedanken oder Gefühle, für einen Menschen bedeutsam, aber im Grunde miteinander unvereinbar sind.

Ein Beispiel: In einer interkulturellen Dialog-Runde kam das Gespräch auf die von vielen wahrgenommene, d. h. eigentlich in ihrem „Geist" konstruierte Unvereinbarkeit der persönlichen Freiheit des Menschen mit dem Tragen von Kopftüchern in einem islamisch geprägten Umfeld. Von den Vertretern der Hypothese „Persönliche Freiheit" wurde die Vereinbarkeit von Kopftuch und persönlicher Freiheit kategorisch bestritten, während die Vertreter der Hypothese „Vereinbarkeit" naturgemäß vom Gegenteil überzeugt waren. Wir haben hier ein klassisches Beispiel einer Thematik, welche sich für eine dialogische Auseinandersetzung geradezu anbietet: Es geht um einen emotional beladenen, d.h. für

---

60 Norton (1975, S. 608), zit. nach Müller-Christ/Wessling (2007).
61 Pawlow (1927), zit. nach Grawe (2004).

die Teilnehmer absolut relevanten Stoff und es war nicht das Ziel des Gesprächs, zu irgendeiner Art von Lösung zu kommen, wie das bei Diskussionen oft üblich ist. Dem Gespräch lag die Intention zugrunde, durch gemeinsames Denken in einem dialogischen Setting dialogische Kompetenzen zu üben. In der Reflexionsrunde über den Dialog wurde von einigen Anhängern der Hypothese „Persönliche Freiheit" deutlich formuliert, dass ihnen die Erkenntniseinheit „Persönliche Freiheit des Menschen" in zwei konträren Ausprägungen begegnete, die sie als wichtig, aber miteinander unvereinbar ansahen: Auf der einen Seite steht die Freiheit des Individuums, ein Kopftuch tragen zu dürfen, das die Verfechter der Hypothese „Persönliche Freiheit" als religiöses Symbol sehen, auf der anderen Seite steht die Freiheit, es nicht tun zu müssen.

Dem lag ein mentales Modell zugrunde, das bis zu diesem Zeitpunkt relativ unhinterfragt war, nämlich die Überzeugung, dass eine Frau, welche ein Kopftuch trägt, dieses unbedingt aufgrund gesellschaftlicher Normen gegen ihre persönliche Freiheit tut: Wenn eine Frau ein Kopftuch trägt, dann ist dies Ausdruck des Verstoßes gegen die persönliche Freiheit.

Wir haben es also mit zwei sich widersprechenden Elementen zu tun. Kopftuch und persönliche Freiheit schließen einander aus – entweder du befreist dich vom Kopftuch oder du bist unfrei. In diesem Denkmodell ausgeschlossen wird aber eine dritte Möglichkeit, nämlich die des **Weder-noch**: Weder muss das Tragen eines Kopftuches zwingend gegen den freien persönlichen Willen geschehen, noch muss das Nichttragen eines Kopftuches zwingend Ausdruck eines freien persönlichen Willens sein. Die dritte Möglichkeit ist also die, dass eine Frau ein Kopftuch trägt und dennoch frei ist bzw. kein Kopftuch trägt, aber unfrei ist.

Wir tappen sehr leicht in die Falle des Schwarz-Weiß-Denkens und übersehen das Wesentliche, nämlich dass die menschliche Wirklichkeit aus Grautönen besteht. Herbert Pietschmann zitiert in diesem Zusammenhang den indischen Autor Chaturvedi Badrinath (Pietschmann 2009, S. 13):

„Ein Konflikt entstand zwischen zwei verschiedenen Denkformen als zwei verschiedenen Methoden, die menschliche Wirklichkeit wahrzunehmen. Die eine war hauptsächlich aus dem Aristotelischen Axiom des ausgeschlossenen Dritten abgeleitet, der charakteristischen westlichen Logik des Entweder-Oder; die andere aus der Sicht, dass Gegensätze vereint sind in der Natur von allem."

Die **Aporie** bezeichnet allgemein die Unlösbarkeit eines Problems aufgrund der Gleichheit von Argumenten, die widersprüchlich sind (Prechtl/Burhard 1996). Wir können für die eben geschilderte Situation der konträren Auffassungen zum Tragen eines Kopftuches Argumente dafür und dagegen finden und die Verfechter jeder Seite werden ihre Argumente als richtig betrachten. Wie können wir also diesem Dilemma entkommen?

Wenn wir die Prinzipien und Erfahrungen des Dialogs ernst nehmen, ohne dabei unseren Humor zu verlieren, haben wir eine Möglichkeit in der Hand, das aristotelische

„Tertium non datur"[62] hinter uns zu lassen, denn selbstverständlich existieren in der Wirklichkeit des menschlichen Zusammenlebens, der menschlichen Kommunikation, immer weitere Möglichkeiten.

Die Personal Mastery ist die Disziplin, die es uns ermöglicht, die eigenen Fähigkeiten in tiefgehenden Lernprozessen weiterzuentwickeln und Lernen nicht als das oberflächliche und zielloses Anhäufen von Wissen im herkömmlichen Sinn zu verstehen. Es soll uns darum gehen, Klarheit über die eigenen Visionen zu erlangen, Klarheit darüber zu erlangen, wo wir gerade auf dem Weg zum Erreichen dieser persönlichen Visionen stehen, und eine kontinuierliche Abgleichung mit der Realität vorzunehmen. Äußerst hilfreich auf diesem Weg sind folgende Basisfähigkeiten:
- der konstruktive Umgang mit mehrdeutigen, oft widersprüchlichen Wahrnehmungen,
- das konstruktive Nutzen von Widerständen,
- die Potenziale von Schweigen und aktivem Zuhören zu erkennen und zu nutzen,
- andere und damit sich selbst an die Wurzeln des eigenen Denkens zu führen und
- die Welt als interdependentes System zu betrachten.

6.1 Der Umgang mit widersprüchlichen Wahrnehmungen

Ich bin kein ausgeklügelt Buch.
Ich bin ein Mensch in seinem Widerspruch.
Angelus Silesius

Wenn wir mit Widersprüchen konstruktiv umgehen wollen, behindert uns das Entweder-oder-Denken. Es sei die Behauptung aufgestellt, dass diese Art der Schwarz-Weiß-Malerei so tief in vielen von uns verwurzelt ist, dass es einiger aktiver Anstrengung bedarf, das wirklich zu erkennen und es dann in weiterer Folge auch überwinden zu können.

Gibt es überhaupt ein Richtig und Falsch? Betrachten wir folgenden provokativen Gedanken:

Es existiert absolut nichts, das uneingeschränkt richtig oder falsch, wahr oder unwahr ist.

Wie können wir mit dieser Aussage umgehen, ohne dem Impuls nachzugeben, sie gleich zu verwerfen? Da doch jeder weiß, dass, wenn ich zwei Steine zu weiteren zwei Steinen lege, das Ergebnis vier Steine sind. Oder wo doch jeder weiß, dass es falsch ist, jemandem die Geldtasche zu stehlen (aber auch hier verlassen wir den Grund der absoluten Eindeutigkeit sehr rasch, wenn wir bedenken, ob es nicht Notsituationen geben kann, in denen Diebstahl gerechtfertigt ist). Dennoch: Im Reich der Meinungen und Ansichten können wir uns eher darauf verständigen, dass tatsächlich kein Richtig oder Falsch exis-

---

[62] Tertium non datur: Ein Drittes gibt es nicht! Wenn wir die aristotelische Logik auf die menschliche Kommunikation anwenden, kommen wir sehr schnell in ausweglose Situationen.

tiert, aber zumindest für die Naturwissenschaften gilt dies wohl nicht, wie Wilhelm Busch formuliert:

Zwei Mal zwei gleich vier ist Wahrheit.
Schade, dass sie leicht und leer ist,
denn ich hätte lieber Klarheit über das,
was voll und schwer ist.

Aber auch im Bereich der „exakten" Naturwissenschaften gibt es ein Richtig und Falsch stets nur innerhalb eines definierten Bezugssystems. Angeblich – eine Literaturquelle dazu ist mir leider nicht bekannt – ist es für bestimmte „Naturvölker" durchaus nicht so, dass eins und eins gleich zwei ist, da sie in völlig anderen Kategorien denken: Eins und eins ist drei, denn wenn ein Mann und eine Frau zusammenkommen, sind sie bald zu dritt!

Das mathematische Denken ist natürlich auch eine Konstruktion und angelernt, außerhalb des menschlichen Verstandes ist die Arithmetik nicht vorhanden. Wer das „**Faktum**", eins und eins sei gleich zwei, als nicht diskutierbare Wahrheit akzeptiert, muss auch das dahinterstehende Gedankengebäude, einen Satz von Axiomen, annehmen.

Axiome sind per definitionem hinsichtlich ihres Wahrheitsgehaltes nicht diskutierbar.[63] Nehmen wir eines der euklidischen Axiome, nämlich, dass eine Linie eine breitenlose Länge sei. Aber wie dünn eine Linie auch ist – die Lupe enthüllt, dass sie eine Breite hat. Bei Axiomen handelt es sich um verkleidete Definitionen und die Frage, ob die euklidische Geometrie richtig sei, hat demnach keinen Sinn. „Ebenso könnte man fragen, ob das metrische System richtig ist und die älteren Maß-Systeme falsch sind", und „wir sehen […] am Ende ein ganz allgemeines und vollkommen genaues Gesetz, das wir für absolut gewiss halten. Diese Gewissheit haben einzig und allein wir demselben sozusagen freiwillig beigelegt, indem wir es als durch Übereinkommen festgelegt ansehen."[64]

Axiome in den Naturwissenschaften sind also im Grunde Glaubenssache, der Glaube ist bestimmt kein Monopol anderer, nicht naturwissenschaftlicher Zugänge zur Welt, wie etwa der Religionen. Damit soll keineswegs gesagt sein, wissenschaftliche und religiöse Zugänge zum Verständnis der Welt seien im Hinblick auf ihren Erkenntnisgewinn und ihre Praktikabilität unbedingt einem Denkmodell der Gleichwertigkeit zu unterwerfen, nur weil beide auf Grundsätzen beruhen, die ein „Ich glaube" voraussetzen. Doch sollen diese Gedanken in diesem Buch nicht weiterverfolgt werden.

Was nützen uns aber diese Gedanken für den Dialog und die Fähigkeit zum Umgang mit Widersprüchen?

Kommen wir zu der zuvor geäußerten Aussage „Es existiert absolut nichts, das uneingeschränkt richtig oder falsch, wahr oder unwahr ist" zurück. Gerade als Dialog-Facili-

---

63 „In einer wissenschaftlichen Theorie stellen die Axiome die methodisch ersten Sätze dar, die innerhalb dieser Wissenschaft nicht bewiesen werden können, aus denen sich aber in einer deduktiv aufgebauten Wissenschaft weitere Sätze ableiten lassen" (Prechtl/Burhard 1996, S. 55).
64 Poincaré (1914), zit. nach Hofstetter (1996, S. 12).

tator müssen wir besonders sensibel dafür sein, dass wir in einer Welt der menschlichen Kommunikation leben, in der es ein Richtig und Falsch nicht gibt, sondern **verschiedene Zugänge und Meinungen**, die ihrerseits oft nicht stabil sind und sich verändern. Wir sollten ebenso beachten, dass diese Zugänge und Meinungen oft voll von Widersprüchen sind, die auch in uns selbst ambigue Reaktionen hervorrufen. Es ist ein Ausdruck der Personal Mastery, damit adäquat umgehen zu können.

So trivial es klingen mag, so schwierig ist das in der Umsetzung. Vielleicht ist es ein hilfreicher und unterstützender Gedanke, dass selbst in den Naturwissenschaften Objektivität und Vernunft, Eindeutigkeit und Widerspruchsfreiheit längst nicht in dem Ausmaß vorhanden sind, wie wir das so gerne glauben.[65]

6.2 Erkunden und Plädieren

Wir sind es gewohnt, von anderen Menschen Gedanken verpackt als Endprodukt zu erhalten. Das kann durchaus wertvoll sein, wenn es darum geht, eine Meinung zu erfragen und Standpunkte festzulegen. Jedoch wurde bereits in Kapitel 1.5 die Analogie vom Schachspiel verwendet: Der gegenwärtige Stand der Schachfiguren ist eigentlich nicht das Interessante, sondern die Kenntnis über den Verlauf des Spieles. In einer typischen Diskussion gehen die Standpunkte oder Argumente für diese Standpunkte hin und her wie ein Ping-Pong-Ball. Der Standpunkt selbst ist jedoch nur wie der sichtbare Teil eines Baumes über der Erde und wenn wir zu einem besseren gemeinsamen Verständnis gelangen möchten, benötigen wir das, was wir nicht erblicken können, solange es nicht freigelegt wird: das Wurzelwerk.

Die Wurzeln verankern den Baum fest im Boden, bilden sein stabiles Fundament, versorgen den Rest mit Nährstoffen. Um bei diesem Vergleich zu bleiben: All das, was die Heranbildung eines Standpunktes oder Argumentes ausmacht, die persönlichen Erfahrungen, Bedenken, die Ängste, Vorurteile und vieles mehr, sind wie die **unsichtbaren Wurzeln eines Baumes**. Diese freizulegen, erlaubt erst einen **Gesamteindruck** und eröffnet die Möglichkeit, einander besser zu verstehen. Deshalb möchten wir im Dialog anregen – und das ist eine sehr wesentliche Anregung! –, nicht einfach nur ein Denkprodukt in den gemeinsamen Raum zu stellen, sondern vor allem den Weg, der zu diesem Endprodukt geführt hat.

Entscheidend dabei ist die in Kapitel 3.3 vorgestellte Synchronisierung – ein Denkprodukt ist nicht im Austausch mit anderen Personen beständig und mit messbaren Eigenschaften ausgestattet, sondern kann sich nur gemeinsam entwickeln und verändern, alleine schon wegen der unbewussten Anteile der Gesprächspartner. Klassische Sender-Empfänger-Modelle sind wenig hilfreich. Mir wurde einmal von einem Teilnehmer an einem Se-

---

65 Es sei aber deutlich gesagt: Die aristotelische Logik hat selbstverständlich ihren Wert und war wichtig für die Entwicklung der Wissenschaften – nur führt dieses Denken im Kontext der zwischenmenschlichen Beziehungen zu großen Problemen (siehe z. B. Pietschmann 2009).

minar zur Einführung in das dialogische Denken die klare Botschaft übermittelt: „Bei uns ist die Kommunikation auf das Wesentliche beschränkt, nämlich auf Befehl und Gehorsam." Es handelte sich um Angehörige einer Institution, die uniformiert ihren Dienst versahen und in der Tat in eine strenge Hierarchie mit Befehlsstrukturen eingebunden waren. Wenn es die Situation erfordert, ist eine eher technische Kommunikation auf dem Niveau von Befehl und Gehorsam tatsächlich die richtige Wahl. Im Einsatz wird man nicht über die Wurzeln, die zu diesem Befehl, der sofort ausgeführt werden muss, dialogisieren. Aber auch in einer derartigen hierarchischen und befehlsdurchzogenen Institution machen die echten Befehl-und-Gehorsam-Anteile nur einen winzigen Bruchteil an der Gesamtkommunikation aus. Der Großteil der Kommunikation spielt sich nicht in Räumen ab, die von denen einer weniger hierarchischen Institution grundlegend verschieden sind. Und selbstverständlich spielen Tugenden wie Kooperationsbereitschaft, Teamfähigkeit und eine gemeinsame Vision auch in „uniformierten Institutionen" eine äußerst wichtige Rolle. Deshalb ist es grundsätzlich verfehlt, von einer rein technischen Kommunikation zu sprechen – diese kann immer nur einen winzigen Anteil am Gesamtprozess ausmachen.

Wir wollen im Dialog also weniger ein Endprodukt des Denkens, sondern vielmehr den Prozess seiner Entstehung betrachten. Es geht um eine Ausgewogenheit von Erkunden und Plädieren, d.h. um das Erforschen der Denkprozesse des anderen und das Einbringen seiner eigenen Denkprozesse. Jeder legt seine Denkprozesse offen und ermöglicht dadurch ihre Untersuchung und Überprüfung. Wenn wir von der **Ausgewogenheit des Erkundens und Plädierens** sprechen, wird ein wichtiges Prinzip sichtbar: Nicht um das Verteidigen und Durchsetzen geht es, sondern um das gemeinsame Hinter-die-Kulissen-Schauen, um zu erkennen, was den anderen zu dieser oder jener Ansicht geführt hat. In diesem Prozess ist Lernen möglich – wir betrachten den Verlauf des Schachspiels und nicht seinen Endstand, der entweder zu einem Schachmatt oder einer Pattsituation geführt hat.

Senge nennt einige Richtlinien für die Disziplin des gemeinsamen Erkundens und Plädierens (Senge 1996, S. 245):

Wenn Sie für Ihren Standpunkt plädieren,
- machen Sie Ihre eigenen Argumente *explizit* (Wie sind Sie zu Ihrer Ansicht gelangt? Welche Fakten liegen dieser Ansicht zugrunde?),
- ermutigen Sie andere, Ihre Ansichten zu *hinterfragen*,
- ermutigen Sie andere, abweichende Ansichten zu äußern, und
- erkunden Sie aktiv andere Ansichten.

Wenn Sie andere Standpunkte erkunden …
- und Sie andere Ansichten hinterfragen, machen Sie deutlich, dass es sich um Ihre Annahmen handelt,
- berichten Sie klar und deutlich die „Daten", die Sie zu diesen *Annahmen* geführt haben, und
- stellen Sie Fragen nur, wenn Sie ein echtes Interesse an den Antworten haben.

Dabei darf man sich gegebenenfalls aber ruhig eingestehen, kein wirkliches Interesse an den Standpunkten eines anderen Menschen zu haben. Der Dialog als Gruppenprozess ist ein Geschehen, in dem auch geschwiegen werden darf. Und es darf auch gesagt werden, dass einen das Ganze gerade ziemlich langweilt, frustriert oder nervt. Vielleicht liegt gerade in einer solchen authentischen Wortmeldung Potenzial. Möglicherweise sprechen Sie genau das aus, was viele empfinden. Vielleicht verhallt die Äußerung aber auch praktisch ungehört. Sie können Ihre Phase der Langeweile auch für die Erkundung der Gründe nutzen, warum Sie dieses oder jenes gerade empfinden. Ist es die Art, wie etwas von jemandem gesagt wurde? Ist es der Inhalt? Erinnert Sie irgendetwas an ein persönliches Erlebnis oder an die Weise, wie in Ihrer Familie gesprochen wurde?

Oft sind es gerade solche Beiträge, die einen Wandel im Dialog zu etwas ganz anderem hin bewirken. In einem unserer Dialoge meinte eine Teilnehmerin einmal: „Ich steige jetzt innerlich aus. Wir reden die ganze Zeit nur Blabla und das eigentlich Wichtige ist auf der Strecke geblieben." Diese Äußerung löste bei einem Teilnehmer negative Befindlichkeiten aus, da er davon überzeugt war, wertvolle Beiträge eingebracht zu haben. Diese Betroffenheit war für alle deutlich spürbar. Daraufhin nahm der Dialog eine Wende, es wurde darüber gesprochen, was denn das eigentlich Wichtige für dieses Thema sei. Wie sich in der Reflexionsrunde herausstellte, war genau diese Meinungsäußerung der Teilnehmerin ein wesentlicher Punkt dafür, dass der Dialog in Gang gekommen ist.

6.3 Systemisches Denken

Der kanadische Luchs und der amerikanische Schneeschuhhase stehen in einer **Räuber-Beute-Beziehung**: Gibt es viele Hasen, ist die Population der Luchse klein. Sind dagegen viele Luchse vorhanden, hat die Anzahl der Hasen einen Tiefpunkt erreicht. Die Populationsgrößen von Beute und Räuber schwanken periodisch und phasenverzögert. Würde man die einzelnen Populationen nur für sich untersuchen, könnte man diese Phänomene nicht erklären, oder wie Watzlawick bezogen auf sein (inhaltlich gleiches) Fuchsbeispiel nicht ohne eine gewisse Portion Humor anmerkt: „Die Zu- und Abnahme der Füchse würde unerklärlich bleiben, wenn man sie isoliert untersuchte – es sei denn, man wollte den Füchsen zu gewissen Zeiten einen ‚Todestrieb' zuschreiben" (Watzlawick et al. 2003, S. 21).

Man hat nur dann eine Chance, die Teile zu verstehen, wenn man das **Gesamtsystem** betrachtet. Die Zusammenhänge sind jedoch meistens so komplex, dass gegenwärtige Erklärungsmodelle wieder verworfen oder zumindest korrigiert werden müssen, weil Informationen dazukommen, die man vorher nicht beachtet hat oder über deren Einfluss nichts bekannt war. Nehmen wir erneut das Hasen-Luchs-Beispiel: Die Zusammenhänge scheinen deutlich vielfältiger zu sein als ursprünglich angenommen, da die Hasenpopulation offenbar weniger durch das Nachstellen der Luchse schrumpft, sondern weil die

Nahrungspflanzen der Schneeschuhhasen bei erhöhtem Fraßdruck Toxine bilden, welche diesen schaden. Der Luchs scheint diesen Prozessen eher passiv nachzufolgen.[66]

„Systeme verfügen über hervortretende Eigenschaften, die nicht in ihren Teilen vorhanden sind. Man kann die Eigenschaften eines gesamten Systems nicht bestimmen, indem man es zerlegt und die Teile untersucht" (O'Connor/McDermott 2003, S. 27). Um ein System besser zu verstehen, ist eine übergeordnete Betrachtung notwendig. Pressen Sie Ihre Hand mit etwas gespreizten Fingern an Ihr Gesicht. Wenn Sie nicht wüssten, dass es sich um Ihre Hand handelt, könnten Sie das nicht erkennen. Erst wenn Sie die Hand vom Gesicht entfernen, wird sie als solche wahrnehmbar.

Aufgrund der Komplexität von Systemen sind die einfachen **Wenn-dann-Denkweisen** zumeist zum Scheitern verurteilt. Wenn wir unseren Mitarbeitern eine Gehaltserhöhung geben, dann wird die Arbeitszufriedenheit steigen. Ja … wenn die Welt so einfach wäre, dann könnten wir viele Probleme leichter lösen! Systeme besitzen nicht nur Abhängigkeiten in sich, sondern sind zusätzlich immer mit anderen Systemen verbunden, was oftmals gar nicht so augenscheinlich ist.

Einen interessanten Gedanken zu dieser Allverbundenheit formuliert **Raymond Smullyan** in Bezug auf das Tao und die Frage, ob die Benennung, ja sogar das Nachdenken über das Tao das Universum verändert (Smullyan 1994, S. 46):

„[…] denn ein Benennen des Universums ist ein Vorgang, der selbst ein Ereignis im Universum darstellt; also ist das Universum danach nicht mehr dasselbe wie zuvor […] Angenommen, wir dächten lediglich über das Tao nach, ohne es konkret zu benennen; würde es dadurch ebenfalls verändert? Ich fürchte ja! Ändert sich das Universum, wenn wir darüber nachdenken? Selbstverständlich! Wenn sich jemand über das Universum Gedanken macht, enthält das Universum jemanden, der sich über es Gedanken macht. Wenn niemand über das Universum nachdenkt, enthält das Universum niemanden, der über es nachdenkt."

Beim Systemdenken sollte man sich grundsätzlich von den linearen Wenn-dann-Denkweisen verabschieden und stärker den Umstand in den Fokus rücken, dass die Umwelt nahezu immer einen stärkeren Einfluss ausübt als angenommen. Das Systemdenken steht in sehr enger Verbindung zu den mentalen Modellen, die regelmäßig auf einfachen Ursache-Wirkung-Denkmustern beruhen:
- Wenn sich mein Ehepartner mehr bemühen würde, auf meine Bedürfnisse einzugehen, dann wäre unsere Beziehung glücklicher.
- Ein gesünderer Lebensstil führt zur Senkung der staatlichen Gesundheitsausgaben.

Natürlich kann diesen Aussagen im Wesentlichen zugestimmt werden, zumindest im Hinblick auf bestimmte Teilaspekte. Aber es stimmt im Wesentlichen auch immer, dass die Verhältnisse komplizierter sind. Dazu kommt, dass in diesen Denkmustern Begriffe vorausgesetzt werden, die zunächst einmal hinterfragt werden müssen. Was verstehe ich unter

---

66 Vgl. http://de.wikipedia.org/wiki/Räuber-Beute-Beziehung (26.02.2020).

„meinen Bedürfnissen", unter einem „besseren Mitarbeiter" oder unter einem „gesünderen Lebensstil"? Es sind neben vielen unterschiedlichen Definitionen, über die vermutlich keine grundsätzliche und vollkommene Einigkeit herrscht, sehr viele Einflussfaktoren denkbar, die zumeist nicht nur nichtlinear, sondern in komplizierten **Wechselwirkungs- und Rückkoppelungsbeziehungen** zueinander stehen. Leider lernen wir in der Schule in erster Linie diese Art des abgekapselten, vereinsamenden Denkens, das sich beispielsweise in der Aufteilung der Gegenstände widerspiegelt. Wie überrascht sind viele, wenn sie an der Universität erkennen, dass die Fächer ineinandergreifen und man plötzlich auch Gelerntes aus anderen Vorlesungen oder gänzlich anderen Zusammenhängen einsetzen kann.

Stellen Sie sich bitte eine Frage der Art: „Was macht ein gutes Gespräch aus?" oder „Welche Faktoren machen einen Menschen glücklich?" Vermutlich werden Sie eine Liste erstellen, in der die einzelnen Faktoren, denen Sie eine ursächliche Wirkung zuschreiben, vorkommen, wie z. B.:

Gutes Gespräch:
zuhören
Anteil nehmen
aussprechen lassen
Blickkontakt haben …

Barry Richmond (Richmond 1993, S. 117) nennt mentale Modellierungsprozesse dieser Art **Wäschelisten-Denken** und hält es für das „dominant thinking paradigm in most of the western world today". Er vergleicht sie mit einem statistischen Verfahren, der **linearen multiplen Regression**. Bei diesem Verfahren werden einzelne Prädiktorvariablen (in unserem Beispiel: zuhören, Anteil nehmen, aussprechen lassen, Blickkontakt haben etc.) dazu benutzt, eine abhängige Variable vorherzusagen (hier: „gutes Gespräch").

$$\hat{y} = b_1 \cdot X_1 + b_2 \cdot X_2 + \cdots b_k \cdot X_k$$

Die b-Koeffizienten oder kurz Beta-Gewichte werden so bestimmt, dass die Regressionsgleichung die abhängige Variable möglichst genau vorhersagt.

In diesem Denkmodell finden wir u. a. die Grundannahme, dass die einzelnen Variablen das „gute Gespräch" beeinflussen, entweder als einzelne Faktoren oder sich auch gemeinsam verstärkend oder abschwächend. Wenngleich im statistischen Modell **Kausalität** selbstverständlich nicht grundsätzlich angenommen werden kann, in unserem Denken tut es das für gewöhnlich. Es können Verknüpfungen zwischen den Variablen irrtümlich für ursächlich gehalten werden.

Oder nehmen wir den Einfluss der Umwelt, welcher in unserem Denken sehr oft zu kurz kommt, und beziehen uns dabei auf das berühmte **Stanford-Prison-Experiment** von Philip Zimbardo. In diesem wurden die Auswirkungen situativer Variablen auf das Verhalten von Menschen, die sich in simulierten Gefängnissituationen (entweder als

Pseudo-Häftlinge oder als Pseudo-Wärter) befanden, untersucht. Nach den üblichen Begriffen normale Menschen entwickelten in ihrer Wärter-Rolle oftmals sehr grausame, sadistische Züge, sodass das Experiment abgebrochen werden musste. Zimbardo gelangte u. a. zu den Schlussfolgerungen, „dass die meisten Menschen erhebliche Persönlichkeitsveränderungen durchmachen können, wenn sie im Schmelztiegel sozialer Kräfte gefangen sind" und dass die „wichtigste einfache Lektion, die uns das Stanford-Prison-Experiment lehrt, lautet: Es kommt auf die Situation an" (Zimbardo 2008, S. 208).

Dieses Experiment war extrem und ist mit Alltagssituationen nur bedingt vergleichbar, obwohl wir in Familien oder an Arbeitsstellen oft Bedingungen vorfinden können, die strukturell diesen Laborbedingungen gar nicht so unähnlich sind. Wie an anderer Stelle in diesem Buch schon ausgeführt, neigen wir dazu, Persönlichkeitsmerkmalen eine zu starke und situativen Bedingungen eine zu schwache Bedeutung beizumessen. Deshalb schlussfolgert Zimbardo aus seinen jahrzehntelangen Forschungen (ebd.):

„Wenn wir versuchen wollen, die Ursache eines rätselhaften, ungewöhnlichen Verhaltens – bei uns selbst oder anderen – zu verstehen, sollten wir darum mit einer situativen Analyse beginnen. Wir sollten nur dann auf dispositionelle Analysen (Gene, Persönlichkeitsmerkmale [...]) zurückgreifen, wenn die situative Detektivarbeit das Rätsel nicht lösen kann."

Neben den vielen anderen bedeutsamen Resultaten und Schlussfolgerungen, die bei Zimbardo zu finden sind, geht es also auch darum, die Einflüsse der die Menschen umgebenden Situationen viel stärker als bisher zu berücksichtigen und auch die „Macht von Vorschriften, die Realität zu formen", sehr genau unter die Lupe zu nehmen.

Trotz der unbestrittenen Wichtigkeit von Regeln in Systemen sind viele dieser Normen zu einer Art „Leinwand für die Dominanz derjenigen, die sie aufstellen, oder derjenigen, die sie durchsetzen sollen" (ebd., S. 209), mutiert. So finden wir in Organisationen ebenso wie im privaten Leben oft sogenannte **Systemarchetypen**, also Strukturen von Verhaltensmustern, die zumeist verdeckt sind. Senge (Senge 1996, S. 131) nennt als eine dieser archetypischen Strukturen die **Problemverschiebung**. Es ist ein tiefliegendes Problem vorhanden, das aber schwierig zu lösen ist, weshalb beispielsweise auf schnelle Patentrezepte zurückgegriffen wird. Diese setzen aber nur an den Symptomen an und nicht an deren Ursache und wirken obendrein wie selbsterfüllende Prophezeiungen.

Ein einfaches Beispiel wäre der Versuch, das Bedürfnis nach Entspannung aufgrund von Arbeitsüberlastung durch Alkoholkonsum zu befriedigen. Anstatt Aufgaben oder Aufträge abzugeben, wird das Problem überdeckt, die Problemverschiebung nicht durchbrochen. Die daraus entstehenden Kräfte können enorm zerstörerisch sein.

Man wird, wenn man den Problemen wirklich auf den Grund gehen möchte, systemische Sichtweisen benötigen. Kein arbeitender Mensch ist auf die Arbeitsrolle reduziert, alles hat immer mit interagierenden Systemen, wie dem existierenden familiären Umfeld oder aber auch den versteckten überlieferten Familiensystemen mit ihren Werten wie Fleiß, Ehrgeiz, Durchhalteidealen, nicht Überanstrengen, lass dir nichts gefallen usw.

zu tun. Die Wechselwirkungen sind sehr komplex. Im Grunde ist ein Archetyp „nichts anderes als ein sichtbar gemachtes mentales Modell" (Senge et al. 2004, S. 189).

Die an anderer Stelle in diesem Buch genannten Techniken, um mit mentalen Modellen zu arbeiten, – vornehmlich die Leiter der Schlussfolgerungen (siehe S. 59 ff.) und die Linke-Spalte-Übung (siehe S. 210 f.) –, sind auch für die Arbeit mit Systemarchetypen geeignet.

6.4 Zwölf dialogische Kompetenzbereiche

Was sind nun also dialogische Kompetenzen? Man könnte sagen: So ziemlich alles, was einer respektvollen, offenen, kreativen Gesprächsatmosphäre und der Schaffung von etwas gemeinsamem Neuem förderlich ist.

Nachfolgend seien zwölf Kompetenzbereiche vorgestellt, die zur Entwicklung und Förderung dialogisch motivierter Kommunikation dienlich sind.[67] Sie bieten ein Raster, um die aus meiner Sicht besonders wesentlichen Eigenschaften und Prinzipien zur Förderung kreativer Gespräche im Auge zu behalten (Abb. 28). Bei den zwölf Bereichen handelt es sich um eine Zusammenfassung jener Herleitungen, Beispiele und Kompetenzen, die im Rahmen dieses Buches besprochen wurden. Es ist hilfreich, sich diese immer wieder vor Augen zu führen bzw. diese als eine Art „Regelgerüst" mit Gesprächspartnern durchzugehen, um sich ihre Bedeutung immer wieder vor Augen zu führen.

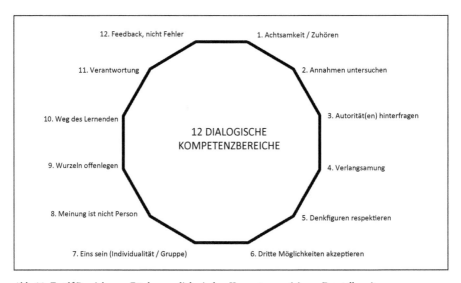

Abb. 28: Zwölf Bereiche zur Förderung dialogischer Kompetenzen (eigene Darstellung)

---

67 Ich habe mich dabei neben persönlichen Praxiserfahrungen u.a. an folgenden Autoren orientiert: Bohm (1996), Hartkemeyer/Hartkemeyer (2005), Senge (1996), Isaacs (1999), Csíkszentmihályi (2010a) und Zimbardo (2008).

1. **Achtsamkeit/Zuhören: Ich bin achtsam und höre zu.**
   Schlüsselbegriffe: *Achtsamkeit, aktiv zuhören, alte Muster, Emotionen, Körperzustände*
   Ich bin oft so in alten Denkmustern verhaftet, dass mir Hinweise in meiner Umwelt nicht oder kaum auffallen, wie etwa das, was jemand anderer wie zu mir sagt oder wie es körpersprachlich ausgedrückt wird (Inhalt und Körpersprache passen nicht zusammen). Ich höre jemandem zu, ohne ihm wirklich zuzuhören – es ist eine Art achtlose Unaufmerksamkeit. Wenn ich vermehrt darauf achte, ob mir mein Körper Warnhinweise gibt, werde ich dieser achtlosen Unaufmerksamkeit gewahr. Zudem weiß ich, dass Zuhören ein äußerst aktiver Prozess ist.

2. **Annahmen untersuchen: Ich untersuche meine Annahmen und die des anderen.**
   Schlüsselbegriffe: *Automatismen, Heuristiken, Schnellschüsse*
   Ich neige dazu, die eigenen Annahmen für wahr zu halten, ohne zu bedenken, dass andere Sichtweisen ebenso ihre Berechtigung haben. Deshalb achte ich vermehrt darauf, meine Annahmen oder Meinungen wie ein Bild vor meinem geistigen Auge aufzuhängen und zu untersuchen, ohne sie zu bewerten. Was könnte dahinterstecken, dass ich genau diese Meinung vertrete? Hat es etwas mit meiner persönlichen Geschichte zu tun, und wenn ja, was? Schließe ich vielleicht von einer bestimmten Wahrnehmung, die ich mache, auf etwas Zweites oder Drittes? Läuft eine Schlussfolgerung in mir wie automatisch ab?

3. **Autorität(en) hinterfragen: Ich hinterfrage Autorität(en) und setze Meinungsführer, Regeln und Urteile einer allgemeinen Untersuchung aus.**
   Schlüsselbegriffe: *Leiter der Schlussfolgerungen, Annahmen in der Schwebe halten, Rituale*
   Immer dann, wenn mir Regeln, Führungsansprüche oder (versteckte) Überzeugungsversuche begegnen, läuten bei mir die Alarmglocken. Ich frage mich, welche Motive dahinterstecken könnten. Warum möchte mich jemand überzeugen? Gibt es gute Gründe, warum ich einer Regel oder Anordnung folgen sollte? Wenn ich für mich solche guten Gründe ausmachen kann, entscheide ich mich bewusst dafür, es zu tun, bleibe aber stets hellhörig. Ich kann Führungsansprüche, Regeln und Urteile immer hinterfragen und einer allgemeinen Untersuchung aussetzen.

4. **Verlangsamung: Ich bin bereit zu Verlangsamung und Entschleunigung.**
   Schlüsselbegriffe: *Automatismen, Heuristiken, Entschleunigung, aktives Zuhören, Entspannung*
   Ich lebe in einer sehr schnellen Welt. Diese Schnelligkeit kann dazu führen, dass ich einem anderen oder auch mir selbst nicht richtig zuhöre. Deshalb übe ich mich darin, mich zurückzunehmen und mehr auf meine innere Stimme zu hören. Wenn ich in einem Gespräch bin, schalte ich den Automatismus, reagieren und etwas sagen zu müssen, zurück und höre einfach nur zu, indem ich mich – vielleicht unter Einsatz einer

kurzen Entspannungsübung – voll dem anderen widme. Ich muss nicht immer und überall etwas sagen. Und wenn ich es einmal sehr eilig habe, entschleunige ich ganz bewusst, indem ich mich beispielsweise für eine Minute hinsetze oder stehenbleibe und an etwas Schönes denke.

5. **Denkfiguren respektieren: Ich respektiere andere Denkfiguren als gleichwertig, ohne sie deswegen übernehmen zu müssen.**
Schlüsselbegriffe: *mentale Modelle, Leiter der Schlussfolgerungen, Tertium non datur*
Meine Denkfiguren sind Konstruktionen, die nur aus meiner persönlichen Geschichte heraus zu verstehen sind. So klar mir das ist, so schwierig ist es in der Umsetzung, denn irgendwie neige ich doch dazu, die eigenen gedanklichen Konstrukte für wahrer zu halten. Vielleicht sind sie das auch und es besteht auch gar kein Grund, sie aufzugeben. Aber das Wesentliche für mich ist: Ich sage mir immer wieder, dass ich mir dessen bewusst bin und dass jemand mit anderen Denkfiguren dies genauso für sich in Anspruch nimmt. So wie ich nicht möchte, dass man versucht, mich mit allen Mitteln von irgendetwas zu überzeugen, so werde ich mich bemühen, andere Denkfiguren als gleichwertig, wenn auch anders, zu respektieren.

6. **Dritte Möglichkeiten akzeptieren: Ich akzeptiere dritte Möglichkeiten und versuche mich in der Haltung eines „Sowohl-als-auch".**
Schlüsselbegriffe: *Tertium non datur, richtig und falsch, mentale Modelle*
Wenn ich Ansichten, Denkfiguren, Meinungen etc. wahrnehme, die augenscheinlich zueinander im Widerspruch stehen, sage ich mir: „Es gibt ein Drittes. Ein Entweder-oder-Denken ist mir zu schwarz-weiß, ich suche nach Schattierungen." Und ich versuche, in Gesprächen solche Entweder-oder-Denkmuster zu identifizieren. Sagt jemand beispielsweise: „Wir müssen x tun, denn schließlich geht es um y", so frage ich mich: Stimmt das – entweder x oder es gibt kein y? Es gibt fast immer dritte, vierte, fünfte und weitere Möglichkeiten. Aus diesem Grund orientiere ich mich am Denkmuster „Es ist (unter Berücksichtigung der Umstände a, b, c) sowohl dies als auch jenes richtig oder möglich oder denkbar oder ..."

7. **Eins sein (Individualität/Gruppe): Ich bin *eins* mit der Gruppe und *eins* mit mir selbst, das heißt, ich versuche mich in der Balance von gesunder Nähe und Distanz.**
Schlüsselbegriffe: *„Inner State", innere Quellen, systemisches Denken, Ambiguität, Tertium non datur*
Auf der einen Seite bin ich ein Individuum, das sich von anderen abgrenzen möchte, auf der anderen Seite bin ich ein soziales Wesen, das ohne andere nicht existieren kann. Wie gehe ich mit dieser Dualität von Zurückhaltung und Aufgeschlossenheit um? Ich akzeptiere diese scheinbar widersprüchlichen Wünsche und nutze sie als einen Motor, der mich antreibt: Die Individualität ist notwendig, etwas Wunderbares und Erhal-

tenswertes, und zugleich erlauben die individuellen Unterschiede, da sie Grenzen aufzeigen, mit der Gruppe zu wachsen und neue Wege zu finden. Nur an Unterschieden sind wirkliche Lernerfahrungen möglich!

8. **Meinung ist nicht Person: Ich unterscheide zwischen Meinung und Person, das heißt, ich weiß, dass Meinungen und Ansichten nicht mit der Person als Ganzes gleichzusetzen sind.**
   Schlüsselbegriffe: *Emotionen, „Inner State", Fragmentierung, Beobachtung und Bewertung, „thoughts" und „felts"*
   Besonders dann, wenn mich ein Thema emotional berührt, trenne ich bewusst zwischen mir als Person und meiner Meinung. Dabei achte ich auch auf körperliche Zustände, die mir einen Hinweis auf beginnende Gefühlsreaktionen geben. Meine Meinung – das bin nicht ich in meiner Gesamtheit. Andere Teile meiner Persönlichkeit sind davon mehr oder minder unberührt. Deshalb besteht auch kein Grund, mich als Ganzes angegriffen zu fühlen. Ich kann in einer solchen Situation klar trennen: Hier bin ich mit einem Teil von mir, der diese Ansicht vertritt, dort bin ich mit dem Rest. Dieser Rest sieht keine Notwendigkeit darin, sich von meinem Ansichtsteil hineinziehen zu lassen. Ich betrachte meinen Ansichtsteil aus einer beobachtenden Perspektive, was mir eine selbstkritische Distanz ermöglicht.

9. **Wurzeln offenlegen: Ich präsentiere nicht nur Denkprodukte, sondern lege die Wurzeln – die Wege, die zu diesen geführt haben – offen.**
   Schlüsselbegriffe: *mentale Modelle, Leiter der Schlussfolgerungen, Kausalität, Erkunden und Plädieren*
   Ich liefere nicht einfach nur meine Annahmen als Denkprodukte ab, sondern lege den Weg dorthin offen, sodass ich intensiver nachvollziehen kann, wie ich zu meinen Annahmen gekommen bin, und auch die anderen eine Chance haben zu ergründen, was mich bewegt und mein Denken beeinflusst. Und ich frage die anderen nach deren Denkprozessen, damit auch sie diese offenlegen können.

10. **Weg des Lernenden: Ich bin ein Lernender auf dem Weg und stets offen für das Hinterfragen des Erreichten und für Veränderungen.**
    Schlüsselbegriffe: *Modell H, Four-Player-Modell, Visionen und Ziele, kognitive Dissonanzen, systemisches Denken, Neuroplastizität*
    Das Leben ist ein permanenter Lernprozess. Es geht nicht um sogenannte Fakten, um Informationen, sondern um das Lernen im Sinne der Personal Mastery. Das heißt, ich achte darauf, meine Fähigkeiten auf dem Weg zu meinen Zielen und Visionen zu verbessern. Ich betrachte mein Leben wie ein schöpferisches Werk und vertrete eine kreative Lebensauffassung. Dabei kläre ich immer wieder ab, was mir wichtig ist und wie ich diese Ziele erreichen kann. Das Leben ermöglicht mir eine kreative Spannung zwischen dem, was ich möchte, und dem, wo ich gerade stehe.

11. **Verantwortung: Ich bin verantwortlich für meine Reaktionen, aber auch dafür, wie ich mich anderen gegenüber verhalte, und ich weiß, dass mein Verhalten bei einem anderen stets etwas auslöst.**
Schlüsselbegriffe: *systemisches Denken, Problemverschiebung, Emotionen, „Inner State"*
Alle meine Gedanken und Reaktionen sind das Produkt meiner Wahrnehmung und meiner persönlichen Geschichte. Was an den Ohren eines anderen substanzlos vorbeirauscht, berührt mich persönlich vielleicht enorm. Ich sehe die Welt mit meinen Augen, höre sie mit meinen Ohren, fühle sie mit meinen Sinnen und rieche sie mit meiner Nase – und ich bewerte sie mit meinen Gedanken und reagiere mit meinen Emotionen. Also trage ich für meine Gefühle und Gedanken auch selbst die Verantwortung. Dennoch bin ich auch eingebunden in das soziale Umfeld, in dem ich mich bewege. Alles, was ich von mir gebe, kommt in irgendeiner Form bei meinem Gegenüber an. Deshalb achte ich darauf, dem anderen offen und respektvoll zu begegnen.

12. **Feedback, nicht Fehler: Ich spreche von Feedback, nicht von Fehlern.**
Schlüsselbegriffe: *Beobachten und Bewerten, Wahrnehmungsgenauigkeit, Halo-Effekt*
Ich denke nicht mehr in den Schwarz-Weiß-Dimensionen von Richtig und Falsch. Das Leben ist nicht wie ein Diktat, in dem Fehler rot markiert werden. Meine Handlungen können in den meisten Fällen erst im Nachhinein beurteilt werden und ob etwas ein „Fehler" war, ist selten so klar, wie es scheint. Klar ist jedoch, dass jede Handlung eine Lernchance bietet und mir die Möglichkeit zu Feedback gibt – von mir mir selbst gegenüber oder vonseiten anderer. Deshalb ersetze ich den Begriff „Fehler" durch „Feedback"!

7 Fallbeispiele dialogischer Prozesse

Die Anwendungsfelder für den Dialog sind so unterschiedlich, die Erwartungen der Zielgruppen so verschieden, die Stile von Dialog-Begleitern so unvergleichbar, dass Handlungsanleitungen im Sinne von Rezepten fragwürdig und kontraproduktiv wären. Dialoge als Gesprächsmodell für Gruppen oder als Beratungskonzept können in vielen, sehr verschiedenen Umgebungen und unter äußerst unterschiedlichen Voraussetzungen geführt werden, etwa im Rahmen von arbeitspsychologischen Gesamtkonzepten oder mit Privatpersonen, die sich einfach nur zum Austausch treffen möchten, als Versuch einer konkreten Konfliktlösung in der Partnerschaft oder als Führungsaufgabe im Unternehmen.

Im Folgenden werden zwei unterschiedliche Settings besprochen: der Gruppendialog in einem Unternehmen sowie die Wahrnehmung von Führungsaufgaben unter Zuhilfenahme des DI·ARS-Modells anhand von zwei Fallbeispielen. Ein Fallbeispiel für einen dialogisch orientierten Coaching-Prozess mit dem DI·ARS-Modell finden Sie in Kapitel 3.3 (siehe S. 85 ff.).

7.1 Dialog in der Gruppe

Ein Gruppendialog entspricht am ehesten dem, was man sich unter dem Dialog im Sinne Bohms vorstellt. Zumeist handelt es sich um Gruppen von 15 bis 25 Personen, die von einem Dialog-Begleiter „geführt" werden. Im Folgenden wird das Fallbeispiel eines Gruppendialogs vorgestellt, reflektiert und schließlich anhand der Kernelemente analysiert.

Im Rahmen der Vorbereitung eines Dialogprojekts in Institutionen bzw. Unternehmen sind folgende Punkte unbedingt zu beachten:
- Auftragsklärung
- Zielgruppe
- Zeitrahmen/Örtlichkeit
- Selbstreflexion

Die **Auftragsklärung** kann sich als äußerst heikler Punkt herausstellen und wir wollen uns hier ausschließlich auf beauftragte Dialoge in öffentlichen oder privaten Institutionen beziehen. Eine Grundvoraussetzung ist, und das gilt für organisationspsychologische Maßnahmen generell, dass das Projekt „Dialog" die uneingeschränkte Unterstützung vom Kopf der Institution erfährt. Achten Sie darauf, dass Sie nicht für eine halbherzige Aktion im Sinn von „Wir bieten unseren Mitarbeitern Fortbildungen an" eingespannt werden. Das ist schon bei den üblichen Coaching- und Supervisionsaufträgen heikel (man übernimmt schnell einen sogenannten „vergifteten" Auftrag) und für den Dialog, der niemals eine Maßnahme zur kurzfristigen Zielerreichung sein kann, gilt das in noch stärkerem Ausmaß. Der Dialog im hier verstandenen Sinn ist nämlich nicht als klassische Fort- oder Weiterbildung zu verstehen, vergleichbar mit einem zweitägigen Kommunikationsseminar, sondern betrifft die Unternehmenskultur in einem ganzheitlichen Sinn.

Fragen Sie deshalb sehr genau nach, von wem der Wunsch nach einem Dialogprozess ausgeht. Ist es die Personalabteilung, ist es der Geschäftsführer, geht der Wunsch von bestimmten Mitarbeitern aus und worin liegt die Motivation? Der Dialog im Unternehmen ist von Aufträgen wie Supervision, Coaching, Moderation oder Mitarbeiterschulung zu unterscheiden. Machen Sie klar, dass das mittel- bis längerfristige Ziel eine tiefgehende Veränderung ist, dass der Dialog einen Zugang darstellt, um das Teamlernen zu verbessern. Der frühere Planungskoordinator der Royal Dutch/Shell, Arie de Geus, hat einmal gesagt: „Die einzigen relevanten Lernprozesse in einem Unternehmen sind die Lernprozesse der Personen, die die Macht zum Handeln haben" (Senge 1996, S. 409). Damit sind nicht nur die oberen Hierarchieebenen gemeint, diese Definition sollte möglichst viele Personen einschließen: nicht nur Mitarbeiter in eher ausführenden Rollen, sondern auch etwa Geschäftspartner, Lieferanten, externe Auftragnehmer oder Kunden.

Es ist günstig, wenn ein konkretes Lernfeld den ersten Anlass für den Unternehmensdialog bietet. Dann kann dieses erste Thema zum einleitenden Übungsfeld werden mit der Aussicht, in weiterer Folge auch andere Themen zu bearbeiten.

Ein Thema, das auf keinen Fall vergessen werden darf, ist jenes der Hierarchie. Soll der Dialog mit einer Gruppe von Mitarbeitern beginnen, die auf gleicher Hierarchieebene stehen? Oder möchten Vorgesetzte dabei sein? Wenn ja, unter welchen Bedingungen? Greifen Sie bei diesen schwierigen Fragen auf Ihre Erfahrungen und Einschätzungen als Trainer zurück. Sie bewegen sich in einem Spannungsfeld, da der Dialog mit der Hierarchie stirbt (siehe Kap. 5.1.1). Aber als Faustregel gilt: Es wird dem Dialog nicht zugute kommen, wenn ein Vorgesetzter hin und wieder „mal vorbeischaut". Meistens funktioniert ein Dialogprozess grundsätzlich nicht, wenn Vorgesetzte *anwesend* sind, d.h. „normal" daran teilnehmen. Es mag Institutionen mit flachen Hierarchien geben, in denen Offenheit, Ehrlichkeit und Vertrauen vorherrschen, sodass es kein Problem darstellt, wenn Vorgesetzte als Teilnehmer eingebunden sind – der Regelfall ist dies (leider) nicht. Der Dialog stirbt tatsächlich mit der Hierarchie.

Aus eigener Erfahrung kann ich exemplarisch einen derartigen Fall schildern, der dies lehrbuchmäßig verdeutlicht. Der engagierte Leiter der technischen Abteilung eines mittelständischen Unternehmens war höchst motiviert, regelmäßig Dialog-Runden mit seinen Mitarbeitern zu etablieren, wollte aber aus budgetären Gründen selbst die Rolle des Dialog-Begleiters einnehmen. Die „Dialog-Runden" begannen damit, dass er einen Mitarbeiter als Protokollführer bestimmte – ein Verhalten, das die Menschen in Unternehmen so gewohnt sind, das aber für den Dialog tödlich ist. Dementsprechend nahmen die Mitarbeiter natürlich an diesem motivierten Kommunikationsprojekt teil, aber es war offensichtlich und vermutlich für jeden Beobachter mit etwas beraterischer Erfahrung und Empathie klar erkennbar, dass dieses verordnete Projekt mit dem Chef als Begleiter alles andere als ein Dialogprojekt im Bohm'schen Sinne war.

Wenn also diese Fragen nicht ausreichend im Vorfeld geklärt werden können, sollten Sie überlegen, einen Dialog-Auftrag unter diesen nicht zufriedenstellenden Rahmenbedingungen nicht anzunehmen. Versuchen Sie zumindest, in einem Gespräch mit Vorgesetzten und Mitarbeitern, die am Dialog teilnehmen sollen, diese Probleme zu lösen, bevor Sie sich für die Annahme des Auftrages entscheiden.

Machen Sie auch klar, dass Dialogprozesse über einen gewissen Zeitraum hin **Begleitung**, d. h. einen Dialog-Facilitator benötigen. Wenn die Teilnehmer genügend Erfahrungen gesammelt haben und die Motivation vorhanden ist, diese Form des Miteinanders weiter zu kultivieren, hat sich der Facilitator – wie es sein sollte – überflüssig gemacht.

Beschäftigen Sie sich eingehend mit der konkreten **Zielgruppe**, also jenen Personen, die Sie beim Dialogprozess begleiten sollen. Werden sie freiwillig teilnehmen oder besteht Druck von oben? Über welches Ausbildungsniveau verfügen die Personen, wie ist die Gruppe zusammengesetzt? Haben sie Erfahrung mit Seminaren, mit der abstrakten Bearbeitung von Themenfeldern, oder sind sie eher praktisch orientiert? Wenn die Teilnahme nicht auf absoluter Freiwilligkeit beruht, ist das kein K.-o.-Kriterium, aber es wird wesentlich mehr von Ihnen abverlangt werden.

Versuchen Sie mit zumindest einigen Team-Mitgliedern im Vorfeld in Kontakt zu treten und eine erste Vertrauensbasis herzustellen. Nutzen Sie auch hier wieder Ihre Erfahrungen und Kompetenzen als Berater.

Zeitrahmen und **Örtlichkeit** sind zu bestimmen und festzulegen. Achten Sie darauf, dass für die Dialoge selbst ein ausreichend großer Raum mit der Möglichkeit für einen Stuhlkreis zur Verfügung steht. Der Raum sollte so groß sein, dass man erstens nicht beengt aufeinandersitzt, sondern eine platzeinnehmende Mitte gestalten kann und zweitens auch hinter den Stühlen Raum hat. Ein guter Sitzkreis ist einer, in dem man jeden Teilnehmer ohne Verrenkungen gut sehen kann – auch den direkten Sitznachbarn! Schauen Sie darauf, dass für Gruppen- oder Einzelübungen genügend Platz vorhanden ist, eventuell noch ein zweiter oder dritter Raum, je nach Anzahl der Teilnehmer. Meiner Erfahrung nach hat es sich bewährt, wenn für eine einführende Präsentation, die Übungen und theoretischen Teile ein anderer Raum verwendet werden kann als für die Durchführung der Dialoge selbst. Das schafft andere Einstellungen und Bereitschaften, es schafft eine eigene Dialog-Atmosphäre, die in den Teilnehmern auch körperlich-räumlich verankert ist.

Last, not least steht die **Selbstreflexion. Wir möchten davon abraten, ohne entsprechende Übung und Erfahrung als Dialog-Facilitator gleich in Unternehmen zu gehen.** Vielleicht fangen Sie so an, dass Sie im Rahmen Ihrer herkömmlichen Arbeitsbereiche, in denen Sie gut sind, dialogische Elemente in kleineren Dosen einbauen. Das wird Sie in diesem Feld stärken und Sie schrittweise der qualifizierten Dialog-Begleitung näherbringen.

Hintergrund des nun zu besprechenden Fallbeispiels:
In einem mittelständischen Unternehmen soll im Rahmen eines Gesundheitsprojektes unter anderem die Gesprächskultur verbessert werden, weil diese als schlecht empfunden wird (dies zeigte eine anonyme Mitarbeiterbefragung deutlich). Konkrete Themen, die den Betrieb als Ganzes betreffen, sollen im Rahmen von Dialog-Runden besprochen werden, weil dadurch die Veränderung der Gesprächskultur direkt eingeübt und idealerweise längerfristig im Unternehmen implementiert werden kann.

Vorbereitung:
Im Vorfeld war den Teilnehmern der Dialog als Gesprächsform und -haltung im Rahmen von Einführungsworkshops bereits nähergebracht worden, auch kannten sie einzelne Elemente wie die Handhabung der Kreisform und des Redesymbols oder Prinzipien wie das Suspendieren (siehe Kap. 8.5). Problematisch war das generelle Misstrauen der Mitarbeiter untereinander. Es wurde darauf geachtet, im Unternehmen bestehende Hierarchien nicht abzubilden – alle Teilnehmer befanden sich rein formal auf derselben hierarchischen Ebene. Der Betriebsrat war in das Dialogprojekt von Anfang an eingebunden.

Das hier vorgestellte Fallbeispiel schildert in verkürzter Form eine Dialog-Runde mit rund 20 Teilnehmern und einer Dauer von 90 Minuten. Die Mitarbeiter wählten hierfür das Thema der als mangelhaft bewerteten Qualität der Kantine. Das dialogische Gespräch wird im Folgenden verkürzt dargestellt mit Fokus auf jene Vorkommnisse und Inhalte, die für den Verlauf und die Analyse des Gespräches relevant sind. Auf die fortlaufende Nummerierung wird bei der nachfolgenden Reflexion und Analyse direkt Bezug genommen.

Ablauf der Dialog-Runde:

1 Einstieg
1.1 *Der Dialog-Begleiter leitet ein, wiederholt das Thema („Qualität der Kantine"), verweist kurz auf ein paar wichtige Regeln (kein Sprechen ohne Redesymbol, Einbeziehen der Mitte, Denkprozesse offenlegen und nicht nur Denkprodukte, Zeitrahmen: mindestens 60, maximal 90 Minuten mit der Option auf eine Verlängerung um zehn Minuten). Erwähnt wird an dieser Stelle unter Verweis auf den vorherigen Workshop, dass es immer wieder zu längeren Phasen des Schweigens kommen kann und dass dies für den Dialog wichtig ist, dass die „stillen" Prozesse im Geist oft zu Erkenntnissen führen, die für das Ganze bedeutsam sind.*
1.2 *Der Dialog-Begleiter weist darauf hin, dass er in seiner Rolle möglicherweise Redebeiträge ohne Nutzung des Redesymbols einbringen wird, wenn er dies aus prozesstechnischen Gründen für notwendig hält. Er erklärt die Dialog-Runde für eröffnet.*

2   Durchführung
2.1   *Nach anfänglichem Zögern nimmt ein Teilnehmer das Redesymbol:* „Es ist an der Zeit, die recht miese Qualität unseres Kantinenessens zur Sprache zu bringen. Ich behaupte, jeder weiß das, jeden stört es und seit Jahren wird nichts geändert."
2.2   *Rund fünf Minuten gibt es keine Redebeiträge.*
2.3   Teilnehmer: „Ich weiß gerade nicht, wie wir weiterkommen sollen, wenn wir uns anschweigen. Deshalb sage ich jetzt was … Vorige Woche hatten wir Kartoffel, die richtig ranzig geschmeckt haben. Das war ja nicht zum ersten Mal. Wenn das nächste akzeptable Lokal nicht so weit weg wäre, würde eh fast keiner mehr in unsere Kantine gehen. Aber ich weiß nicht, wie man das lösen kann, wenn die Zuständige nie was unternimmt, obwohl das schon so oft ein Thema war."
2.4   *Es folgen für die Dauer von rund 15 Minuten einige allgemeine Beiträge zum Kantinenbetreiber und Speisenangebot.*
2.5   *Ein Teilnehmer holt unmittelbar nach Rückgabe das Redesymbol aus der Mitte:* „Ich finde auch, dass die Menüs immer sehr fleischlastig sind."
2.6   Teilnehmer: „In der heutigen Zeit sollte man wirklich mehr auf Qualität achten – es gibt bei uns immer Paniertes, Fettiges, wenn Fisch – dann paniert, Kartoffelsalat, Rindfleischsalat, Krautsalat und Pudding oder billige Kuchen aus der Masse. Gesundes sehe ich kaum, und wenn, dann meinen die, bloß weil was vegetarisch ist, ist es schon gesund."
2.7   *Es folgen rasch hintereinander einige Beiträge, die sich auf Allgemeinplätze zu dem, was gesunde Ernährung bedeute, beziehen.*
2.8   Teilnehmer: „Ich habe den Eindruck, das Ganze dreht sich jetzt mehr um die Frage, ob wir zu fleischlastig im Angebot sind, und nicht um die Qualität des Essens. Was Andrea zuerst gesagt hat, war ja wie ein Angriff auf alle, die Fleisch essen. Es geht nicht darum, sondern um die Qualität der Kantine."
2.9   Teilnehmer: „Wenn wir über die Qualität reden, hat das nichts mit vegetarisch oder nicht zu tun, das ist was ganz anderes. Über vegetarisch oder nicht möchte ich hier nicht reden."
2.10   Teilnehmer: „Vegetarisch, vegan – das alles kann man nicht außer Acht lassen, weil es die Qualität direkt beeinflusst. Der gesunde Lebensstil wird immer verbreiteter in der Gesellschaft und in einer Kantine, die so fleischlastig ist, mit so vielen Fetten und künstlichen Geschmacksverstärkern, gibt es für immer weniger Leute ein akzeptables Angebot."
2.11   *Es melden sich einige Teilnehmer zu Wort, die diese Thematik vertiefen und den Dialog stärker in die Richtung „Gesunde Ernährung (Vegetarismus) versus Fleischkonsum" führen.*
2.12   Teilnehmer: „Wenn man bedenkt, dass für ein Kilo Fleisch 15 000 Liter Wasser benötigt werden und für ein Kilo Weizen gerade 1 000, da sieht man deutlich, in welche Richtung das Angebot gehen sollte."

2.13 Teilnehmer: „Vom Tierleid in der Haltung und beim Transport ganz zu schweigen. Meine Tochter hat mir neulich ein Buch von einer amerikanischen Psychologin gezeigt, da geht's um den sogenannten Karnismus, da geht's darum, wie schizophren wir mit Tieren umgehen – auf der einen Seite die Heim- und Streicheltiere, auf der anderen Seite die Nutztiere. Das betrifft uns alle."

2.14 Teilnehmer: „Reden wir jetzt über die Kantine und die miese Qualität dort oder über die Moral des Fleischkonsums?"

2.15 Teilnehmer: „Ich will über Moral nicht sprechen, das ist interessant und sinnvoll, aber hier geht's um die Firma und unser Essensangebot."

2.16 *Drei Teilnehmer nehmen in rascher Folge das Redesymbol und bringen über eine Dauer von fast zehn Minuten ernährungsmedizinische und ethische Aspekte zum Fleischkonsum ein.*

2.17 Dialog-Begleiter: „Das Thema hat sich jetzt ein wenig wegentwickelt von der ursprünglichen Absicht, über die Qualität des Kantinenessens zu sprechen und hier zu sehen, ob es vielleicht Lösungen geben könnte, die anzudenken wären. Angesichts des Umstandes, dass Sie noch maximal 20 Minuten haben, bevor wir schließen müssen, um den Zeitplan einzuhalten – das war eine Bedingung, auf die wir uns geeinigt hatten – bitte ich Sie als Gruppe, sich darüber kurz Gedanken zu machen. Wollen Sie die Zeit nutzen, um zurückzugehen zur Kantinenqualität, oder führen Sie das Gespräch so weiter?"

2.18 *Es folgt eine Periode von rund fünf Minuten, in der nichts gesagt wird.*

2.19 Teilnehmer: „Das, was Hans [2.15] eben gesagt hat, ist typisch dafür, wie bei uns mit Themen umgegangen wird, nämlich überhaupt nicht oder am besten abstellen, nicht mehr drüber reden. Woher willst du [2.15] wissen, dass es hier niemanden gibt, der über Moral sprechen will? Du sagst „Ich will nicht drüber reden", und basta. Egal, worum es geht, bei uns wird nie über was gesprochen oder ein Thema, das problematisch ist, behandelt."

2.20 *Das Gespräch dreht sich die nun verbleibenden 15 Minuten um die Art und Weise, wie im Unternehmen aus Sicht der Teilnehmer mit Problemen umgegangen wird. Beispielhaft sei ein Redebeitrag wiedergegeben:* „Als wir die Schwierigkeiten mit dem Lieferanten hatten, hat sich jeder aufgeregt, aber nichts ist passiert – es hat ein Jahr gedauert, bis ein anderer Zulieferer die Aufträge bekommen hat."

2.21 Teilnehmer: „Wie gehen wir jetzt also konkret mit der Kantine um? Immer nur auf die Zuständige einzuhacken, bringt uns auch nicht weiter. Es ist eher ein Problem der Unternehmenskultur, bei der außer Zahlen kaum was anderes zählt. Was machen wir jetzt mit der Kantine, was ist der nächste Schritt?"

2.22 Teilnehmer: „Das bringt mich auf das zu sprechen, was vor eineinhalb Jahren mit Frau Meier [Anmerkung: die „Zuständige" aus Beitrag 2.21 – jene Mitarbeiterin, die u.a. auch für das firmeneigene Gesundheitsprogramm und die Kantine verantwortlich ist] passiert ist. Der Betriebsrat hat sich für das Rückenprogramm starkgemacht, Frau Meier hat engagiert und wie versprochen das bei den Eigentümern aufs Tapet gebracht und nur Prügel dafür bezogen. Irgendwie wundert es mich manchmal nicht, wenn die Leute dann Dienst nach Vorschrift machen und alle kriegen es ab, siehe Kantine."

3 Abschluss
3.1 *Der Dialog-Begleiter zeigt einen vorbereiteten Zettel mit der Notiz „Noch 5 Minuten".*
3.2 Teilnehmer: „Vielleicht sollten wir fragen, ob sich jemand dafür zur Verfügung stellt, dieses Kantinen-Problem jetzt ernsthaft anzugehen. Dass wir hier einen Dialog darüber führen und das ja offensichtlich von der Firma bezahlt wird, zeigt ja, dass es einen Willen gibt."
3.3 *Zwei Teilnehmer geben zustimmende Kommentare.*
3.4 Dialog-Begleiter: „Meine Damen und Herren, wir sind am Ende angekommen. Ich bedanke mich für Ihre engagierte Teilnahme und für das Beachten der besprochenen Dialog-Regeln. Wir setzen in einer Woche fort."

Analyse und Reflexion:

1.1 Es ist wichtig, dass der Dialog-Begleiter die wichtigsten Regeln wiederholt und den Zeitrahmen, auf den man sich vorab verständigt hat, klarstellt. Eine Gefahr, vor allem bei ungeübten Gruppen, besteht darin, dass das Gespräch zu früh abgebrochen wird – typischerweise weil „zu lange" geschwiegen wird. Dabei ergeben sich gerade oft aus diesen Schweigephasen wichtige Inputs.
1.2 Inwieweit der Dialog-Begleiter, dessen wesentliche Rolle darin besteht, auf die Regeln und den Ablauf zu achten, sein Auftreten direktiv anlegt, ist von mehreren Faktoren abhängig: von seinem Selbstverständnis, von der Gruppe (manche Gruppen kommen gut alleine zurecht, andere kippen ohne strikte Begleitung sofort in diskussionsartige Muster, andere üben sich in nichts anderem als Schweigen) und von eventuellen auftragsbedingten Vorgaben.
Jedenfalls sollte er darauf hinweisen, dass er in seiner Rolle steuernd eingreifen kann, ohne das Redesymbol zu benötigen. Ich persönlich halte es so, dass ich bei inhaltlichen Beiträgen das Redesymbol verwende, bei prozessbedingten Interventionen nicht.
Zum Selbstverständnis des Dialog-Begleiters: Als solcher bewegt man sich oft in einer schwierigen Situation. Einerseits ist ein Dialog-Begleiter nur dann glaubwürdig, wenn er sich selbst an die dialogischen Bedingungen hält; andererseits erfordert es die Rolle, manchmal (vor allem bei schwierigen Gruppen, welche sich aufgrund einer langen Historie von Streit und Missgunst kaum an die dialogischen Regeln halten) direktiv einzugreifen. Damit setzt sich der Dialog-Begleiter (meist recht schnell) dem Vorwurf aus, Wasser zu predigen und Wein zu trinken. Für diese Problematik, die für einen Diskussionsleiter im Rahmen einer Diskussion wohl

einfacher ist, gibt es keine Patentrezepte. Es bleibt nur der Versuch, das Spannungsfeld für sich selbst kontextabhängig bei höchstmöglicher Authentizität zu lösen.

2.1 Typischerweise dauert es einige Minuten, bis der erste Redebeitrag eingebracht wird. Diese Zeit des Schweigens wird meist als unangenehm empfunden, vor allem dann, wenn keine vertrauensvolle Atmosphäre etabliert ist, was in Unternehmen typischerweise der Fall ist. Diese Zeit darf nicht unterbrochen werden. Es liegt in der Erfahrung des Dialog-Begleiters abzuschätzen, wann er eingreifen sollte, denn es ist kontraproduktiv, wenn eine Gruppe die ihr zur Verfügung stehende Zeit nur mit Schweigen verbringt; dies wird als Zeitverschwendung betrachtet und führt zu abwertendem Widerstand. So gut wie immer wird nach einigen Minuten etwas gesagt und das Eis gebrochen. Oft dauert es dann wiederum einige Minuten, bis weitere Beiträge folgen.

2.2 – 2.4 Ein klassisches Charakteristikum von Dialogen besteht darin, dass vor allem zu Beginn Beiträge nahezu unzusammenhängend einer nach dem anderen eingebracht werden. Die Teilnehmer beziehen sich kaum aufeinander. Das ist völlig normal, Synchronie muss sich über die Zeit aufbauen. Deshalb gilt: *„Eine Dialog-Runde ist keine Dialog-Runde"*, was es auch so schwierig macht, den Dialog in Unternehmen zu etablieren. Es fehlt schlicht die Zeit oder die Bereitschaft, Zeit zu investieren, während sie anderweitig mehr oder minder verschwendet wird, beispielsweise durch wöchentliche langatmige Besprechungen. „Schon wieder eine Besprechung" lautet dann die Befürchtung, wenn Dialoge eingeführt werden sollen. Deshalb ist es so wichtig, durch vorbereitende Workshops die Besonderheiten des dialogischen Zuganges bekannt zu machen.

2.5 Ein Teilnehmer initiiert durch seinen Beitrag eine neue inhaltliche Richtung. Mit der Thematik „Fleischlastigkeit" wird sich der Dialog stark mit gesunder Ernährung, Fleischkonsum und Ethik befassen.

2.6 – 2.13 Diese Richtung wird verstärkt.

2.14 – 2.16 Einige Teilnehmer machen explizit darauf aufmerksam, dass sich der Austausch von der ursprünglichen Thematik wegbewegt.

2.17 Der Dialog-Begleiter greift ohne Redesymbol (aber nachdem dieses wieder in die Mitte gelegt wurde) ein und weist darauf hin, dass der Dialog eine andere Richtung eingeschlagen hat und dass noch maximal 20 Minuten zur Verfügung stehen. Das Einhalten des Zeitplanes, auf den man sich mit den Teilnehmern geeinigt hat, ist oftmals aus rein organisatorischen Gründen (z. B. Verfügbarkeit des Raumes, wichtige Termine mancher Teilnehmer) unumgänglich, auch wenn dies mitunter ein Problem darstellt, weil der gerade gut fließende Dialog zerstört wird. In diesem Fall empfiehlt es sich, nochmals die Sachzwänge zu erwähnen, den gegenwärtigen „Gesprächsstand" konstruktiv zusammenzufassen und darauf hinzuweisen, dass hier angeknüpft werden kann (auch wenn dies oft nicht möglich ist, da sich beim Folgedialog die atmosphärischen Bedingungen anders darstellen).

An dieser Stelle sei ein typisches Charakteristikum des Dialogs erwähnt, das diesen von anderen Gesprächsformen unterscheidet: **die Unberechenbarkeit**. Der Dialog ist insofern chaotisch, als es der Gruppe weitestgehend möglich sein soll, ohne Vorgaben das, „was in der Luft liegt", zu thematisieren, denn so können mit höherer Wahrscheinlichkeit relevante Dinge an die Oberfläche kommen. Ein Zuviel an Vorgaben und Struktur läuft diesem zuwider. Gleichzeitig besteht – gerade im Unternehmenskontext – das Problem, dass der dialogischen Entfaltung sachliche Grenzen gesetzt sind. Für den Dialog-Begleiter stellt sich die Frage: Wann eingreifen? Durch das Eingreifen besteht immer die Gefahr, den kreativen Prozess, aus dem sich Sinnvolles entfalten könnte, zu zerstören. Auch wenn es hier keine allgemeingültigen Regeln geben kann und die Intuition des Begleiters gefragt ist – eines ist fast immer „richtig": Nicht *zu* schnell einzugreifen, sondern dem Prozess zu vertrauen. Oft stellt sich heraus, dass die ungeplante Gesprächsrichtung wertvolle und nützliche Elemente zum Vorschein bringt, die bei einer klassischen Besprechung verdeckt bleiben.

2.18 Stillephasen sind vollkommen normal und unterstützen zumeist den dialogischen Prozess.

2.19 Oft wird das Gespräch mit einem Beitrag (wieder) in eine andere Richtung gebracht. Hier ist es eine Aussage zur Gesprächskultur im Unternehmen.

2.20 Ausgehend vom vorherigen Beitrag entspinnt sich eine „Diskussion" mit relativ unzusammenhängenden Einzelbeiträgen, vollkommen entfernt vom ursprünglichen Thema. Es geht nun ausschließlich um die Art und Weise, wie im Unternehmen mit Problemen umgegangen wird.

2.21 Ein Teilnehmer nimmt das Redesymbol und versucht, diese Thematik zu beenden, indem er wieder direkt auf die Kantine und die bereits erwähnte „Zuständige" verweist, was eine andere Teilnehmerin zu der Frage veranlasst, wen er damit meine (da sie vergessen hatte, dass diese Mitarbeiterin bereits Thema gewesen ist). Es ist durchaus typisch für Dialoge, dass Teilnehmer manches nicht mitbekommen, weshalb Nachfragen grundsätzlich positiv verstärkt werden sollten – erstens, weil dadurch Entschleunigung in den Prozess kommen kann, und zweitens, weil dies oftmals zu Präzisierungen führt, die sonst nicht geschehen wären (ein wichtiges dialogisches Element besteht darin, Denkprozesse und nicht nur Denkprodukte aufzuzeigen).

2.22 Dieser Teilnehmer ignoriert die Aufforderung zur konkreten Handlungssetzung und schwenkt wieder auf die allgemeinere Thematik der Konfliktlösung im Unternehmen. Derartige Schwenks kommen häufig vor und sind für den Dialog-Begleiter vor allem dann kein Problem, wenn er Kommunikation als „chaotischen Synchronisierungsprozess" begreift, der sich – im Gegensatz zur Diskussion mit einem Diskussionsleiter – kaum steuern lässt. Das Chaos birgt Chancen, hat aber auch Nachteile, weil die dialogische Kommunikation praktisch nicht innerhalb einer vorgegebenen Zeit zu einer Entscheidung führen kann. Muss oder möchte man am Ende eine solche fällen, ist die Diskussion besser geeignet. Allerdings: Wenn entscheidungsorientierte Kommunikationsformen eingebettet in eine etablierte dialogische Unternehmenskultur stattfinden, sind die Diskussionen in der Regel konstruktiver, angenehmer, mehr auf das Gemeinsame hin ausgerichtet und oftmals sogar kürzer, d.h. insgesamt effizienter. Das überrascht – wenn man den Dialog und seine Hintergründe durchdenkt – in keiner Weise!

3.1 Das Hinweisen auf den Zeitrahmen ist wichtig, der Dialog-Begleiter sollte stets einige Minuten vor dem Ende ein derartiges Zeichen geben. Dies schafft nicht nur Verbindlichkeit (auch symbolisch), sondern erlaubt auch noch den einen oder anderen möglicherweise wichtigen Beitrag.

3.2 – 3.3 Drei Teilnehmer nutzen die verbleibende Zeit für den Versuch, inhaltliche Verbindlichkeit zu schaffen. Ob dieser letztlich zu konkreten Handlungen im Sinne der angesprochenen Problematik führt, wird sich zeigen; jedenfalls bietet er sich als Anknüpfungspunkt für die nächste Dialog-Runde an. Die Frage, ob der Dialog-Begleiter den Anknüpfungspunkt liefern sollte oder ob er dies der Gruppe überlässt, kann nicht im Sinne von richtig oder falsch beantwortet werden. Hier sind wieder das Gespür und die Erfahrung des Dialog-Begleiters gefordert.

3.4 Eine Dialog-Runde sollte stets formal beendet werden. Auch dabei gilt es, Verbindlichkeit zu schaffen und die Anstrengungen der Teilnehmer zu würdigen.

7.2 Das DI•ARS-Modell als Tool für Führungsaufgaben

Mag. Attila Amon ist seit vielen Jahren im mittleren und gehobenen Management internationaler Unternehmen, vorrangig im pharmazeutischen Bereich, tätig und schildert anhand von zwei anonymisierten Beispielen aus der Praxis, wie er das DI•ARS-Modell anwendet, um Führungsaufgaben umzusetzen.

Fallbeispiel 1

> Eine Mitarbeiterin (Rosa) klagt über mangelnde Kooperationsbereitschaft einer ihrer Kolleginnen (Sabine) im Rahmen eines von mir einberufenen Projektupdates. Setting: Gespräch zu zweit und später zu dritt. Rosa wirft ihrer Kollegin noch während der ersten Minuten unseres Vier-Augen-Gespräches Folgendes vor:
>
> - Faulheit
> - Lustlosigkeit, das Projekt zu bearbeiten
> - schlechte Vorbereitung bei Projekttreffen
> - Ignorieren von Deadlines
> - Nichteinhalten vereinbarter Arbeitsziele

Ich habe mir in meiner Funktion als Führungskraft angewöhnt, eine für mich passende Balance zwischen emotionaler Involviertheit und sachlicher Distanz einzuhalten. Emotionale Involviertheit ist wichtig, weil alle Menschen höchst emotionale Wesen sind und es kontraproduktiv wäre, sich der Illusion hinzugeben, eine Führungskraft könnte wie ein analytischer Roboter mit eintrainierten Algorithmen vorgehen, indem sie sachlich Vor- und Nachteile, Chancen und Risiken abwägt. Das würde nicht funktionieren, so ist der Mensch einfach nicht. Allerdings sollte man als Führungskraft idealerweise niemanden vorschnell beurteilen, um nicht unbemerkt Partei zu ergreifen oder sich sonst wie von den eigenen Vorurteilen allzu sehr leiten zu lassen.

Das DI•ARS-Modell ist meiner Erfahrung nach hervorragend dazu geeignet, dieser Balance näherzukommen. Ich habe die wichtigsten Beschreibungen der vier Primären Felder internalisiert, um sie ohne viel Nachdenken parat zu haben. So komme ich beim Gespräch mit Rosa sofort zu der Hypothese, dass sie sich stark im Feld der Detailtreue bewegt und auch zu wenig Energie aufbringt, sich manchen Aufgaben zu widmen (das ist eine Beobachtung von mir aus den vielen Jahren unserer Zusammenarbeit: sie prokrastiniert unangenehme Aufgaben). Ich muss mich also einerseits ihrem Fokus auf die Detailtreue widmen und gleichzeitig eine gewisse emotionale Laxheit (in ihrer Einstellung bestimmten Aufgaben gegenüber) berücksichtigen. Diese Hypothese verschafft mir etwas „professionelle Distanz".

Da im DI•ARS-Modell die Emotionalität eine sehr wichtige Komponente darstellt, formuliere ich eine Hypothese über die emotionale Situation, in der sich mein Gegenüber befindet: Durch ein solches verbales Etikett schaffe ich zusätzlich professionelle Distanz. Hierfür verwende ich folgende Beobachtungen: hohe Stimmlage, schnelles Sprechen, sie fixiert mich mit ihren Augen, was sie normalerweise nicht macht, ihre Mundwinkel zittern leicht. Da ich vom Modell her weiß, dass eine Person, die ihre Aufmerksamkeit auf Fehler richtet, eher negativ gestimmt ist, lautet meine Hypothese: Rosa ist gegenwärtig nicht in der Lage, ihre Energien von der Detailtreue hin zum Antagonisten „holistisches Feld" ausgeglichener zu verteilen. Daraus schließe ich, dass es in dieser Phase des Gespräches nicht zielführend ist, auf der argumentativen Ebene zu verweilen, und dass ich sie dabei unterstützen muss, sich mehr in Richtung holistisches Feld zu orientieren. Aber zuvor müssen wir uns um ihre Emotionen kümmern. Ich verpasse ihrer emotionalen Situation das Etikett „Steckt in negativen Emotionen fest, kann nicht raus" – natürlich im Sinn einer vorläufigen Hypothese.

Das Wort „Hypothese" ist für mich in meiner Rolle als Vorgesetzter enorm wichtig geworden. Denn es erinnert mich daran, dass ich die Situation oder gar meinen Gesprächspartner nicht objektiv und wahrhaftig beurteilen kann. Mit diesen beiden Hypothesen im Hinterkopf gelingt es meinem Gegenüber und mir meistens, deeskalierend und konstruktiv mit Konflikten umzugehen.

Hypothese zu den Primären Feldern: Rosa bewegt sich stark im Feld „Detailtreue"
Emotionshypothese: Rosa behindert sich durch die gegenwärtige negative Affektlage selbst dabei, konstruktive, ganzheitlich orientierte Lösungswege aus dem Konflikt zu finden.

Deshalb bitte ich Rosa nach etwa zehn Minuten, kurz zu unterbrechen, und frage sie, ob es ihr recht wäre, die Kollegin hinzuzuholen, weil ich – wenn immer möglich – solche Gespräche nur in Anwesenheit aller Beteiligten führe, um „Stille-Post"-Phänomene zu vermeiden. Vorher stelle ich ihr aber noch eine Aufgabe, die sich auf meine Emotionshypothese bezieht, das heißt, sie dabei unterstützen soll, einen Weg durch die Emotionale Regulation hin zum holistischen Feld zu finden.

Sie soll zunächst all das auflisten, was sie an ihrer Kollegin und ihrem Verhalten stört, und dann in einem Kreis das notieren, was bisher gut gelaufen ist und gegenwärtig gut läuft. Da ich weiß, dass Rosa sehr an Kunst und Kultur interessiert ist, bitte ich sie noch, ihre gegenwärtige Lage in Form einer Skizze oder eines Symbols zeichnerisch darzustellen. Dieses Vorgehen hat für mich drei Gründe, die gleichzeitig auch die Vorteile bezeichnen: 1) Es führt Rosa mit hoher Wahrscheinlichkeit ein Stück weit von ihren negativen Affekten weg. 2) Es lenkt ihre Aufmerksamkeit mehr auf das Positive in ihrer Beziehung zu ihrer Kollegin und zum Projekt und aktiviert möglicherweise einen Zugang zu ihrer holistischen Erfahrungswelt. 3) Sie fühlt sich höchstwahrscheinlich wertgeschätzt, da ich ihr mehr Zeit widme, als dies normalerweise möglich ist. Natürlich gibt es auch Mitarbeiter, die solch ein Vorgehen für unsinnig halten. Es gilt, sein Gespür einzusetzen, wo ein derartiges Prozedere angemessen ist und wo nicht. Meiner bisherigen Erfahrung nach reagieren nur sehr wenige Mitarbeiter negativ darauf, die positiven Effekte überwiegen bei weitem.

Nach dieser Übung, die keine zehn Minuten gedauert hat, beenden wir das Gespräch und führen es wenige Tage später gemeinsam mit ihrer Kollegin fort. So hat Rosa genügend Zeit, bewusst oder auch auf einer nicht bewussten Ebene ihre Symbole und positiven Aufzählungen zu berücksichtigen. Beim Dreiergespräch versuche ich, mich auf die Moderatorenrolle mit davor festgelegtem Ziel zu beschränken: Wir wollen alle drei eine Verbesserung dieses Zustandes zugunsten des Projekts herbeiführen – dies lasse ich mir auch von beiden Seiten bestätigen. Ich führe mir gedanklich immer wieder meine beiden Hypothesen vor Augen, was mir hilft, meine beiden Gesprächsziele nicht aus den Augen zu verlieren: Rosas emotionale Beruhigung und den Fokus auf ihr holistisches Denken zu lenken, um gemeinsam eine Lösung zu erarbeiten. Letzteres ist fast immer besser als ein autoritärer Führungsstil, der relativ rasch zur Resignation bei den Mitarbeitern und zu innerer Distanz bis hin zu innerer Kündigung, zu Dienst nach Vorschrift, führt.

Durch die Kreisübung gelingt es Rosa meiner Wahrnehmung nach besser, auf die Argumente ihrer Kollegin einzugehen und sich auch für deren Probleme zu öffnen. Für mich persönlich, in meiner Rolle als umsatzverantwortliche Führungskraft, besteht der Nutzen einer derartigen, wenig zeitintensiven Übung darin, dass Rosa einen Pfad von der Detailorientierung über die Emotionale Regulation hin zu ihrem holistischen Denkfeld legt und dadurch die Chance auf konstruktive Lösungen steigt.

Durch die hypothesengeleitete Analyse der beteiligten Personen kann ich mich selbst nicht nur auf der emotionalen Ebene professioneller verhalten, sondern auch mein analytisches System besser vor Denk- und Verhaltensfehlern schützen. Dies gelingt nicht immer, jedoch mit einer hohen Wahrscheinlichkeit vor allem dann, wenn man sich eingesteht, dass mit einer hierarchischen Weisungsbefugnis nicht automatisch intelligentere („bessere") Beurteilungen sowie Verhaltensweisen verbunden sind.

Fallbeispiel 2

> Ein Mitarbeiter (Robert), der bisher seine Ziele immer im Blick hatte und sich im Sinne der Firma wirtschaftlich gut bewegt hat, bricht mit seinen Zahlen ein und tut sich – völlig im Gegensatz zu früher – schwer, Zielvorgaben einzuhalten sowie Pläne umzusetzen. Bislang war er stets unauffällig im positiven Sinn. Beim Gespräch stelle ich eine gewisse Abwehrhaltung fest, was verwundert, da unser Gesprächsklima immer gut und locker war. Diese von mir so wahrgenommene Abwehrhaltung äußert sich darin, dass er auf Fragen relativ einsilbig antwortet und kaum Informationen preisgeben will. Was diesen Fall für mich bemerkenswert macht, ist der Umstand, dass ich – anders als sonst – das Gefühl hatte, zu meinem Mitarbeiter auf der emotionalen Ebene nicht mehr ganz so durchdringen zu können wie früher.

Im DI•ARS-Modell spielt die Emotionale Regulation eine bedeutsame Rolle. Aufgrund meines „komischen" Gefühls kreist also im Gespräch mit Robert mein innerer Blick ständig um die Emotionale Regulation.

Da Körper, Emotion und Kognition eng miteinander verknüpft sind, beobachte ich Roberts Körpersprache und -haltung sehr genau. Ich stelle eine gewisse Steifheit fest, früher war er lockerer in seinen Bewegungen, offener in seiner körpersprachlichen Zuwendung. Seine Sprache ist zudem sachlich und sehr auf Daten und Fakten bedacht; sie passt irgendwie zu der Art, wie er sich auf der körperlichen Ebene verhält. Ich frage Robert, ob es ihm recht wäre, wenn wir unser Gespräch beim Gehen im Freien fortsetzen (hätte er dies abgelehnt, wäre ich jedenfalls mit ihm in die Kantine gegangen, um das Gewohnte zu unterbrechen). Meine Begründung lautete: „Etwas frische Luft durchlüftet unser Gehirn und mir täte ein wenig Bewegung jetzt ohnedies gut." Meiner Erfahrung nach ist es in vielen, ja sogar den meisten Fällen so, dass irgendeine Art von Musterunterbrechung etwas Positives bewirkt. Die körperliche Bewegung und vor allem der Umstand, dass man sich nicht mehr in einem Raum gegenübersitzt, bringt meistens Schwung in die Sache, und den Menschen – mich selbst eingeschlossen – kommen direktere, spontane Sätze von den Lippen.

Das DI•ARS-Modell legt mir nahe, irgendetwas zu versuchen, was Roberts Gefühle anspricht. Damit meine ich nicht eine kapitalistisch angetriebene Manipulation, um ihm wieder mehr Leistungsbereitschaft für die Firma abzugewinnen. Es geht vielmehr darum, uns beiden das Leben im „kapitalistischen Umfeld", in dem wir uns bewegen (müssen), leichter zu machen. In diesen Momenten sehe ich mich deutlich mehr als Coach denn als Vorgesetzter.

Im DI·ARS-Modell ist die Annahme sehr wichtig, dass die Führungskraft kaum Erfolg haben wird, wenn sie direkte Instruktionen zur Mitarbeiterveränderung gibt. Auf einer oberflächlichen Ebene kann dies vielleicht wirksam sein, weil der Mitarbeiter eine bestimmte Einsicht oder ein erwünschtes Rollenverhalten vorspielt. Aber das ist nicht, was ich möchte. Mir schwebt hingegen eine echte Lernhaltung vor, in der Fehler – oder das, was wir dafür halten – erlaubt sind.

Mein Konflikt mit Robert ist aufgrund der geschilderten Umstände also auf der emotionalen Ebene anzugehen. In meinen Hypothesen über ihn und angesichts der Umstände und der Rolle, die ich dabei spiele, steht zunächst also die Emotionale Regulation im Vordergrund. Später erst werde ich mich meinem Mitarbeiter vielleicht auf einem analytischeren Pfad nähern, aber nicht jetzt!

1. Hypothese „Emotionale Regulation": Mein „Problem" mit Robert liegt substanziell auf der Emotionalen Ebene. Erst wenn ich ihn emotional erreiche und er Zugänge zu seinem Selbst legt, kann ich ihn auf der analytischen Ebene ansprechen und einen Problemlösungsprozess beginnen.

Wir führen unser Gespräch also bei einem Spaziergang entlang des Donau-Ufers. Ich weiß, dass Robert gerne Tennis spielt, und nutze das Einatmen der frischen Luft, um darauf Bezug zu nehmen und ein wenig über den Sport zu plaudern. Ich frage ihn immer wieder, ob es für ihn in Ordnung sei, wenn wir ein bisschen über den Sport sprechen. Ich glaube, dass er meine Coaching-Haltung, die ich meinem Dafürhalten nach wahrhaftig und nicht aus bloßer Berechnung einnehme, anerkennt (wobei ich mir darüber im Klaren bin, dass im beruflichen Umfeld kaum etwas vollkommen ohne Berechnung geschieht – doch das ist ein anderes Thema). Über Tennis zu sprechen öffnet nach etwa einer Viertelstunde die Pforte zum Thema „Loyalität", was ich als Gelegenheit nutze, zum Begriff Loyalität im Kontext des Unternehmens überzuleiten. Ich frage ihn, ob es für ihn denn in Ordnung sei, hier mehr in die Tiefe zu gehen, da es mich wirklich von Herzen interessiert. Anfangs ist ihm dies unangenehm, aber nach und nach öffnet er sich und ich kann beobachten, wie er die Abwehrhaltung lockert und immer offener spricht. Ich teile ihm diese Beobachtung auch mit. Förderlich ist hier sicher mein Perspektivenwechsel weg vom Vorgesetzten hin zum Coach, der im Sinne des Klienten agiert. Ich bin fest davon überzeugt, dass ein gewisses Grundvertrauen zwischen Robert und mir die Basis für diese Offenheit zum Thema Loyalität darstellt. Ich bemühe mich generell, solch ein Grundvertrauen aufzubauen, was zwar nicht immer, jedoch in den meisten Fällen gelingt.

Es stellt sich heraus, dass Robert tatsächlich eine bestimmte Gegenhaltung zur Firma entwickelt hat, und zwar aus zwei Gründen. Zum einen wurde von der HR-Abteilung bei ihm und einigen anderen Mitarbeitern die versprochene Provision für die Dauer eines Jahres um 25 Prozent reduziert, obwohl er die Umsatzziele erreicht hatte. Zum anderen wurde die geplante Bestellung eines Dienstautos storniert, worüber ich nicht informiert war. Er musste für fast ein Jahr mit dem Auto eines Kollegen vorliebnehmen, ein Auto, das für ihn wichtige und gewohnte Ausstattungsmerkmale nicht besaß.

Aus unserem Gespräch geht eindeutig hervor, dass vor allem der zweite Punkt für ihn ein riesiges Problem darstellt. Es trifft ihn weniger die Geldeinbuße als die Nichteinhaltung eines Versprechens, die weder diskutiert noch begründet wurde, und das, obwohl er bis dahin über all die Jahre ein verlässlicher und umsatzstarker Mitarbeiter war.

Wie kann diese Problematik nun gelöst werden? Nachdem klar geworden ist, dass es sich um etwas handelt, das Roberts Gefühlsebene betrifft, beschließe ich folgendes Vorgehen:

Das DI•ARS-Modell geht davon aus, dass die Verbindung zwischen den vier Primären Feldern immer über die Emotionale Regulation erfolgt. Deshalb organisiere ich ein gemeinsames Mittagessen mit der Kollegin von der HR-Abteilung, um den Problemkreis rund um das Firmenauto zu behandeln. Aus einem Vorgespräch mit ihr ging für mich hervor, dass es sich nicht um eine böswillige Absicht, sondern schlicht um ein Kommunikationsversäumnis handelt. Bei diesem Dreiergespräch in einem Lokal nehme ich die Rolle eines Vermittlers ein und versuche, mich inhaltlich herauszuhalten, zumal alles, was mit Firmenautos und Provisionen zu tun hat, nicht in meinen Zuständigkeitsbereich fällt und ich daher keine Entscheidungskompetenz habe. Dieses Gespräch in Lokalatmosphäre ist auch aus einer symbolischen Perspektive heraus wichtig: Es zeigt, dass ich Robert als Person wahrnehme, die es verdient, dass man sich Zeit nimmt – und ich möchte ja die Emotionen ansprechen!

Im Rahmen des Dreiergespräches können die gröbsten emotionalen Unstimmigkeiten gelöst und Roberts Ärger und Frustration spürbar und dauerhaft reduziert werden. Wenige Wochen später setze ich ein Mitarbeitergespräch zwischen ihm und mir an, für das ich mir vornehme, wiederum auf der emotionalen Ebene zu bleiben, da ich von seiner grundsätzlichen Leistungsbereitschaft nach wie vor überzeugt bin. Meine wesentliche Hypothese für das Gespräch lautet:

2. Hypothese „Emotionale Regulation": Das beiderseitige offene und ehrliche Aussprechen vorhandener Gefühle bietet die größte Wahrscheinlichkeit dafür, dieses Problem dauerhaft hinter uns zu lassen. Wahrhaftigkeit (soweit im beruflichen Kontext möglich) bietet die beste Chance, das holistische Feld zu betreten, um die negativen Einzelerfahrungen (Dienstwagen und Provision) in Roberts positive Gesamterfahrung mit der Firma einzugliedern.

Mir ist klar, dass ich nichts erzwingen, sondern durch mein hypothesengeleitetes Vorgehen nur das bestmögliche tun kann, um Wahrscheinlichkeiten für ein bestimmtes Ergebnis zu beeinflussen. Darin liegt für mich ein großer Vorteil, weil es mich entlastet, ohne mich von der Verantwortung zu entbinden. Nimmt man die Grundbedingungen eines dialogischen Persönlichkeitsmodells ernst, existiert auch keine Alternative. Möchte man nicht direktiv und autoritär bestimmen, sondern gemeinsam – über die hierarchischen

Ebenen hinweg – auf ein Ziel hinarbeiten, ist in den meisten Fällen der dialogische Weg der langfristig bessere. Zumindest dann, wenn man Situationen, in denen aufgrund äußerer Umstände ein „autoritäres Bestimmen" notwendig ist, als solche erkennt und dann auch entsprechend direktiv agiert. Derartige Umstände kommen vor, es handelt sich aber meiner Ansicht nach um Ausnahmen.

In unserem Mitarbeitergespräch, das ich wieder in der gewohnten Büroumgebung abhalte (allerdings nicht am Schreibtisch, sondern unter Benutzung der Sitzecke mit bequemeren Ledersesseln), benenne ich relativ offen und ehrlich meine Gefühle zu diesem Thema, was er unaufgefordert ebenso tut. Wie schon angemerkt, kann dies nur dann funktionieren, wenn gegenseitiges Vertrauen besteht, was in meiner Arbeitsgruppe bei den allermeisten Mitarbeitern gegeben ist. Sollte dies einmal nicht so sein, sehe ich den Versuch, dieses herzustellen, als wesentliche Führungsaufgabe an (soweit dies im Unternehmenskontext möglich ist). Im Dialog ist der Umgang mit Schwarz-Weiß-Denken sehr wichtig und ich gehe keinesfalls davon aus, dass in einem kapitalistischen Umfeld eine vertrauensvolle Haltung von vornherein ausgeschlossen ist. Wir sind natürlich keine „Familie", aber ich kann mich in einem Unternehmen, in meinem persönlichen Umfeld, das ich direkt beeinflussen kann, sehr wohl entlang eines Kontinuums zwischen den Extremen hin- und herbewegen. Weder halte ich völliges Misstrauen für angebracht, noch eine Art familiäres Urvertrauen. Es gibt sehr wohl etwas Drittes, das jeder für sich bestimmen kann, weil es uns freisteht, wo wir uns innerhalb vorgegebener Bedingungen positionieren.

Im Rahmen meines Gespräches mit Robert hat sich letztlich das Problemfeld im Wesentlichen aufgelöst, zumindest so weit, dass wir wieder zu unserem „alten" Verhältnis zurückfinden konnten.

8 Praktische Übungen zur dialogischen Kompetenzerweiterung

Übungen setzen auf der Ebene des Erlebens an, sie sind durchgespielte **Modellsituationen** mit dem Zweck, bestimmte Verhaltens- und auch Denkmuster zu verändern oder zumindest diese zu reflektieren, wobei Letzteres oft stärker auf Veränderungsprozesse einwirken kann als die Übungen selbst. Übungen dieser Art können auf gewisse Weise mit dem Erlernen des Autofahrens verglichen werden: Der Verkehrsübungsplatz ist nicht die Realsituation. Dennoch handelt es sich um einen guten Ort, gewisse Erfahrungen am eigenen Leib zu machen, die für den wirklichen Straßenverkehr wertvoll sind. Dadurch wird man fitter für das, was einem „da draußen" begegnet.

Klaus Antons (Antons 2000, S. 12) meint dazu: „Im Durchspielen dieser Modellsituationen werden die Teilnehmer provoziert, sich selbst und ihre aufeinander bezogenen Verhaltensweisen wahrzunehmen und sich selbst und die anderen in neuen Verhaltensweisen zu erfahren. Dadurch werden spezifische Verhaltensweisen […] verdeutlicht, und im Sinne eines integrierten Lernprozesses kann auch eine kognitive Verarbeitung sowie eine Veränderung von Verhalten erfolgen." Antons listet eine Reihe von Bedeutungen auf, welche Übungen zukommen können. Eine dieser Bedeutungen besteht darin, Probleme, die noch nicht wirklich greifbar sind und sich „noch der klaren Verbalisierung entziehen, am Modellfall bewusst und damit einer rationalen wie emotionalen Klärung zugängig, d. h. erkannte Probleme verhaltensrelevant zu machen" (ebd., S. 14).

Damit sind wir beim Kernpunkt, der Übung als einer **Methode der kognitiven Verarbeitung** mit dem Ziel der Erweiterung von Handlungs- und Denkalternativen. Wir betreten dabei auch die Felder jener wissenschaftlichen Bereiche, die sich vor allem seit den 1990er-Jahren intensiv mit der möglichen Veränderbarkeit neuronaler Strukturen im Gehirn beschäftigen. Seit moderne bildgebende Verfahren und unzählige Experimente unsere Ansichten über das erwachsene Gehirn, seine Statik bzw. seine Anpassungsfähigkeit auch jenseits des 20. Lebensjahres gravierend beeinflussen, sehen wir so manches anders. Das heißt, wir haben eine Reihe von wissenschaftlich gut gesicherten Erkenntnissen darüber, dass der Mensch auch im Erwachsenenalter über wesentlich mehr neuronale Flexibilität verfügt als früher angenommen. Die alte Volksweisheit „Was Hänschen nicht lernt, lernt Hans nimmermehr" ist Stand der 1970er-Jahre und längst überholt, wenngleich vieles im Kindheits- und Jugendalter auf eine Art und Weise gelernt wird, die dem Erwachsenen in dieser Form nicht mehr oder nicht mehr in diesem Ausmaß zur Verfügung steht.

Unter **Neuroplastizität** des Gehirns versteht man die Veränderungsprozesse im Zentralnervensystem aufgrund von Lernvorgängen. Diese Prozesse spielen sich auf unterschiedlichen Ebenen ab, beginnend bei den Synapsen, wo sich mit den Lernerfahrungen die Übertragungsstärken verändern. Man möge sich zwar vor Simplifizierungen hüten, da vor allem komplexere Lernprozesse nicht nur auf synaptischer oder neuronaler Ebene zu betrachten sind, dennoch gilt es als wahrscheinlich, „dass auch sehr ‚hochstufige' Aspekte der Außenwelt, bis hin zu allgemeinen Regeln, in dieser Weise neuronal repräsentiert sind" (Spitzer 2007, S. 97).

Durch Lernprozesse werden auch im Erwachsenengehirn nachweisbare Veränderungen provoziert. So führen beispielsweise Klavierübungen innerhalb weniger Trainingswochen zu einem deutlich messbaren Anstieg der „Cortical output maps" für die trainierte Hand, wie dies in Abbildung 29 beeindruckend dargestellt ist (Pascual-Leone 2001).

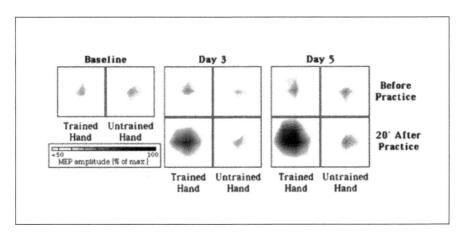

Abb. 29: Veränderung des kortikalen Outputs von trainiertem und untrainiertem Finger beim Musikspiel (Pascual-Leone 2001, S. 318)

Besonders spannend aber ist eine Reihe von Befunden, welche mögliche Effekte von mentalem Training betreffen. **Mentales Training**, die zumeist bildhafte Vorstellung von Abläufen, welche eben nicht wirklich, sondern „nur im Geiste" ausgeführt werden, hat seinen festen Platz im Leistungssport, aber nicht nur dort.

Der Pianist **Artur Rubinstein** sah das mentale Proben als den besten Weg an, um die tatsächlichen Übungsstunden am Klavier zu reduzieren. Und tatsächlich ist es heute mittels moderner bildgebender Verfahren möglich zu belegen, dass die bloße Vorstellung von motorischen Abläufen dieselben Areale im Gehirn aktiviert wie die tatsächliche Ausführung selbst.[68] Für Untersuchungen der Veränderungen von Synapsenstärken als einer Grundlage des Lernens erhielt der aus Österreich stammende Psychiater und Neurowissenschaftler **Eric Kandel** im Jahr 2000 schließlich den Nobelpreis für Medizin.

Durch Erfahrungen verändern sich neuronale Verbindungen im Gehirn, wobei manchmal eine einzige Erfahrung schon ausreicht (einmal auf die heiße Herdplatte ge-

---

[68] Siehe z. B. Pascual-Leone (2001, S. 318).

griffen – für immer gelernt), meistens aber Lernreihen notwendig sind, bis sich entsprechende Muster stabil etabliert haben.

Der kanadische Psychologe **Donald Hebb** hat es verkürzt so formuliert: **„Neurons that fire together wire together."** Wenn man etwas neu lernen oder etwas Gelerntes verstärken, d. h. neuronale Bahnungen schaffen möchte, muss es wiederholt und aktiviert werden, sodass es zu „Verdrahtungen" im Gehirn kommt. „Sobald das entsprechende Verhalten in Ansätzen auftritt, sollte es in Aktion gehalten oder möglichst gleich und später mehrfach wieder aktiviert werden. Je länger und öfter das neue Verhalten aktiviert ist, umso besser wird es gebahnt, umso leichter kann es wieder aktiviert werden" (Grawe 2004, S. 429), meint der Psychotherapieforscher Klaus Grawe und weist dabei natürlich auf den Faktor der Motivation hin. Dieser kann, laut Grawe, über neuronale Mechanismen erklärt werden: Motivation führt über Neurotransmitter zu einem vorübergehenden Anstieg eines „Second Messenger"-Botenstoffes, der bestimmte Rezeptoren, die gerade aktiviert sind, über einen kurzen Zeitraum (Sekunden bis Minuten) leichter erregbar macht.

„Wenn das Neuron während dieser Zeit erhöhter Erregbarkeit [...] weiterhin intensiv stimuliert wird, [...] kommen die ‚Second Messenger'-Kaskaden in Gang, die über Gentranskription zur Ausbildung weiterer Synapsen, zur Bildung von Neurotrophinen und zur Produktion von retrograden Messengern führen, also zu den Prozessen, die dem langfristigen Lernen zu Grunde liegen" (ebd., S. 430).

William Isaacs schreibt, dass der Dialog wie alle anderen guten Übungen bei einem selbst beginnt und dass, „wer effektiv sein will, [...] sich zunächst fragen [muss], ob er sich selbst zuhören und mit sich selbst sprechen kann" (Isaacs 1999, S. 83). So sei eine Praktik oder Übung eine wiederholte Aktivität, die zu einer bestimmten Erfahrung führe, und hinter der Praktik stehe jeweils ein Prinzip. All diese Praktiken und Prinzipien, die selbstverständlich für sich alleine wichtig sind, ermöglichen nur im Zusammenspiel mit anderen Menschen,[69] ein Gespür dafür zu entwickeln, was dieses Lebendige, Starke und Elastische eines wirklichen, eines echten Dialogs ausmacht.

Es geht also darum, ein **Repertoire an Handlungsfähigkeiten** im Sinne von Isaacs zu entwickeln, wobei Isaacs den vier Praktiken Zuhören, Respektieren, Suspendieren und Artikulieren die Prinzipien Partizipation, Kohärenz, Bewusstheit und Entfaltung zuordnet. Peter Senge spricht in diesem Zusammenhang von drei unterschiedlichen Ebenen (Senge 1996, S. 449):
1. **Techniken:** was man tut,
2. **Prinzipien:** Leitgedanken und Einsichten,
3. **Essenzen:** die Seinsweise jener, die einen hohen Grad an Meisterschaft in der Disziplin erreicht haben.

---

69 „Wer sich nur seiner selbst bewusst ist, kann in Gruppen nicht effektiv sein. Dialog verlangt die Fähigkeit, mit anderen zu denken" (Isaacs 1999, S. 84).

Durch das Einüben von Techniken kann das allgemeine, das Gruppenverständnis über Prinzipien unterstützt werden, was dann – wenn es so funktioniert – zum Erleben gemeinsamer „Seinszustände" führt. Das folgende Beispiel möge dies praktisch erläutern, wohlwissend, dass es sich um eine gehörige Reduktion der Komplexität wirklicher Gegebenheiten handelt:

Wir wollen den Seinszustand „dauerhafte, stabile, von Verantwortung und Rücksicht getragene Liebesbeziehung" hernehmen. So einen Zustand kann man nicht erzwingen. Ein Gefühl der Verliebtheit kann rasch entstehen, eine stabile, von gemeinsamer Verantwortung und Rücksichtnahme getragene Liebesbeziehung setzt, so sie glücklich und für beide Seiten befriedigend sein soll, eine Reihe von Aktivitäten und bewussten Entscheidungsprozessen voraus.

Auf der Ebene der **Techniken** ist es beispielsweise notwendig zu erlernen, auf die Wünsche des Partners einzugehen, auch wenn sie den eigenen widersprechen; die eigene Impulsivität zu kontrollieren; oder einen Mittelweg zu finden zwischen schonungsloser Offenheit und rücksichtnehmenden „Verbiegungen" der Wahrheit. Im Lauf der Zeit wird man, mehr oder minder implizit, die hinter diesen Techniken stehenden **Prinzipien** erkennen, wie beispielsweise die Notwendigkeit zur Kompromissbereitschaft. So kann sich im Lauf der Zeit dieser gemeinsame **Seinszustand**, die von Verantwortung und Rücksicht getragene Liebesbeziehung, welche kein Schnellschuss ist, sondern dauerhaft und stabil über Probleme, Krisen und Schwierigkeiten hinweg besteht, einstellen.

In diesem Sinn dienen die nachfolgenden Übungen als Gerüst, um ein tieferes Gespür für den Dialog zu entwickeln. Die Prinzipien, um die es hier geht, sind nicht als Wissen im klassischen Sinn zu verstehen, sondern mehr als Annäherung an das Notwendige, welches in irgendeiner Weise erforderlich ist, um echte, wahrhaftige Dialoge führen zu können. Gregory Bateson spricht diesbezüglich von einer speziellen Form des Wissens, die „eher als Anpassung denn als Information angesehen wird. Ein Hai ist für die Fortbewegung im Wasser ausgezeichnet gestaltet, aber sicher enthält das Genom des Hais keine unmittelbaren Informationen über Hydrodynamik. [...] Ähnlich weiß ein Wandervogel vielleicht den Weg zu seinem Zielort [...] der Vogel kann die komplementären Instruktionen enthalten, die notwendig sind, um ihn richtig fliegen zu lassen" (Bateson 1985, S. 190).

Unsere Techniken und Prinzipien sind also nicht als unmittelbare Handlungsanleitungen für den Dialog zu verstehen. Die durch die Übungen eingelernten Kompetenzen sind vielmehr notwendige, allerdings nicht hinreichende Bedingungen, die über den Weg des Individuums dialogische Gruppenkompetenzen fördern und durch die anfangs bewusste Einübungen zu großteils impliziten Lernerfahrungen werden. Sie versinken in immer tiefere Ebenen des Geistes[70] und werden dadurch sowohl selbstständig als auch selbstverständlich.

---

[70] Gregory Bateson (Bateson 1985, S. 190) zitiert Samuel Butler, wonach ein Organismus umso unauffälliger mit seinem Wissen umgeht, je besser er etwas weiß. Es gibt einen Prozess, durch den Wissen oder Gewohnheit in immer tiefere Ebenen des Geistes versinkt. Dieses Phänomen sei relevant für alle Kunst und alle Technik.

Auf den folgenden Seiten wird Ihnen eine Reihe von Übungen zu unterschiedlichen Bereichen vorgestellt, die sich über die Jahre bewährt haben, um dialogische Kompetenzen aufzubauen bzw. zu stärken. Durch das mentale Durchspielen ebenso wie über tatsächliches Ausprobieren etwa im Rahmen von Gruppenübungen kann sehr viel erreicht werden.

Manche fragen sich, ob denn derartige Übungen überhaupt einen Effekt haben können. Meiner Einschätzung nach lautet die Antwort eindeutig ja, allerdings unter folgenden zwei Bedingungen: Erstens müssen sie regelmäßig durchgeführt werden. Trotz der Intellektualität und den höheren kognitiven Funktionen ist der Mensch eben *auch* ein biologisches Wesen mit Klick-Surr-Verhalten: Wir reagieren auf bestimmte Stimuli mit einem vorgegebenen Response, was man manipulativ weidlich ausnutzen kann; die Fachliteratur ist voll mit entsprechenden Experimenten, die genau dies belegen. Das bedeutet – dies zeigt beispielsweise die Verhaltenstherapie –, dass durch Wiederholungen auf relativ einfacher kognitiver Ebene über die Zeit durch das „bloße" Eintrainieren Effekte erzeugt werden können. Zweitens haben, wenn zusätzlich (kompetent) reflektiert wird, diese antrainierten Effekte eine viel höhere Chance, denk- und verhaltensmodulierend wirken zu können.

Die Übungen sind folgendermaßen gegliedert: Unter 8.1 bis 8.4 finden Sie spezifische Übungen zur Stärkung der vier Primären Felder (8.1 Holismus, 8.2 Detailtreue, 8.3 Motivation/Intention, 8.4 Tun). Die Übungen unter 8.5 bis 8.8 zielen darauf ab, die allgemeine Dialogfähigkeit von einzelnen und Gruppen zu stärken.

Hinweis: Die nachfolgenden Übungen sind nur bedingt kategorisierbar. Es ist auch hier wieder die beraterische Kompetenz angesprochen, wenn es darum geht, welche Übung in welchem Kontext welchem Klienten angeboten werden kann.

8.1 Übungen zur Stärkung des Feldes „Holismus"

Herzatmung

Besonders in Situationen, in denen wir mit Personen, Situationen oder schlicht anderen Meinungen konfrontiert sind, die uns „auf die Palme bringen", neigen wir zu Spontanreaktionen, die zumeist kontraproduktiv sind. Es bietet sich an, ganz bewusst zurückzuschalten und zumindest ein paar Sekunden nicht zu reagieren. Entspannungsübungen können hier äußerst hilfreich sein.

> Nehmen Sie eine entspannte sitzende Haltung ein und versuchen Sie, den Rhythmus Ihrer Atmung so einzustellen, dass Sie ca. fünf Sekunden für die Ein- und ebenso lange für die Ausatmung benötigen. Nehmen Sie sich Zeit und synchronisieren Sie Ihre Atmung in diesen Intervallen. Führen Sie dann folgende drei Schritte aus:
> 1. Aufmerksamkeit fokussieren
>   Richten Sie Ihre Aufmerksamkeit auf die Gegend um das Herz. Sie können auch Ihre Hand dorthin legen.

2. Herzatmung
Stellen Sie sich vor, Sie atmen durch das Herz hindurch. Vielleicht stellen Sie sich dabei einen hellen, positiven Lichtstrahl vor, der Ihr Herz oder die Gegend um das Herz durchströmt. Atmen Sie langsam und gleichmäßig. Wenn Sie einatmen, zählen Sie ruhig bis fünf oder sechs und atmen Sie ruhig aus, während Sie auch dabei bis sechs oder sieben zählen. Machen Sie das so lange, bis Sie das Gefühl haben, ruhig und entspannt zu atmen.
3. Herzensgefühl
Denken Sie an etwas sehr Positives, an ein Gefühl, eine Stimmung oder auch ein schönes Bild – das kann eine Landschaft, eine Blume, ein Mensch, eine Situation, ein Tier oder was auch immer sein. Atmen Sie weiter ruhig und entspannt, während Sie an dieses Gefühl oder diese Stimmung denken. Wenn Sie etwas gefunden haben, bleiben Sie mit Ihren Gedanken bei dem Positiven und atmen Sie ruhig und entspannt weiter.

Je öfter Sie diese Übung durchführen, desto einfacher (und rascher) werden Sie Entspannung in belastenden Situationen erreichen. „Herunterschalten" ist eine notwendige Voraussetzung, um Zugang zum Selbst zu haben. In einem emotionalen Zustand von Aufregung, Furcht oder Aggressivität liegt unser Fokus mehr im Feld „Detailorientierung".

Schwierige/negative Erfahrungen integrieren
Ein Charakteristikum des Lebens ist, dass man immer wieder mit schwierigen, schmerzhaften, unangenehmen Erlebnissen konfrontiert wird. Seien es Krankheiten, Trennung, Verlust, beruflicher Misserfolg, das Nichterreichen von wichtigen Zielen oder auch Kleinigkeiten wie ein Stau auf der Autobahn, ein verbranntes Essen auf dem Herd oder ein kaputter Bankomat. Wenden wir uns den gewichtigeren Dingen zu, etwa dem Verlust einer langjährigen Beziehung: Ich finde, dass das Leid *an sich* überhaupt keinen *Sinn* ergibt – es wäre wie eine Verhöhnung des Leidenden, hier eine Sinnerfahrung anzuführen. Leiden ist schlimm, unangenehm, schmerzhaft, aber es gehört zum Leben. Wir sollten das größte Verständnis für Menschen haben, die mit einer intensiven Leidenserfahrung, aus welchen Gründen auch immer, nicht zurechtkommen, vielleicht sogar daran zugrunde gehen. Verfügt jemand nicht über entsprechend ausgeprägte psychische Mechanismen zur Bewältigung? Oder findet er keine zwischenmenschliche Unterstützung? Oder kommen einfach mehrere Dinge zusammen, sodass dieser Mensch im wahrsten Sinn des Wortes „eingeht" an diesem Leiden? Das alles ist in höchstem Maße tragisch und die Verzweiflung vollkommen verständlich.

Der einzige Ausweg aus einer solchen schlimmen Talfahrt kann nur darin bestehen, alles zu versuchen, um die negativen Erfahrungen so in die Gesamtheit des eigenen Lebens einzubauen, zu integrieren, sodass es gar nicht erst zum Äußersten kommt. Ein Beispiel möge dies verdeutlichen – ein extremes Beispiel, aber an Extremen kann man das Essenzielle oft besser erkennen. Frankl (1992, S. 83) berichtet von einem aufgrund eines

Todesfalls nach jahrzehntelanger Ehe schwerst deprimierten Patienten, der – natürlich verkürzt dargestellt – auf die Frage, wie es seiner verstorbenen Frau ginge, wenn er *vor* ihr gestorben wäre, antwortete: „Nicht auszudenken", seine Frau wäre verzweifelt gewesen. Frankls Intervention, ihn darauf aufmerksam zu machen, dass er ihr durch sein eigenes Überleben unglaubliches Leid „erspart" habe, half ihm letztlich, mit seinem Schicksal, seinem eigenen Leiden, besser zurechtzukommen. Nicht das Leiden an sich hat einen Sinn, aber die Art und Weise, wie Leid ertragen wird (die Haltung zum Leid), kann dem Leben einen Sinn geben. „Das Schicksal hatte ihm abverlangt, sich von der Möglichkeit, durch Lieben Sinn zu erfüllen, zurückzuziehen; aber die Möglichkeit war ihm geblieben, sich auch diesem Schicksal zu stellen, sich richtig einzustellen" (ebd., S. 84).

Es ist längerfristig eine gute, sinnvolle und nachhaltige Übung, derartige reale Beispiele aus dem wirklichen Leben zu sammeln, sich diese immer wieder zu vergegenwärtigen und daran das eigene Schicksal zu relativieren, ohne dabei den eigenen Leidensdruck kleinzureden oder gar zu negieren. Selbstkonfrontation mit schwierigen Erfahrungen und die Integration dieser in das Primäre Feld „Holismus" sind notwendige Voraussetzungen für das Selbstwachstum.

8.2 Übungen zur Stärkung des Feldes „Detailtreue"

Wenn man auf Einzelheiten und Details, die aus dem großen Ganzen herausgelöst sind, fokussiert, hat das nicht nur in absoluten Gefahrensituationen Vorteile. Die Fähigkeit, Elemente abgegrenzt zu betrachten, ist etwa dann wichtig, wenn es darum geht, das Verhaltensmuster einer Person über verschiedene Situationen hinweg zu analysieren, möglichst ohne störende Gedanken.

Ein Beispiel: Ein Freund hat das Problem, es nie länger als zwei bis drei Jahre in einer Beziehung auszuhalten. Danach sucht er sich die nächste Freundin, mit der alles wunderbar läuft. Aber – oh Wunder – im dritten Jahr findet er wieder heraus, dass sie einige unmögliche Charakterzüge aufweist, die es ihm unmöglich machen, die Beziehung weiterzuführen.

Nun ist es so gut wie immer schwierig, sich in einer Beziehung zusammenzuraufen (das sagt ja schon das Wort: raufen). Ein Mann wird bei jeder Frau etwas finden, was ihm nicht passt – und vice versa. Fast immer wird man das auch vernünftig begründen können. Der Freund ist ein Weltmeister darin, gelassen zu bleiben, sich nicht damit auseinanderzusetzen, alles auf die baldige Ex-Freundin abzuwälzen und sich kaum für das Aus der Beziehung verantwortlich zu fühlen.

Dass sie sich so vernünftig begründen lassen, macht diese Verhaltensmuster schwierig: Weil die Gegebenheiten in größere Kontexte mit vielen Faktoren eingebaut werden, wird der Blick auf die eigenen (systematischen) Probleme verstellt. Es fällt schwer, diese problematischen Muster aus dem Kontext herauszulösen und zu analysieren, was aber oftmals notwendig und sehr hilfreich wäre. Wir kennen das von der klassischen Opferhaltung: Es sind immer die anderen, es sind immer die Umstände. Aber dass man über viele Menschen und Umstände hinweg immer wieder die gleichen oder sich überschneidende Muster zeigt, kann man einfach nicht sehen, weil der multifaktorielle Kontext diese Muster verdeckt.

Einzelheiten extrahieren
Die folgende Übung ist vor allem für jene Personen sinnvoll, denen es schwerfällt, aus ihrer (zu) entspannten Ruhehaltung herauszukommen, und die wenig, präziser: *zu* wenig, von dem erkennen, was sich zu einem veritablen Problem auswachsen könnte. Das gilt nicht nur für das *offensichtlich* Negative. Baloo, der Bär in Rudyard Kiplings „Dschungelbuch", ist durch seine extreme Haltung „Nicht so schlimm, es wird schon wieder, alles richtet sich", die zunächst sehr viel Gutes und Erstrebenswertes hat, nicht in der Lage, sich abzeichnende Probleme vorab zu erkennen und entsprechend darauf zu reagieren.

Lassen Sie Ihrer Wahrnehmung für einige Minuten freien Lauf und sobald diese bei einem Gegenstand, einer Person, einem Tier oder einer Situation verweilt, notieren Sie diesen Gegenstand/Person/Tier/Situation (es kann sich durchaus nur um etwas Vorgestelltes handeln).

1.1 Gegenstand/Person/Tier/Situation: _____

Nun überlegen Sie relativ spontan, was Ihnen daran nicht gefällt, was Sie als störend empfinden.

1.2 störend/negativ/unpassend: _____

Machen Sie das für eine Reihe von Gegenständen, Personen, Tieren oder Situationen (mindestens vier).

2.1 Gegenstand/Person/Tier/Situation: _____
2.2 störend/negativ/unpassend: _____

3.1 Gegenstand/Person/Tier/Situation: _____
3.2 störend/negativ/unpassend: _____

4.1 Gegenstand/Person/Tier/Situation: _____
4.2 störend/negativ/unpassend: _____

5.1 Gegenstand/Person/Tier/Situation: _____
5.2 störend/negativ/unpassend: _____

Ist es Ihnen eher schwer- oder eher leichtgefallen, Unstimmigkeiten wahrzunehmen? Wenn es Ihnen eher schwerfällt, sind Sie möglicherweise (!) jemand, der nicht so sehr problemorientiert ist; wenn es Ihnen leichtfällt, tendieren Sie möglicherweise (!) zur Fehlerfokussierung (in beiden Fällen reicht diese kurze Übung natürlich nicht aus, eine entsprechende Feststellung zu treffen). Wie dem auch sei: Selbst wenn Sie zu letzterem neigen, sollten Sie diese Übung immer wieder einmal bewusst durchführen, denn: Was man bewusst tut, hat man eher unter Kontrolle als das, was einem nicht bewusst ist. Bewusstmachung ist ein wichtiger Schritt zur Veränderung.

Somatische Marker

Wir können somatische Marker weitestgehend ignorieren und die Empfindung so abschwächen, dass wir sie kaum oder gar nicht mehr wahrnehmen. Das ist schade, da die somatischen Marker als „gespeicherte Erlebnisse" sehr wichtig sind und unsere kognitionsgesteuerten Entscheidungsprozesse wesentlich bereichern. Wir können aber sehr gut trainieren, unsere Körperwahrnehmungen zuverlässig wahrzunehmen und für Entscheidungen zu nutzen („Bauchgefühl"). Da sich die meisten Menschen leichter damit tun, negative Marker wahrzunehmen, ist es günstig, mit diesen zu beginnen und die vertiefte Sensibilität später auf die positiven somatischen Marker zu erweitern.

1. Achten Sie bei Alltagstätigkeiten auf somatische Marker. Eine gute Quelle dafür sind E-Mails. Haben Sie eine E-Mail im Posteingang und verheißt der Inhalt aufgrund des Absenders nichts Gutes, so empfinden Sie mit ziemlicher Sicherheit etwas Unangenehmes auf der körperlichen Ebene. Gewöhnen Sie sich daran, diese Empfindungen genau zu lokalisieren und in der Figur (Abb. 30) einzuzeichnen. So entsteht eine Sammlung von Somatogrammen, die sehr bezeichnend und lehrreich sein können und die vor allem Ihre Sensibilität für körperliche Empfindungen steigern (Storch/Kuhl 2017, S. 106).

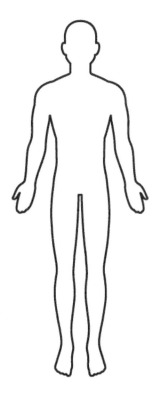

Abb. 30: Somatogramm

2. Wenn Sie einige Erfahrung mit negativen somatischen Markern gesammelt haben, dehnen Sie die Übung auf positive Ereignisse aus. Gut geeignet sind beispielsweise Erinnerungen an nette Menschen und Urlaube oder Sie achten auf Ihre körperlichen Empfindungen beim Hören von Musik oder beim Lesen von Gedichten.

8.3 Übungen zur Stärkung des Feldes „Motivation/Intention"

„Mountain Range"-Übung
Oft ist es einem Klienten nicht so ganz klar, welche (verborgenen) Motivationen hinter einem Verhalten stehen; etwa wenn es darum geht, Ziele zu entwickeln oder zu verstehen, warum man in einem bestimmten Job bleibt, anstatt etwas anderes zu finden. Es fehlt eine zur Klärung notwendige selbstkritische Distanz. Da ist es oftmals hilfreich, das Unbewusste einzubeziehen, indem man eine kreative Technik anwendet. Oftmals kann damit Klarheit über die eigenen wichtigen Werte entstehen. Die Mountain Range Exercise sensu Viktor Frankl ist hierfür besonders gut geeignet:

Material: Papier, Buntstifte

1. Denken Sie über Personen nach, die zu Ihrem Leben etwas Bedeutsames beigetragen haben. Das können real existierende Personen sein oder Charaktere, die Sie aus Literatur, Film, Funk oder Fernsehen kennen (also auch vollkommen imaginäre oder Comic-Figuren).
2. Nehmen Sie das Papier und zeichnen Sie einen Gebirgszug mit mehreren Gipfeln.
3. Stellen Sie sich vor, Sie sitzen irgendwo oben auf einer Bergspitze. Vielleicht schließen Sie dabei die Augen oder hören schöne Musik.
4. Schreiben Sie nun die Namen der für Sie bedeutsamen Personen bzw. Figuren zu den Berggipfeln, so wie es Ihnen richtig erscheint.
5. Die Personen, deren Namen Sie notiert haben, repräsentieren bestimmte für Sie wichtige Werte. Schreiben Sie diese Werte zu den betreffenden Personen. Ihre Darstellung könnte nun beispielsweise so aussehen (Abb. 31):

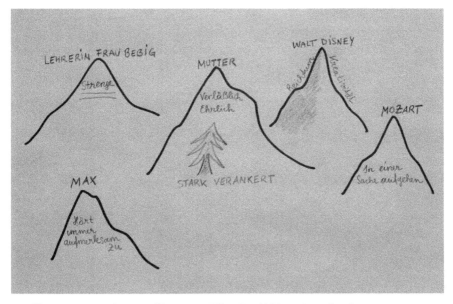

Abb. 31: Die Mountain-Range-Übung sensu Viktor Frankl (eigene Darstellung)

6. Beantworten Sie für sich selbst die folgenden Fragen:
   - Was ist das Wichtigste, das Sie von diesen Personen jeweils gelernt haben?
   - Was ist das Wichtigste, das Sie von diesen Personen noch lernen möchten?
   - Wie bemerken Sie, dass Sie dieses gelernt haben?
   - Welche der notierten Werte haben Sie bereits internalisiert?
   - Welche der notierten Werte sind für Ihr Leben die wichtigsten?

Die Zeichnung und die Fragen können in der Beratung durchgesprochen werden. Die Mountain Range Exercise unterstützt den Klienten dabei, eine distanzierte Haltung sich selbst gegenüber einzunehmen und im Hinblick auf die Klärung von Intentionen neue Perspektiven zu finden. Die Übung kann auch mit der Instruktion, sich Mentoren vorzustellen, durchgeführt werden, was oftmals relevante und hilfreiche Reflexionsprozesse initiiert.

Absichtsstärkung durch geistige Flexibilität[71]

Wenn wir uns nicht entscheiden können, liegt es oft daran, dass unser Denken wie ein Korridor verengt ist und wir Alternativen entweder nicht wahrnehmen können oder es nicht schaffen, uns mit anderen Lösungsmöglichkeiten in ausreichender gedanklicher Tiefe zu beschäftigen. Es liegt ein Absichts- oder Motivationsdefizit vor.

---

71 Übernommen und adaptiert nach Martens/Kuhl (2020, S. 213).

Um dieses Defizit zu überwinden, ist es ratsam, sich mit dem absoluten Gegenteil dessen, was man erreichen möchte, auseinanderzusetzen. Diese komplementären Gedanken können Frische und Beweglichkeit in das Primäre Feld „Motivation/Intention" bringen. Der erste Teil der folgenden Übung beinhaltet einige vorgegebene Merkmale, was notwendig ist, um sich mit dem Vorgehen vertraut zu machen. Der zweite Teil baut notwendigerweise auf den ersten auf.

1. Im Folgenden sehen Sie vier Merkmale. Stellen Sie sich – so merkwürdig das klingen mag – vor, Sie seien das genaue Gegenteil von dem, was Sie tatsächlich sind. Versetzen Sie sich in einem Zustand der Ruhe und Entspannung voll und ganz in diese Vorstellung, mit allen Sinnen, und nehmen Sie sich dafür ausreichend Zeit.
   Beispiel: Haben Sie als Hobby etwa Reiten (Spalte 2: Was/Wie ich tatsächlich bin), überlegen Sie sich, was ein komplett konträres Hobby wäre, z. B. Briefmarkensammeln (Spalte 3: Ich stelle mir das genaue Gegenteil vor, nämlich ...). Versetzen Sie sich dann in einen prototypischen Briefmarkensammler: Wie wäre das körperlich? Psychisch? Überlegen Sie mit allen Sinnen, mit all Ihrer Phantasie, wie Ihr Innenleben dann aussehen würde, und schreiben Sie die entsprechenden Gefühle auf (Spalte 4: Dann fühle ich ...).

Merkmal	Was/Wie ich tatsächlich *bin*	Ich stelle mir das genaue *Gegenteil* vor, nämlich ...	Dann fühle ich ... (bis zu fünf Gefühle/ Empfindungen)
Geschlecht			
Mein liebstes Hobby			
Mein Beruf			
Meine politische Grundhaltung			

Lassen Sie das Ganze auf sich wirken, am besten in einer entspannten Atmosphäre, vielleicht auch bis morgen oder übermorgen.

2. Nun verfahren Sie ähnlich mit einem Ziel, das Sie in absehbarer Zeit gerne erreichen möchten (ein konkretes Ziel, das realistischerweise von Ihnen, durch Ihr Denken und Handeln, erreichbar ist).

Spalte 1: Formulieren Sie dieses Ziel knapp und bündig.
Beispiel: *Ich möchte mein Studium in zwei Jahren abgeschlossen haben.*
Spalte 2: „Was/Wie ich bisher war": Notieren Sie in einigen Sätzen, wie Sie sich bisher hinsichtlich dieser Zielerreichung gesehen haben.
Beispiel: *Bisher habe ich drei wichtige Prüfungen lange vor mir hergeschoben und in den meisten Semestern weniger Lehrveranstaltungen absolviert, als ich mir vorgenommen hatte.*
Spalte 3: Nun schreiben Sie das genaue Gegenteil Ihres Zieles auf.
Beispiel: *Ich möchte mein Studium auf keinen Fall beenden.*
Spalte 4: Wichtig ist, dass Sie sich gefühlsmäßig in sich selbst als eine Person versetzen, für die das tatsächlich gilt. Was für Empfindungen auf einer psychischen und physischen Ebene haben Sie?
Beispiel: *Ich spüre ein mulmiges Gefühl in der Brustgegend, wenn ich wirklich glaube, dass ich mein Studium auf keinen Fall abschließen möchte. Mir ist es peinlich, auch meinen Freunden gegenüber, dass ich aufhöre, weil für mich und auch für die anderen immer klar war, dass ich Architekt werden möchte.*

Ziel	Was/Wie ich bisher war	Ich stelle mir das genaue *Gegenteil* vor, nämlich ...	Dann fühle ich ... (bis zu fünf Gefühle/Empfindungen)

Wenn Sie die Übung so durchgeführt haben, lassen Sie vielleicht ein paar Tage vergehen und lesen Sie sich dann wieder durch, was Sie in Spalte 4 geschrieben haben. Da Sie sich selbst am besten kennen, können Sie Ihre Eintragungen auch selbst am besten verstehen: Was bedeutet es, wenn Sie – wie in diesem Beispiel – eine bestimmte körperliche Empfindung haben? Oder ein Gefühl der Peinlichkeit erleben? Versuchen Sie auch unter Einbeziehung der körperlichen Erscheinungen Ihre Problemsituation zu analysieren und Schritte abzuleiten, die Ihnen für Ihre Zielerreichung wertvoll erscheinen. Oft ist es hilfreich, mit einer anderen vertrauten Person über das, was man notiert hat, zu sprechen und aus deren Perspektive etwas aufzunehmen, über das es sich lohnt nachzudenken.

8.4 Übungen zur Stärkung des Feldes „Tun"

Sensitivität für Diskrepanzen / Ambiguitäten integrieren

Das im Holismus angesiedelte Selbst ist mit einer der meiner Meinung nach wichtigsten Kompetenzen überhaupt ausgestattet – einer Kompetenz, die allerdings oft massiv beschädigt ist und erst mühsam wieder ausgegraben werden muss: der Ambiguitätstoleranz. Es handelt sich um die Fähigkeit, auch widersprüchliche Informationen in die Gesamtpersönlichkeit zu integrieren. Fehlt diese Integration, lähmt uns dies oft im Denken und Finden von möglichen Lösungen, weil wir so fest von etwas überzeugt sind, dass wir den nächsten aktiven Schritt hin zum Handeln einfach nicht gehen können.

Im Feld „Detailtreue" stehen die Einzelheiten im Vordergrund, wobei es sich keineswegs nur um Problematisches, Negatives, Fehlerhaftes handelt. Der romantische Beginn einer Liebesbeziehung ist ja auch dadurch gekennzeichnet, dass man zunächst (fast) nur die schönen und positiven Seiten der Person, die man anhimmelt, wahrnimmt. Dieses romantisch-unrealistische Bild muss später jedoch „verganzheitlicht" werden, sonst ist die Beziehung zum Scheitern verurteilt. Mit anderen Worten: Wenn man nicht anerkennen kann, dass die Person ebenso auch unangenehme Charakterzüge aufweist, muss es zwangsläufig zu einer Abwertung (und oft auch zu einem Beziehungsende) kommen. Dies ist zu verhindern, indem man das Widersprüchliche annimmt und in die Gesamtwahrnehmung integriert. Folgende Übung[72] kann dabei unterstützen:

1. Denken Sie an eine belastende Situation oder Person. Vergegenwärtigen Sie sich einige Details (Ort, Zeit, nähere Umstände, Wetter, Farben, Geräusche etc.).

2. Notieren Sie das Wesentliche daran in einem Satz nach folgendem Schema:

   Ich bin _____ (das *Gefühl* notieren) auf/wegen _____

   _____ (Name der Person bzw. Situation),

   weil _____.

   Beispiel: Ich bin *sehr enttäuscht* wegen *Andrea*, weil *sie, ohne mit mir zu sprechen, mit unserem Chef eine Abmachung getroffen hat*.

3. Nun beantworten Sie für sich die Frage, *was genau* Sie in dieser Situation, in der Sie dieses Gefühl haben, eigentlich möchten. Soll die Person/die Situation anders sein? Wenn ja, wie?

---

[72] Siehe „The Work" von Byron Katie (www.thework.com).

4. Stellen Sie sich zu diesen beiden Aussagen drei Fragen, die zunächst paradox wirken.
   a) Ist das, was ich hier aufgeschrieben habe, *wirklich* so? Ist es *wirklich* wahr? Kann ich mit *absoluter* Sicherheit wissen, dass meine Gedanken *wahr* sind – völlig ohne Zweifel?
   b) Beobachten Sie Ihre Gefühle und Gedanken, wenn Sie das, was Sie im 2. und 3. Schritt aufgeschrieben haben, *wirklich* glauben, und notieren Sie diese.
   c) Nun stellen Sie sich vor, was bzw. wer Sie *ohne* diese Gedanken und Gefühle wären. Schreiben Sie das möglichst konkret auf.

Bei dem Versuch, wirklich ehrlich zu sich zu sein, muss man zugeben, dass man nie – auch wenn man noch so sehr überzeugt ist – hundertprozentig sicher sein kann, alleine schon, weil immer Informationen fehlen und weil jeder über andere Erfahrungen verfügt. Dies gilt für alles, solange man nicht ins Lächerliche abgleitet („Einen Sturz aus zweitausend Meter Höhe kann man nicht überleben" oder „Füchse können nicht fliegen"; es gab nachweislich Stürze aus dieser Höhe, die überlebt wurden, und ein unentdeckter Fuchs mit Flügeln könnte theoretisch irgendwo existieren). Wenn ich auch noch so sehr davon überzeugt bin und viele entsprechende Erfahrungen dazu habe, dass mein Vorgesetzter mir gegenüber ungerecht ist – mit hundertprozentiger Sicherheit kann ich den von mir notierten Aussagen wohl niemals zustimmen, es bleiben stets Restunsicherheiten. Um dies zu akzeptieren, muss man sehr ehrlich zu sich selbst sein, was meist recht schwierig ist. Aber oft hilft ein derartiges Ambiguitätstraining, um grundlegende Widersprüchlichkeiten zu erkennen, die unseren Denkprozessen inhärent sind, und um damit aktiv die nächsten Schritte hin zum Handeln zu gehen.

Das Optionenrad[73]

Gerade typische „Verstandesmenschen" tun sich oft schwer damit, ihre Absichten in die Tat umzusetzen – sie grübeln stattdessen und versäumen Chancen. Das Primäre Feld „Motivation/Intention" arbeitet Informationen seriell ab. Gibt es hier zu viel Energie, hemmt dies den Zugang zum holistischen Feld, in dem das parallel arbeitende Selbst beheimatet ist.

Anders ausgedrückt hat der prototypische Verstandesmensch Schwierigkeiten damit, auf die Gesamtheit seiner Erfahrungen und Weisheiten zuzugreifen und Dinge spontanintuitiv anzugehen. Dazu kommt nicht selten eine gewisse Hemmung: Locker, entspannt und humorvoll zu agieren, ist die Sache des analytischen Verstandesmenschen eher nicht. Da sein Geist alles analysieren und abwägen muss, kommt er oft nicht zum Handeln – und dieses Handeln gilt es nun mit einer Übung anzustoßen. Wenn positive Gefühle erzeugt werden können und das Selbst aktiviert wird, steigt die Chance, dass Energie vom Feld „Motivation/Intention" abgezogen und mehr hin zum Tun und dem Feld „Holis-

---

[73] Entnommen und leicht adaptiert aus Storch/Kuhl (2017, S. 156 ff.).

mus" fließen kann, d. h. hin zu parallel gesteuerter, positiv konnotierter Aktion. Es gilt das Motto „Grübeln ersetzen durch Tun!".

Kuhl und Storch beschreiben das „Wunderrad", das dabei hilft, mehrere Handlungsoptionen für verschiedene Kontexte zu suchen. Der Verstand soll „überfordert werden durch systematisch aufgebaute Horizonterweiterung" (Storch/Kuhl 2017, S. 158), um ihn vom Nachdenken abzuhalten. Im Zentrum der Wunderrad-Übung steht das Selbst, also das holistische Feld.

1. Benennen Sie drei bis fünf Kontexte, in denen die Umsetzung erfolgen könnte. Zeichnen Sie pro Kontext ein Optionenrad.
   Kontext 1:
   Kontext 2:
   Kontext 3:
   Kontext 4:
   Kontext 5:
   Beispiel: Der Klient hat Schwierigkeiten damit, sich zum Lernen für Uni-Prüfungen aufzuraffen. An Motivation mangelt es grundsätzlich nicht, denn er interessiert sich für sein Studium und liest in seiner Freizeit mehr Fachliteratur, als er für das Studium lesen müsste. Nur das Lernen für Prüfungen fällt ihm schwer. Also überlegt er zunächst bis zu fünf Kontexte, in denen er lernen könnte, wie: in der U-Bahn, vor dem Fitnesscenter-Training, im Bett vor dem Schlafengehen etc.

2. Finden Sie für jedes der folgenden Optionenräder fünf Handlungsoptionen. Das müssen nicht nur konkrete Verhaltensweisen sein, sondern es kann sich auch um motivierende Ideen und Ähnliches handeln. Der Kontext wird in den inneren Kreis geschrieben und in jedem der fünf Segmente notieren Sie mögliche Handlungen. Hier sollen durchaus auch Optionen berücksichtigt werden, die auf den ersten Blick unsinnig oder schlicht „blöd" wirken.
   Beispiel: In das erste Rad schreibt der Klient „U-Bahn" und in die einzelnen fünf Segmente Handlungsoptionen wie a) am Montag, Mittwoch und Freitag BWL lernen, b) je nach U-Bahn-Linie unterschiedliche Fächer lernen, c) U-Bahn-Fahrten künstlich ausdehnen, um mehr Stoff lernen zu können, d) bei jeder Fahrt mit Handy Foto machen und irgendwie mit dem Stoff verknüpfen und f) Ideen für Kurzgeschichten oder Witze notieren zum Thema „BWL und Stadtverkehr".
   Optimalerweise befüllen Sie alle fünf Räder, um dem Selbst eine große Auswahlmöglichkeit zu geben und ihren analytischen, seriell arbeitenden Verstand mit dieser Fülle zu überfordern (bildhaft gesprochen kann so die Energie leichter vom Feld „Motivation/Intention" zu den Feldern „Holismus" und „Tun" fließen).

Übungen zur Stärkung des Feldes „Tun" 193

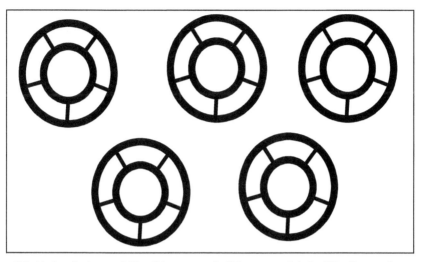

Abb. 32: Das Optionenrad: Visualisierung von fünf Kontexten mit je fünf Handlungsoptionen (eigene Darstellung nach Kuhl/Storch 2017, S. 158)

3. Affektlagen-Check: Wie in Kapitel 3.3 dargelegt, gibt es zwei verschiedene Affektlagen: negative Affekte (Amygdala) und positive Affekte (Nucleus accumbens). Beide können gemeinsam auftreten. Im Affektlagen-Check analysieren Sie zunächst Ihre Affektlage bezüglich Ihrer rationalen Absicht (das wäre im Beispiel: „Lernverhalten verbessern"). Typischerweise ergibt diese Analyse, dass ein positiver Affekt besteht (in unserem Beispiel: weil das Ziel zu lernen, um das Studium abzuschließen, grundsätzlich positiv besetzt ist), aber gleichzeitig auch ein intensiver negativer Affekt, weil die Absicht momentan kaum oder gar nicht umzusetzen ist (in unserem Beispiel: der Klient kann sich nicht zum Lernen aufraffen).

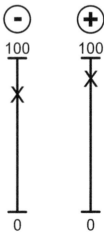

Abb. 33: Affektbilanz: rationale Absicht (eigene Darstellung)

Anschließend wenden Sie sich den Möglichkeiten zu, die Sie sich über Ihre Optionenräder erarbeitet haben. Wie ist Ihre Affektlage, wenn Sie sich intensiv vorstellen, eine oder mehrere dieser Optionen umzusetzen? Hier sieht die Bilanz meistens deutlich positiver aus, etwa so:

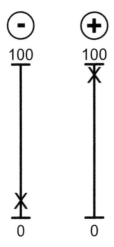

Abb. 34: Affektbilanz: Handlungsoptionen (eigene Darstellung)

Optimalerweise verschiebt sich der negative Affekt in Richtung Null und der positive in die Nähe von 100. Wenn der negative Affekt bezogen auf die Optionenräder noch (zu) weit von Null entfernt ist, sollte an zusätzlichen Optionen gearbeitet werden, eventuell unter Zuhilfenahme weiterer Kreativtechniken. Gerade wenn Sie noch sehr in Ihren Gewohnheitsmustern verhaftet sind (zu viel Grübeln, Abwägen, Unsicherheiten und Ängste), muss langsam und behutsam vorgegangen werden.

4. Nun bringen Sie die Optionenräder im Hinblick auf deren Umsetzbarkeit in eine Rangordnung. Dasjenige Rad, dessen Umsetzung Ihnen am einfachsten scheint, kommt nach links und ganz rechts steht das mit der schwierigsten Umsetzung.

8.5 Übungen zum Suspendieren von Annahmen

Hören wir die Annahme oder Meinung einer anderen Person, setzt oftmals sofort ein Automatismus ein, sofern mich diese in irgendeiner Weise berührt. Bin ich der gleichen Meinung, suche ich nach Argumenten der Bestätigung, oft gewürzt durch das (unbewusste) Bestreben zu zeigen, dass ich es noch besser weiß als der andere („ja, und außerdem ist noch zu bedenken ..."). Bin ich anderer Meinung, setzt das Suchen nach Argumenten des Überzeugens ein, welches erst recht impliziert, dass ich es besser weiß. Annahmen suspendieren heißt, Gedanken und Gefühle, die in mir entstehen, einfach hinzunehmen und sie zu beobachten, ohne dem Impuls zu folgen, im Moment nach ihnen handeln zu müssen. Denn durch diese Suchprozesse höre ich in der Regel auch auf, dem anderen wirklich zuzuhören.

Wesentlich ist hier vor allem, etwas zeitlichen Abstand zu gewinnen, um den Impuls Impuls sein zu lassen und andere Perspektiven zu finden.

Suspendier-Formel
Sie haben wieder einmal Gedanken oder grübeln über etwas, wie: „Schon so oft habe ich mir vorgenommen, dieses oder jenes zu tun, aber ich schaffe es fast nie. Vielleicht fehlt es mir an Selbstdisziplin. Andere schaffen es doch auch!" Solche Gedanken bzw. Grübeleien führen in einen regelrechten Teufelskreis, sie werden zur Routine, ohne dass wir es bemerken, und beeinflussen das Selbstvertrauen negativ. Wenn Sie merken, dass so etwas wieder geschieht, sagen Sie ganz bewusst, sofort und laut das Wort „Stopp!" und erfinden ein unsinniges zwei- oder dreisilbiges Wort, zum Beispiel „misa" oder"karinto", ein Wort also, das keine Bedeutung für Sie hat. Sagen Sie sich dieses Wort dann mehrmals vor und konzentrieren Sie sich darauf. Nicht halbherzig oder lustlos, sondern mit voller Konzentration. Und dann kommt das Wesentliche: Nehmen Sie diesen quälenden Gedanken, stellen Sie ihn sich bildlich oder akustisch vor und hängen Sie ihn richtiggehend vor sich auf. Fragen Sie sich, warum Sie diesen Gedanken haben. Hüten Sie sich vor Bewertungen, sondern ergründen Sie, warum Ihnen dieser Gedanke gerade eingefallen ist und wofür er steht. Wer wären Sie ohne diesen Gedanken? Betrachten Sie diesen Gedanken wie ein Gemälde oder wie ein Musikstück, von außen, möglichst ohne Emotionen.

Abstand gewinnen
Immer wieder kommen wir in Situationen, in denen wir „emotional" werden, das heißt sehr spontan und auf eine Weise reagieren, die wir dann oft bereuen. Jemand sagt etwas, das uns zornig macht, kränkt, verärgert und sofort und impulsiv reagieren wir. Gerade als Dialog-Begleiter können solche Reaktionen für die Gruppenprozesse fatal sein. Wir können diese durchaus nachvollziehbaren menschlichen Bewegungen im emotionalen Meer aber für die Persönlichkeitsentwicklung sinnvoll einsetzen.

Was ist das Problematische an derartigen Impulsen? Wir kommen sehr leicht dahin, uns selbst mit unserer Meinung zu identifizieren. Das Tragische dabei ist, dass ein wahrgenommener Angriff auf die Meinung als Angriff auf die ganze Person empfunden wird.

Im Dialog wollen wir versuchen, diesem Impuls eben nicht nachzugeben – es geht darum, diese zeitliche Lücke zwischen dem Impuls und der Handlung zu vergrößern! Wir schaffen ein Bewusstsein dafür, dass ein Impuls aufgekommen und man dabei ist, emotional zu werden. Es reicht meistens, wenn diese zeitliche Lücke nur eine oder zwei Sekunden dauert. Das genügt, um sich bewusst zu werden, dass in dem Moment, in dem diese starke Emotion aufkommt, mein ganzes Ich zu dieser Emotion wird und dass es hierbei keine Trennung zwischen mir und dieser Emotion gibt! Wer so eingenommen ist von dieser Emotion, äußert sich sehr leicht in einer Art und Weise, die ein gemeinsames und dialogisches Miteinander behindert.

Die Übung besteht aus zwei sehr einfachen Schritten, die aber gut wirken. Wenn Sie merken, dass Sie „emotional" werden,

1. konzentrieren Sie sich für eine oder zwei Sekunden ganz auf Ihren Atem und
2. lassen Sie für eine oder zwei Sekunden in Ihrem Inneren ein Bild ablaufen, welches symbolisiert, wie Ihr Ärger an Ihnen vorbeirauscht.

Der Dalai Lama hat einmal erzählt, sein Bild in solchen Situationen sei ein runder, stacheliger Kaktus, der einen Berg herunter-, aber an ihm vorbeirollt, weil er einen Schritt zur Seite geht (Ekman 2010, S. 256). Finden Sie Ihr eigenes Bild!

Sie gewinnen dadurch diese wichtigen paar Sekunden, um zu verhindern, dass Ihre Emotion ganz und gar Besitz von Ihnen ergreift und Sie Dinge tun oder sagen, die nicht förderlich und sinnvoll sind. Danach versuchen Sie, diese beeinträchtigenden Emotionen einer genaueren Analyse zu unterziehen:[74]

1. *Was passiert in genau diesem Moment?*
1a. *Was tue ich?*
1b. *Was sind meine Gedanken?*
1c. *Was sind meine Gefühle?*
2. *Wie würde ich in diesem Moment gerne reagieren?*
3. *Was hält mich davon ab, genau so zu reagieren?*
4. *Ich mache eine kurze Entspannungsübung (z. B. Übung „Herzatmung", S. 181).*

Ein Beispiel:
1. Was passiert in genau diesem Moment?
   Ein Teilnehmer wirft mir vor, nicht genügend für Struktur zu sorgen.
1a. Was tue ich?
   Ich suche nach einem Gegenargument.
1b. Was sind meine Gedanken?
   Der Vorwurf ist ungerechtfertigt. Ich bemühe mich um Struktur und bringe auch Struktur in die Abläufe.
1c. Was sind meine Gefühle?
   Ich spüre aufkommenden Hass gegen diese Person. Der war mir noch nie sympathisch.
2. Wie würde ich in diesem Moment gerne reagieren?
   Ich hätte gerne mehr Gelassenheit, sodass mich dieser Vorwurf emotional nicht tangiert.
3. Was hält mich davon ab, genau so zu reagieren?
   Das weiß ich im Moment nicht … Ich reagiere oft so in derartigen Situationen. Ich lasse mich leicht von aufkommenden negativen Gefühlen leiten. Diese Abhängigkeit von solchen Gefühlen verhindert, dass ich gelassener reagiere.

---

74 Die folgenden vier Fragen sind an die Übung „Momente der Klarheit" angelehnt (Senge et al. 2004, S. 250).

4. Ich mache eine kurze Entspannungsübung.
Ich konzentriere meinen Blick auf einen gegenüberliegenden Punkt im Raum und atme RUHE ein und ANSPANNUNG aus, und das Ganze drei Mal.

8.6 Übungen zum Entschleunigen, Schweigen und Zuhören

Wirkliches Zuhören ist ein aktiver Prozess, der mit **Verlangsamung** einhergeht. „Zuhören ist eine expandierende Aktivität, die uns die Möglichkeit gibt, unmittelbarer wahrzunehmen, dass wir an der Welt um uns partizipieren" (Isaacs 1999, S. 85; siehe Kap. 4.1).

Wenn wir sagen, nichts sei so verbindend wie die Sprache, so gilt in der Umkehrung genauso: Nichts ist so trennend wie Sprache, es handelt sich ja nur um die andere Seite der Medaille. Kenne ich die Sprache des anderen nicht, sind wir getrennt. Ähnlich verhält es sich mit der Technik des Zuhörens und dem Prinzip der Partizipation, die untrennbar zusammengehören, sofern man es ernst meint.

Das Schweigen kann Prozesse weit mehr stören als das aktive Mitreden. Wirkliches Partizipieren enthüllt sich dadurch, dass man gemeinsam schweigen und in diesem Schweigen aber – gerade durch das Schweigen und das echte Zuhören – tiefe Verbundenheit fühlt, an- und miteinander partizipiert. Sich schweigend ansehen, sich dabei und dadurch wohl- und miteinander verbunden fühlen – das erfordert persönliche Bereitschaft, Nähe zuzulassen und auszuhalten. Wer sich nicht verbunden fühlt, empfindet eine derartige Situation als äußerst unangenehm.

Es gibt Situationen, in denen eine bestimmte Art der **Nichtkommunikation**[75] angebracht ist, „wenn uns das ‚Heilige' erhalten bleiben soll. Kommunikation ist nicht aus Furcht unerwünscht, sondern weil Kommunikation die Natur der Ideen irgendwie verändern würde" (Bateson/Bateson 1993, S. 118).

Gregory Bateson schreibt über eine interessante und in diesem Zusammenhang sehr aufschlussreiche Erfahrung des Anthropologen **Sol Tax**, der mit einer Gruppe nordamerikanischer Indianer arbeitete. Das zentrale Sakrament war der kleine Kaktus Peyote mit der psychedelischen Wirkung, und genau deshalb stand die Kirche unter Beschuss: Während für die einen die Herbeiführung eines religiösen Zustandes zentral war, sahen die anderen einen Drogenmissbrauch. Sol Tax meinte, helfen zu können, indem er die „psychedelischen" Zeremonien der Indianer filmen lasse, um so Verständnis zu erwirken. Dies hätte vielleicht tatsächlich geholfen – nur wurde es von den Betroffenen abgelehnt, ihre Religion unter Aufgabe der Integrität zu retten.

Bateson weist auf ein wesentliches Element hin, das auch in der Geschichte von Sol Tax evident ist: das Element des Unbewussten, genauer, das des **unbewussten Zweckes**. Wenn die Indianer ihr psychedelisches Ritual mit dem Zweck der Rettung ihrer Religion durchführen, wird es wertlos. In einem ähnlichen Sinn kann auch das Schweigen in einem

---

75 Auf die Trivialität, dass man nicht nicht kommunizieren könne, sei hier nicht weiter eingegangen.

Gespräch, so es dieses Element der echten Anteilnahme ausdrückt, nicht beobachtend erwartet werden; es wird nicht geschehen. Es kann geschehen, wenn es keinem Zweck folgt. Gerade die Ruhe, dieses Unbewusste zwischen den Worten, das Zweckfremde, lässt Menschen sehr oft ein Geheimnis der dialogischen Kraft erstmals erleben, wenn es wirklich geschieht.

Es ist eine äußerst interessante und beeindruckende Erfahrung in Dialog-Runden, wenn das Schweigen zum Thema wird, was früher oder später stets geschieht. Die wenigsten von uns sind es gewohnt, mit dieser Art der (Nicht-)Kommunikation umzugehen. Wir sind darauf trainiert, etwas sagen zu müssen. Schweigen wird als Schwäche ausgelegt, die oft genug auch zum Nachteil des Schweigenden ausgenutzt wird. Doch gerade mit zunehmender Dialogerfahrung wird diese Qualität der schweigenden Partizipation in der Regel hoch geschätzt.

Ein Teilnehmer in einem interkulturellen Dialog drückte es einmal sehr schön aus: Normalerweise bekommen wir Informationen wie einen Schwall Wasser übergeschüttet. Wasser ist sehr schwer. Im Dialog, mit all seinen entschleunigenden Elementen, mit den Phasen des echten Schweigens – des anteilnehmenden und zuhörenden Schweigens – wird ein Mehr an Informationen gegeben, aber in der Form von Wassertropfen, wie bei einem Regen, durch dessen Tropfen man hindurchwandern kann, ohne die Schwere des Wassers zu spüren.

Aktives Zuhören

Im Gehen, wenn man einander nicht unmittelbar gegenübersitzt oder -steht, redet man oft leichter bzw. kann auch besser zuhören. Die Übung besteht darin, mit einer anderen Person für eine vereinbarte Zeit herumzugehen, während diese zu einem bestimmten Thema etwas erzählt. Dieses Thema sollte die Erzählenden in irgendeiner Weise berühren, ihnen wichtig sein (ein Monolog über das gerade aktuelle Wetter ist weniger geeignet). Wesentlich dabei ist, dass der Erzählende nicht unterbrochen und seine Aussagen und Gedanken nicht kommentiert werden!

Danach gibt der Zuhörer das Gehörte mit seinen eigenen Worten wieder, mit Bedacht darauf, nichts zu bewerten oder zu verändern (es wird paraphrasiert[76]).

Anschließend werden die Rollen getauscht. In der abschließenden Reflexion sollten die folgenden vier Rollen besprochen werden:
- Wie habe ich mich als Erzählenden erlebt?
- Wie habe ich das Zuhören, ohne zu unterbrechen oder zu kommentieren, empfunden?
- Wie habe ich das Wiedergeben des Gehörten erlebt?
- Wie habe ich mich gefühlt, als der andere meine eigenen Aussagen wiedergegeben hat?

---

76 Paraphrasieren bedeutet, einen Sachverhalt mit eigenen Worten zu wiederholen, ohne ihn dabei zu interpretieren. Der fremde Standpunkt soll sachlich richtig wiedergegeben werden.

Interessant bei dieser Übung sind vor allem zwei Faktoren: Indem ich meine Geschichte aus der Perspektive des anderen höre, kann ich auf Ideen oder Gedanken kommen, die ich bisher noch nicht hatte. Und: Wie gelingt es mir, vorbehaltlos zuzuhören, wenn ich die Worte der anderen Person wahrnehme – wie gut kann ich suspendieren und meinen Impuls, sofort etwas zu sagen, zurückhalten?

Offensichtlich bei dieser Übung ist also auch der **Perspektivenwechsel**, das Betrachten einer Situation aus einem anderen Blickwinkel. Dabei sind unterschiedliche Techniken wissenschaftlich untersucht worden, wie etwa „context reinstatement" (CR), „recall from changed perspective" (CP) oder „recall in reverse order" (RO) (Esgate/Groome 2005). Ein typisches Design bei derartigen Experimenten besteht darin, dass den Versuchspersonen eine Unfallszene vorgespielt wird, welche dann im Nachhinein möglichst genau beschrieben werden soll. Beim „context reinstatement" beschreiben die Personen Rahmendetails in der Hoffnung, dass dadurch relevantere Informationen besser abgerufen werden können. Beim „recall from changed perspective" lautet die Instruktion, das Beobachtete aus der Perspektive eines anderen Zeugen zu beschreiben, also beispielsweise: Was hat der Fahrer eines der Unfallautos gesehen? Die Instruktion „recall in reverse order" bedeutet, das Geschehen rückwärts zu erzählen.

Die CP- und RO-Techniken beruhen auf den Prinzipien der „multiple retrieval routes": Unterschiedliche Komponenten von Erinnerungsspuren erlauben das Wiederauffinden unterschiedlicher Informationen und Gedächtnisinhalte.

CR, CP und RO sind Muster, welche im Rahmen sogenannter kognitiver Interviews auch im forensischen Bereich angewandt werden und anderen, herkömmlichen Techniken, wie etwa einem Standardinterview, überlegen sind. Überprüft wird die Effektivität beispielsweise anhand der Häufigkeit korrekter und falscher Aussagen seitens der Versuchspersonen, wie dies in Abbildung 35 dargestellt ist. Unter Anwendung dieser Techniken steigt die Anzahl richtiger Erinnerungen (grauer Balken), während sich die Häufigkeit falscher Erinnerungen nicht wesentlich verändert (weißer Balken).

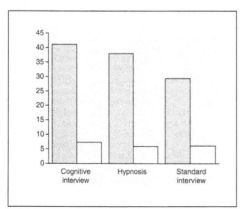

Abb. 35: Veränderter Abruf von Informationen beim kognitiven Interview: Vorteile des Perspektivenwechsels. Die grauen Balken zeigen die Anzahl korrekter Erinnerungen (adaptiert nach Esgate/Groome 2005, S. 55).

Auch wenn es selbstverständlich im Kontext dieses Buches nicht um richtige oder falsche Erinnerungen geht: Dieses Beispiel zeigt deutlich, dass die Betrachtung eines Sachverhaltes – in unserem Fall: meiner Sichtweisen – unter veränderten Perspektiven durchaus Gedächtnisspuren aktivieren kann, welche dann zu Einsichten führen können, die unter anderen Bedingungen vermutlich nicht aufgekommen wären.

8.7 Übungen zu Beobachten versus Bewerten

William Isaacs erläutert die Herkunft des Wortes „Abrakadabra" aus dem antiken Aramäischen: „Abra" (vom aramäischen „bra") bedeute „schaffen", ka „während" und dabra (vom aramäischen „daber") „sprechen". Abrakadabra heißt also: „Ich schaffe, während ich spreche."[77] Dies drückt die Schaffenskraft der Worte aus, man könnte sagen: Die Sprache schafft Wirklichkeiten. Damit eng verbunden ist natürlich der Glaube an die eigene Sprache, die eigene Art zu reden, das Selbstvertrauen, welches in der Wortwahl ebenso wie in der Betonung des Gesagten zum Ausdruck kommt.

Ob man dieser Aussage, Sprache schaffe Wirklichkeiten, nun zustimmt oder nicht, es steht außer Zweifel, dass Worten eine sehr kraftvolle Bedeutung zukommt. Wie sehr wir Menschen von bestimmten Worten oftmals auch unbewusst geleitet werden, konnte in unzähligen psychologischen Experimenten belegt werden.

Wie sehr sogar ein einzelnes Wort als **„trigger feature"** fungiert, zeigt ein amüsantes Experiment der Sozialpsychologin **Ellen Langer** aus den 1970er-Jahren (Langer et al. 1978). Ahnungslose Versuchspersonen, die an einem Kopiergerät ihre Kopien anfertigten, wurden von einem Versuchsleiter unter drei Bedingungen[78] angesprochen:

Bedingung 1:
„Entschuldigen Sie, ich habe fünf Seiten. Darf ich den Kopierer benutzen?" (keine zusätzliche Information)

Bedingung 2:
„Entschuldigen Sie, ich habe fünf Seiten. Darf ich den Kopierer benutzen, weil ich Kopien machen muss?" (Placebo-Information)

Bedingung 3:
„Entschuldigen Sie, ich habe fünf Seiten. Darf ich den Kopierer benutzen, weil ich in Eile bin?" (echte Information)

---

77 Isaacs (1999, S. 141). Es sind aber auch andere Herkunftserklärungen denkbar. So könnte Abrakadabra aus dem Hebräischen kommen: „ha-bracha da'bra", was in etwa „Sprich die Segnung" bedeutet.
78 Im Original: „1. Request only: ,Excuse me, I have 5 (20) pages. May I use the xerox machine?' 2. Placebic information: ,Excuse me, I have 5 (20) pages. May I use the xerox machine, because I have to make copies?' 3. Real information: ,Excuse me, I have 5 (20) pages. May I use the xerox machine, because I'm in a rush?'" (Langer et al. 1978, S. 635).

Zusätzlich wurde noch eine weitere Bedingung eingeführt, nämlich ob der Gefallen, um den man gebeten wurde, niedrig oder hoch ist (5 Seiten versus 20 Seiten). Wir interessieren uns im Folgenden nur für die Bedingung „geringer Gefallen", dargestellt in Abbildung 36 durch die weißen Balken.

Die Abbildung zeigt die wesentlichsten Ergebnisse der Studie. Es wurde im Vorfeld vermutet, dass die Compliance-Raten in den Bedingungen „Placebo" und „echte Information" gleich sein würden und auf jeden Fall höher als unter der Bedingung „keine Information".

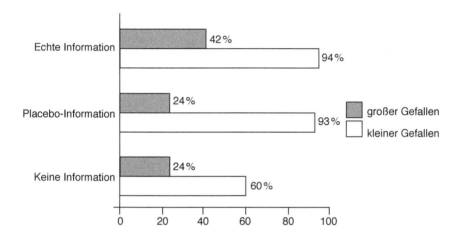

Abb. 36: Die Wirkung von Trigger-Worten: ein Experiment (adaptiert nach Langer et al. 1978, S. 637)

Diese Vorannahmen wurden tatsächlich bestätigt, was im Grunde überrascht, denn die Erklärung, man müsse Kopien machen (verglichen mit „weil ich in Eile bin"), ist nicht wirklich überzeugend. Dennoch gaben 93 % der Versuchspersonen in der Placebo-Bedingung und 94 % in der Bedingung mit der echten Informationsübermittlung dem Testleiter den Vortritt. Offensichtlich, und in diese Richtung geht auch die Interpretation der Autoren, setzt ein Automatismus ein, sobald jemand wahrnimmt: Hier wird ein Grund angegeben. Möglicherweise ist das Wörtchen „weil" so ein „trigger feature". Wir erwarten eine nachvollziehbare Erklärung, die üblicherweise auf diese Konjunktion folgt, und reagieren automatisch, ohne genauer auf den weiteren Inhalt zu achten (dies gilt jedoch nicht in diesem Ausmaß, wenn der Gefallen wesentlich größer ist; in diesem Fall sind das 20 Kopien anstelle der fünf mit Compliance-Raten von 24 % versus 42 %).

Derartige **automatisch ablaufende Mechanismen** begegnen uns ständig. Wir meinen, wir bewerten Ereignisse oder Menschen aufgrund objektiver Kriterien, doch in Wahrheit treiben uns Faktoren auf einer nicht bewusst wahrgenommenen Ebene in sehr starkem Ausmaß. Hierbei handelt es sich keineswegs um einen verdammenswerten Umstand. Bei der Vielzahl an Informationen, denen wir ausgesetzt sind, ist es notwendig, schnell und zum Großteil unbewusst zu reagieren. Man kann errechnen, dass unser Gehirn bei einem Gesamtinput von ca. 2,5 Millionen Nervenfasern eine **Gesamtinformation von etwa 100 Megabyte** zu verarbeiten hat – pro Sekunde! (Spitzer 2007, S. 53). Selbstverständlich sind Informationsfilterung und kognitive Schnellschüsse notwendig, um mit dieser Informationsflut umzugehen.

Der evolutionäre Überlebensvorteil, welcher mit unseren unbewussten Schnellschüssen einhergeht, wird von dem deutschen Psychiater Manfred Spitzer gerne so dargestellt: Nehmen wir peripher von links einen Löwen wahr, so rennen wir bereits nach rechts, lange bevor wir darüber nachdenken können – das Bild des Löwen erreicht nach weniger als 200 Millisekunden den Mandelkern. Dieser Automatismus rettet unser Leben. Denn „wer dieses Input-Output-Mapping nicht so rasch beherrschte, zählt nicht zu unseren Vorfahren" (ebd., S. 62).

Abb. 37: Automatische Schnellreaktionen sind überlebenswichtig – und problematisch.

Problematisch sind derartige unbewusst ablaufende Reaktionen aber im Bereich der Kommunikation, beim Umgang mit anderen Menschen, wenn wir – was wir auch wie selbstverständlich und automatisch machen – beurteilen und bewerten.

Nehmen wir als Beispiel die **impliziten Persönlichkeitstheorien**. Sie heißen „implizit", weil sie nicht bewusst sind, und es handelt sich um Theorien, weil sie bedeuten, dass sich die Menschen Meinungen darüber bilden, welche Merkmale der Persönlichkeit zusammengehören und auch zusammen auftreten. Diese Theorien führen zu Inferenzen bei der Wahrnehmung von Personen, nach dem Muster: Hans ist schwach, weil er leicht weint, oder: Andrea ist gemütlich, weil sie übergewichtig ist. Wir schließen oft von bestimmten wahrgenommenen Merkmalen auf andere Eigenschaften.

Dazu hat bereits in den 1940er-Jahren der berühmte polnisch-amerikanische Sozialpsychologe **Solomon Asch** experimentell geforscht. „Er bot seinen Vpn [Versuchspersonen] Beschreibungen fiktiver Stimuluspersonen. Diese Beschreibungen waren Listen von Adjektiven, z. B.: intelligent, geschickt, fleißig [...] Aufgrund solcher Beschreibungen sollten die Vpn dann angeben, welche weiteren Eigenschaften die Stimulusperson hat" (Herkner 1996, S. 298).

Bestimmte Merkmale haben besonders starken Einfluss auf den Gesamteindruck. Wenn jemand glaubt, eine Person sei beispielsweise warmherzig, dann wird ihr mit wesentlich höherer Wahrscheinlichkeit auch die Eigenschaft „fantasievoll" zugeordnet, als wenn angenommen wird, diese Person sei grob.

Der US-amerikanische Psychologe **Edward Lee Thorndike** sprach in diesem Kontext vom sogenannten **Halo-Effekt**: Einzelne Eigenschaften überstrahlen den Gesamteindruck, den wir von einer Person haben, beeinflussen also massiv unsere Bewertungen.

Wir sollten uns im Dialog all dieser Mechanismen, von denen hier nur auszugsweise die Rede sein kann, sehr bewusst sein: Wie kann ich versuchen, mir erstens meiner impliziten Bewertungen (stärker) bewusst zu werden und zweitens sensibel darauf zu achten, dass meine Worte und die der anderen Wirklichkeiten schaffen können?

Beobachten versus Bewerten

Setzen Sie sich einer Person gegenüber und beschreiben Sie eine Minute lang „objektiv", was Sie sehen, also etwa: „Du hast eine grüne Jacke an, deine Augen sind grünblau, deine Beine sind überkreuzt, sodass dein rechtes Knie über dem linken liegt, ..."

Dann nennen Sie eine Minute lang Bewertungen, also etwa: „Dein Blick ist ernst, du trägst an deiner linken Hand eine schöne Uhr, ich sehe, dass deine Schuhe gut geputzt sind, ..."

Danach wechseln Sie die Rollen. Optimal wäre es, wenn ein Dritter die Übung beobachtet und sich einige Notizen macht.

Abschließend sprechen Sie über Ihre Erfahrungen. Sie werden höchstwahrscheinlich bemerken, dass Sie während der Beobachtungsphase zumindest einige Male Bewertungen bzw. Interpretationen abgegeben haben.

Selbst in diesem einfachen Fall und mit der Aufmerksamkeit auf den Unterschieden zwischen Beobachten und Bewerten fallen uns diese manchmal gar nicht auf. Wie ist das erst bei komplexeren Sachverhalten und wenn wir nicht bewusst darauf achten?
Denken Sie an diese Übung, wenn Sie das nächste Mal mit einer Person sprechen. Wie oft halten wir eine persönliche Interpretation für eine Tatsache, ohne es zu bemerken?

Wahrnehmungsgenauigkeit
Kommunikation ist nicht nur das, was wir sagen, sondern auch das, was bei einem anderen ankommt! Davon hängt ab, wie der andere reagiert. Was wir sagen, der Inhalt also, hat meistens weit weniger Bedeutung in unserer Kommunikation als der Rest, den wir also über den Körper und die Stimme mitteilen.[79] Das bedeutet: Es lohnt sich, exakter zu beobachten! (Hier sei nochmals auf das Konzept der Synchronisierung und die Kritik an den Sender-Empfänger-Modellen hingewiesen.)

Achten Sie bei Gesprächen genauer als bisher auf die Körpersprache und darauf, ob das, was jemand sagt, körpersprachlich deckungsgleich ist mit dem, was Sie über die Stimme und den Inhalt des Gesagten wahrnehmen. Dadurch können Sie viel mehr Botschaften aufnehmen und das wird sich lohnen. Denn es wird Ihnen gelingen, schneller und besser auf eine gemeinsame Ebene zu kommen, was gut ist für das Gesprächsklima.

Die Übung besteht darin, sich bewusst und systematisch vorzunehmen, genauer hinzusehen, feinere Antennen zu entwickeln. Gelegenheiten dazu gibt es praktisch ununterbrochen:

- Nach einem Treffen, nachdem Sie sich verabschiedet haben, zählen Sie aus dem Gedächtnis auf, welche Farbe das Hemd dieser Person hatte, welche Schuhe sie getragen hat, ob eine Brille, und wenn ja, wie hat diese ausgesehen.
- Wie sah die Person aus, die im Geschäft hinter Ihnen gestanden hat?
- Was hat jemand genau gesagt, als er/sie Sie begrüßt hat?
- Welchen Satz genau hat die Nachrichtensprecherin im Fernsehen eben gesagt (möglichst wortwörtlich) ...

Sie werden sehen, wenn Sie diese Übung oft machen, werden Sie generell wahrnehmungsgenauer und Ihnen werden Dinge auf- und auch wieder einfallen, die Ihnen bisher entgangen sind!

---

79 Der Vollständigkeit halber sei an dieser Stelle angemerkt: Wir begegnen, v. a. in Seminaren und Schulungen, sehr oft der sogenannten 55-38-7-Regel des armenisch-amerikanischen Psychologen Albert Mehrabian, wonach der Inhalt nur 7 % des Effekts ausmache, etwa bei einer Präsentation, 38 % die Stimme und 55 % die Körpersprache. Diese Aussage ist aus dem Zusammenhang gerissen, in dieser Verallgemeinerung nicht korrekt und wird von Mehrabian selbst relativiert: „Please note that this and other equations regarding relative importance of verbal and nonverbal messages were derived from experiments dealing with communications of feelings and attitudes (i. e., like-dislike). Unless a communicator is talking about their feelings or attitudes, these equations are not applicable" (http://www.kaaj.com/psych/smorder.html [abgerufen am 26.02.2020]). Bei diesem Experiment ging es um die Inkonsistenzen zwischen verschiedenen Informationskanälen. Treten solche auf (etwa: freundlicher Inhalt mit unfreundlichem Gesichtsausdruck), dann vertraut man dem Gesichtsausdruck am meisten und misst dem Inhalt fast keine Bedeutung bei.

8.8 Übungen zum Verändern von Mustern

Auf der einen Seite ist unser Gehirn ein ständig lernendes, neugieriges Organ. Auf der anderen Seite sucht es nach Gewissheiten, nach wiederkehrenden Mustern – es sucht nach dem Berechenbaren. Gewissheit gibt Sicherheit. So bilden sich im Lauf der Zeit Muster im Verhalten und im Denken aus, die sich richtiggehend einbrennen, weshalb es oft so schwierig ist, derartige Verhaltens- und Denkgewohnheiten zu verändern.

Der Dialog ist ja nun wirklich keine Kommunikationsmethodik, keine Toolbox für „besseres" Reden. Der Dialog ist vielmehr eine Haltung, die uns dabei unterstützt, ausgehend von bestimmten Rahmenbedingungen und Regeln ein schärferes Bewusstsein etwa für die eigenen Vorurteile, Bewertungen, Verhaltensgewohnheiten etc. zu entwickeln. Die dadurch wachsenden Fähigkeiten befördern in der Kommunikation mit anderen einen kreativeren, respektvolleren und fruchtbareren Umgang, der das individuelle Potenzial wie auch das Gruppenpotenzial sichtbarer macht.

Eingefahrene Muster sind nun einmal nicht leicht zu verändern, weder auf der individuellen noch auf der Gruppenebene. Dazu kommt etwas, das man gerne als den blinden Fleck der Wahrnehmung bezeichnet: das Nicht-zur-Kenntnis-Nehmen von Aspekten der eigenen Verhaltens- und Gedankenwelt, die dem Umfeld deutlich auffallen, einem selbst aber nicht.

Der deutsche Psychiater und Gehirnforscher **Manfred Spitzer** verwendet gerne das Bild von den eingetretenen Schneespuren, um zu zeigen, dass jede Erfahrung geringfügige Spuren im Gehirn hinterlässt.

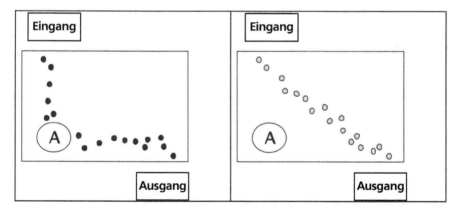

Abb. 38: Wiederkehrende Erfahrungen bilden Gedächtnisspuren im Gehirn: Lernen wird ermöglicht (eigene Darstellung).

„Mit jeder Erfahrung, jedem Wahrnehmungs-, Denk- und Gefühlsakt gehen flüchtige [...] Aktivierungsmuster im Gehirn einher. Die Verarbeitung dieser einzelnen Aktivierungsmus-

ter (der einzelnen Erfahrungen) verändert das Gehirn, nicht viel, aber ein ganz kleines Stück. Was von den unzähligen einzelnen Erfahrungen (Musterverarbeitungsprozessen) bleibt, ist [...] das, was sie mit anderen Erfahrungen gemeinsam haben" (Spitzer 2008, S. 31).

Diese Gedächtnisspuren, die durch den Gebrauch entstehen, kann man sich also wie Schneespuren vorstellen, die mit Zunahme des Gebrauchs zu leichter beschreitbaren Wegen werden. Das Stampfen durch hohen Neuschnee, vergleichbar mit dem Erlernen von etwas Neuem, ist anfangs mühsam. Mit der Zeit aber verfestigen sich die Spuren und werden zu Wegen, es geht dann einfacher (siehe Abb. 38).

Immer dann, wenn wir etwas Neues versuchen, stapfen wir sozusagen im Neuschnee und müssen uns mehr anstrengen als bei der Benutzung der alten Muster. Der Weg vom Eingang über den Punkt A zum Ausgang ist eingetreten durch die häufige Benutzung. Aus Gewohnheit oder auch aus Bequemlichkeit greifen wir gerne auf das zurück, was wir kennen, auch wenn wir damit nicht zufrieden sind. Das Begehen der Abkürzung direkt zum Ausgang ohne den Umweg über den Punkt A verursacht zu Beginn einen Mehraufwand. Aber wenn dieser kürzere Weg einmal eingetreten ist, haben wir eine (hoffentlich sinnvolle) Lernerfahrung gemacht. Durch solche Lernerfahrungen verändern sich die synaptischen Verbindungen, durch Gebrauch werden sie stärker und ermöglichen dadurch eine raschere Informationsübertragung.[80]

Wir können uns bei der Aneignung neuer Gedanken- und Verhaltensmuster leicht unterstützen, indem wir dem Gehirn neue Reize bieten, d.h. etwas „einfach" anders machen als bisher. In gewisser Weise ist der Geist auch träge und bleibt gerne beim Bekannten. Um diese Aussage zu verdeutlichen, betrachten Sie bitte die Abbildung 39:

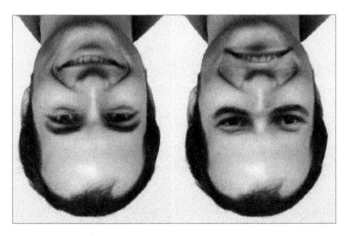

Abb. 39: Gesichtererkennung einmal anders: Unser Gehirn hat es oft schwer mit dem Neuen (Schwaninger et al. 2003, S. 88; Copyright © 2003 by Hogrefe & Huber Publishers).

---

[80] In den im Literaturverzeichnis angeführten Büchern von Manfred Spitzer finden Sie viele gut lesbare Beispiele zu diesem Thema.

Und nun stellen Sie das Buch auf den Kopf. Diese als **Thatcher-Effekt** bekannte Wirkung, die üblicherweise dazu dient, zu veranschaulichen, dass die Gesichtererkennung ein ganzheitlicher Prozess ist, zeigt ebenso: Unser Gehirn bleibt auch gerne mal beim Alten und Gewohnten. Was wir nicht kennen – und auf dem Kopf stehende Gesichter gehören bestimmt dazu –, entgeht uns relativ leicht. Deshalb: Versuchen wir ganz bewusst etwas anderes und bieten unserem Gehirn das Neue auf eine Art, die interessant ist.

Ja, aber
In einer Dialog-Runde meinte ein Teilnehmer einmal, als es darum ging, die langweilige montägliche Teambesprechung abzuschaffen: „Die sind wirklich unnötig. Wir sind halt daran gewöhnt. Aber neue Sachen sind dabei noch nie rausgekommen. Wir alle kennen das ja: Wenn einmal einer eine Idee einbringt oder einen Vorschlag macht, wird der praktisch immer gleich abgewürgt." Auf unser Nachfragen kam die Präzisierung – Sie werden dieses Muster bestimmt kennen: „Ja, einer sagt was und gleich sind welche dran mit Argumenten, warum das bei uns nicht geht. Da vergeht jedem Neuen auch sehr bald die Lust, was zu sagen."

Nennen wir dieses Phänomen das „Ja, aber"-Muster. Bevor über eine Idee oder einen Vorschlag nachgedacht, geschweige denn ernsthaft gesprochen wird, kommt das Abwürgen. So wird die Kreativität sauber im Keim erstickt.

Es wird nicht konstruktiv über diesen Wunsch, diese Idee gesprochen – nein, es gibt ein „Ja, aber" und mehrere Gründe, warum es nicht gehen wird. Vermutlich kennen die meisten von uns dieses Muster von sich selbst.

Dabei könnte es fast immer Möglichkeiten eines konstruktiveren Umgangs mit Ideen oder Vorschlägen geben. Vielleicht nicht unbedingt in genau dieser Form, wie es als Idee oder Wunsch ausgesprochen wird, aber lassen wir doch die Idee zu und reden darüber, suchen nach Möglichkeiten, nach Chancen. Und unterbrechen wir dieses reflexartige „Ja, aber"-Muster!

Wenn Sie das nächste Mal in sich den Impuls spüren, gleich einmal eine Idee oder einen Vorschlag abzuwürgen, sagen Sie innerlich „Stopp – kein ‚Ja, aber'!" und reden Sie mit Ihrem Gegenüber ganz bewusst für eine bestimmte Zeit über diese Idee, auch wenn sie zunächst unrealistisch oder gar dumm erscheint. Gerade in einer Dialog-Runde kann diese Übung wunderbar eingesetzt werden. Entweder wir entdecken dieses „Ja, aber"-Muster in uns selbst oder einer der Teilnehmer hilft uns dabei.

Lineares Denken
Wir alle handeln und entscheiden aufgrund von Annahmen darüber, wie die Welt funktioniert, etwa: Wenn ich mehr Geld habe, dann werde ich glücklicher sein, oder: Wäre mein(e) Partner(in) unternehmungslustiger, würde es in unserer Beziehung besser laufen. Das alles mag schon stimmen, mehr Geld würde tatsächlich manches erleichtern. Es ist aber erwiesen, dass sich das Glücksempfinden dadurch dauerhaft nicht verändert.

Wirklich zufrieden sind wir, wenn wir die Dinge so annehmen, wie sie sind. Betrachten wir einen farbintensiven Regenbogen oder einen wunderschönen Strand, empfinden wir oft tiefe Zufriedenheit oder gar Glück und wir denken nicht: Wenn der Regenbogen etwas weiter links wäre oder der Baum dort unten in diesem Tal weniger Blätter oder mehr Äste hätte, dann wäre ich zufriedener. Nein, in diesen Momenten akzeptieren wir das Universum so, wie es ist – und das macht glücklich.

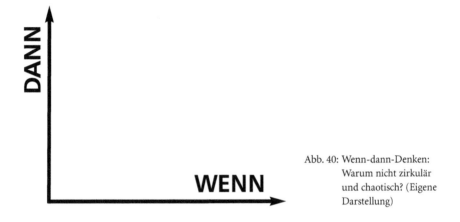

Abb. 40: Wenn-dann-Denken: Warum nicht zirkulär und chaotisch? (Eigene Darstellung)

Die Übung besteht also darin: Lösen Sie sich bei möglichst vielen Gelegenheiten – im Kaufhaus, beim Umgang mit Menschen, in Gesprächen etc. – ganz bewusst von dieser Wenn-dann-Verknüpfung und sagen Sie sich im Geiste ganz bewusst: „Ich akzeptiere das jetzt so, wie es ist."

Machen Sie sich Notizen, wie es Ihnen damit geht, wenn Sie so ganz bewusst darüber nachdenken. Heben Sie sich diese Notizen auf und schauen Sie sie hin und wieder an.

8.9 Übungen zu mentalen Modellen

Im Kapitel 2.6 über mentale Modelle wurde dargelegt, dass es sich bei diesen oft um sehr einfache Verallgemeinerungen im Sinne von Vorurteilen handeln kann, wie „Trau keinem über 40!", oder aber auch um sehr komplexe Theorien der Art: „Kein Wunder, dass es ihm so schwerfällt, Frauen anzusprechen – in seiner Familie wurde nie etwas ausgesprochen, alles verdrängt und deshalb konnte er kein Selbstvertrauen entwickeln." Mentale Modelle haben Einfluss darauf, was wir wie sehen. „Das Entscheidende für ein Verständnis von mentalen Modellen ist, dass sie aktiv sind – sie steuern unser Handeln" (Senge 1996, S. 214), und deshalb – eben weil sie unser Handeln und Denken so wesentlich mitbestimmen können – sind sie im Dialog ein zentrales Thema. Ein mentales Modell, das mir nicht bewusst ist, kann ich auch nicht überprüfen.

Weiß ich also gar nicht, dass mein Denken in einem bestimmten Kontext Ausdruck einer tiefen Vorannahme ist, bin ich geneigt, meine Anschauungen für die absolute Wahrheit zu halten und die Meinungen anderer nicht zu respektieren. Im Rahmen einer Diskussion sind die Diskutanten nicht unbedingt angehalten, unterschiedliche Ansichten zu respektieren, geht es dort doch um die Verteidigung von Positionen. Nicht so im Dialog: Hier dreht sich der Kreis um das gemeinsame Erkunden – mit dem Ziel, von unterschiedlichen Perspektiven zu lernen. Am Ende braucht niemand als Sieger dazustehen!

Für das amerikanische Unternehmen Hanover Insurance war die Beschäftigung mit mentalen Modellen so wichtig, dass ein **„Credo zu mentalen Modellen"** formuliert wurde (ebd., S. 232). Ein paar Punkte daraus lauten wie folgt:
- Der Erfolg einer Führungskraft hängt von einer kontinuierlichen Verbesserung der mentalen Modelle dieser Führungskraft ab.
- Zwingen Sie niemandem ein favorisiertes mentales Modell auf.
- Vielfältige mentale Modelle eröffnen vielfältige Perspektiven.
- Ziel ist nicht, dass sich die Gruppenmitglieder einig sind.
- Der Wert einer Führungskraft wird danach beurteilt, wie erfolgreich sie zu den mentalen Modellen anderer beiträgt.

Aus dieser Zusammenstellung können wir ablesen, dass für Hanover Insurance mentale Modelle und die Fähigkeit, die Meinungen und Weltbilder anderer zu respektieren, eng zusammengehören, und dieser Interpretation können wir uns meiner Meinung nach getrost anschließen. Der reife Umgang mit eigenen Vorannahmen und das Respektieren unterschiedlicher mentaler Modelle sind Geschwister. Wie bei der Darstellung der Abstraktionsleiter (siehe Kap. 2.6) schon angesprochen, ist ein Leben ohne Deutungen und Konstruktionen nicht möglich,

„aber es ist möglich, die Kommunikation zu verbessern, indem man reflektiert und indem man die Abstraktionsleiter auf drei Weisen nutzt:
1. um sich das eigene Denken und Schlussfolgerungen bewusster zu machen (Reflexion);
2. um das eigene Denken und Schlussfolgerungen sichtbarer für andere zu machen (Plädieren);
3. um das Denken und Schlussfolgerungen anderer zu erkunden (Erkunden)" (Senge et al. 2004, S. 283).

Lernen Sie eine ausgezeichnete Übung dazu kennen: die „Linke Spalte".

Linke Spalte[81]

Die bekannte und oft eingesetzte Linke-Spalte-Übung dient dazu, uns unausgesprochene Annahmen bewusst zu machen. Diese steuern unsere Gespräche und verhindern, dass wir das, was wir eigentlich sagen möchten, aussprechen. Diese Übung ist erfahrungsgemäß nicht gerade einfach in der Durchführung, zahlt sich aber aus. Sie besteht aus vier Schritten.

1. Problemauswahl
   Nehmen Sie ein zwischenmenschliches Problem, das Sie schon seit einiger Zeit ernsthaft beschäftigt, etwa:
   - Ich kann mit meinem Partner über ein bestimmtes Problem nicht sprechen, ohne ins Streiten zu kommen.
   - Mein Arbeitskollege verhält sich mir gegenüber zunehmend unfair.
   - Immer, wenn ich mit meinem Sohn über seine Ausbildung spreche, endet das in Schreiduellen.
   - Mein Vorgesetzter verkauft meine Vorschläge als die seinen.

   Schreiben Sie in einigen Sätzen auf, was Sie im Hinblick auf dieses Problem gerne erreichen möchten.

2. Rechte Spalte
   Haben Sie mit dieser Person schon einmal über dieses Problem direkt gesprochen? Wenn ja, dann rufen Sie sich die wesentlichen Punkte dieses Gespräches in Erinnerung. Wenn nein, dann stellen Sie sich vor, wie so ein Gespräch hätte verlaufen können.
   Teilen Sie nun ein A4-Blatt der Länge nach mit einer Linie in zwei Hälften. Schreiben Sie über die linke Spalte „Das habe ich gedacht" und über die rechte Spalte „Das wurde gesagt".
   Fangen Sie mit der rechten Spalte an und tragen Sie das Gespräch ein, das entweder so tatsächlich stattgefunden hat oder wie es Ihrer Meinung nach stattfinden könnte. Die linke Spalte bleibt noch frei.

3. Linke Spalte
   Jetzt schreiben Sie in die linke Spalte korrespondierend zu den tatsächlichen Aussagen der rechten Spalte das, was Sie gedacht und auch gefühlt, aber eben **nicht ausgesprochen** haben.

---

81 Die Übungsdarstellung orientiert sich stark an den Ausführungen in Senge et al. (2004, S. 284).

Ein Beispiel:

Linke Spalte	Rechte Spalte
Eigentlich will ich mit dir gar nicht reden, ich bin froh, wenn ich dich nicht sehe.	ICH: Ich wollte mit dir schon lange über dieses Thema sprechen. Ich habe immer das Gefühl, dass du meine Vorschläge als die deinen verkaufst.
Und eigentlich war dieses Konzept von Anfang an meine Idee. Aber mit dir kann man ja nicht vernünftig reden.	ICH: Zum Beispiel letzte Woche: Ich habe nach deiner Anweisung ein Konzept erstellt und du hast es in der Marketing-Abteilung vorgestellt, ohne auch nur zu erwähnen, dass ich es entwickelt habe.
Du Lügner. Am besten, du hältst deinen verlogenen Mund.	ANDREAS: Also, so stimmt das nicht. Ich habe sehr wohl gesagt, dass es von dir ist, ich habe es nur nicht auf die Zettel geschrieben. Aber wissen tun sie es.
Dein ganzes Leben ist eine durchgehende Lüge.	ICH: So habe ich das aber nicht gehört. Da oben wusste niemand, dass es meines ist.
Du kannst immer nur vom Thema ablenken.	ANDREAS: Also wirklich – ist dir das denn so wichtig? Wir arbeiten alle als Team hier. Du weißt das genau, du bist jetzt unfair.
Ich hoffe, der Chef kündigt dir bald. Jedes Gespräch mit dir regt mich auf, ich will nicht mehr. Ich zittere vor lauter Zorn. Hoffentlich sieht das keiner ...	ICH: Es geht jetzt hier nicht ums Team, sondern um uns. Warum hast du mich nicht zu dieser Besprechung eingeladen? Das wäre Teamwork, anstatt einfach überall, wo es wichtig ist, alleine hinzugehen ...

4. Reflexion
   In Anlehnung an Peter Senge empfehlen sich u. a. folgende Fragen zur Selbstreflexion:
   - Was hat mich zu diesen Gedanken und Gefühlen veranlasst?
   - Was wollte ich erreichen?
   - Habe ich durch meine Äußerungen mein Ziel erreicht?
   - Wie könnten meine Äußerungen zu den Schwierigkeiten beigetragen haben?
   - Warum habe ich nicht gesagt, was in der linken Spalte steht?
   - Welche mentalen Modelle habe ich über die andere Person?
   - Wie hätte ich anders handeln können?

Oft ist es gut, vor der Reflexion den Zettel beiseitezulegen und einfach ein paar Tage verstreichen zu lassen. Man gewinnt dann etwas Abstand und kann leichter andere Perspektiven zulassen.

Nachwort

Werte Leserin, werter Leser,

abschließend möchte ich noch ein paar persönliche Gedanken und Anregungen an Sie richten.

Wenn wir die menschliche Kommunikation mit all ihren Chancen und ihrem kreativen Potenzial, aber auch den Gefahren und Problemen verstehen möchten, benötigen wir zumindest implizit eine Theorie darüber, wie unser Denken funktioniert. Eine wesentliche Intention dieses Buches ist, einen Beitrag zu leisten für ein Mehr an psychologischem Verständnis dafür, wie wir als professionelle Berater solch eine Theorie entwickeln, nutzen und in konstruktives beraterisches Potenzial transformieren können.

Ich beschäftige mich nunmehr seit einigen Jahren mit psychologischen Zugängen, die mir früher vollkommen fremd waren, wie etwa Hypnose und Kreativtechniken, weil ich davon überzeugt bin, dass das sogenannte Unbewusste – ein Begriff, der mittlerweile seinen esoterischen Schrecken verloren hat und neurowissenschaftlich behandelt werden kann – eine Rolle in unserem Leben einnimmt, die regelmäßig massiv unterschätzt wird. Wenn wir uns darauf einlassen (können), das Unbewusste mit seiner Weisheit und relativen Grenzenlosigkeit sowohl für uns selbst als auch für unsere Klienten zu entwickeln, zu stärken und zu gebrauchen, wird die Qualität der beraterischen Prozesse mit hoher Wahrscheinlichkeit ansteigen, zum Nutzen aller.

Ich hoffe, dass die Lektüre dieses Buches Sie auf der einen Seite dabei unterstützt hat, neue oder auch tiefere persönliche Erkenntnismodelle zu entwickeln, und andererseits praktische Anregungen für Ihre Arbeit, etwa als Coach oder Trainer, geben konnte.

In jedem Fall freue ich mich über einen persönlichen Austausch: über Ideen, Kritik, Anmerkungen.

Bitte zögern Sie nicht, mich zu kontaktieren. Schreiben Sie an folgende E-Mail-Adresse: **office@benesch.co.at**

Mit besten Grüßen

Dr. Michael Benesch

Abbildungsverzeichnis

Abb. 1: Eine mehrdeutige Botschaft: Delphine oder Liebespaar? (© Sandro Del-Prete) 13

Abb. 2: Die Experimente von Asch zum Gruppendruck (eigene Darstellung) 22

Abb. 3: Der blinde Fleck: ein Experiment (eigene Darstellung) 25

Abb. 4: Die Ergänzung nicht vorhandener Informationen: ein Dreieck, wo keines ist 26

Abb. 5: Die Kommutativität: Entdeckung oder Erfindung? Oder beides? (Eigene Darstellung) 31

Abb. 6: Bottom-up- und Top-down-Prozesse: Informationen aus der Umwelt werden einerseits von unten nach oben transformiert und verändert, andererseits wird die Wahrnehmung auch durch bereits vorhandene Informationen und Erfahrungen (Wissen, Motivation, Erwartungen etc.) beeinflusst (adaptiert nach Zimbardo 1992, S. 140) 34

Abb. 7: Pupillengröße: Emotionen finden ihren Weg in körperliche Ausdrücke (Eibl-Eibesfeldt 1995, S. 624) 37

Abb. 8: Embodiment: Muskelaktivierung führt zu erwarteten Gefühlen (Strack et al. 1988, S. 771) 39

Abb. 9: Die Ballade vom alten Seemann: ein Moment der Erleuchtung 43

Abb. 10: Der messbare Effekt von Unterdrückung und Überprüfung/Neubewertung: Die gestrichelte Linie zeigt die Veränderung der Pulsrate für die Gruppe „Unterdrücker". Das Stressniveau ist hier am höchsten. Die Gruppe „Überprüfung/Neubewertung" (durchgezogene Linie) und die Kontrollgruppe liegen bei gleichem Ausgangsniveau deutlich niedriger (Gross 2002, S. 284) 51

Abb. 11: Die Vermessung der Intelligenz I: Vorurteile in der Wissenschaft anhand des Beispiels Robert Bennet Bean (Bean 1906, S. 389) 55

Abb. 12: Die Vermessung der Intelligenz II: Vorurteile in der Wissenschaft anhand des Beispiels Robert Bennet Bean (Bean 1906, S. 380) 55

Abb. 13: Die Leiter der Schlussfolgerungen (eigene Darstellung) 59

Abb. 14: Das DI·ARS-Beratungsmodell (eigene Darstellung) 73

Abb. 15: Der Stufenprozess vom somatischen Reiz zum Ziel (eigene Darstellung) 87

Abb. 16: Der Analyseprozess im DI·ARS-Beratungsmodell (eigene Darstellung) 92

Abb. 17: Das DI·ARS-Modell: vom Holismus zur Detailtreue (eigene Darstellung) 99

Abb. 18: Das DI·ARS-Modell: von der Detailtreue zum Holismus (eigene Darstellung) 100

Abb. 19: Das DI·ARS-Modell: von der Motivation/Intention zum Tun (eigene Darstellung) 101

Abb. 20: Das DI·ARS-Modell: vom Tun zur Motivation/Intention (eigene Darstellung) 102

Abbildungsverzeichnis

Abb. 21: „Interval" von Toko Shinoda. Die Grafik kann als Darstellung der Theorie Pöppels betrachtet werden 105

Abb. 22: Triggersignale und Lachen: Die Körperhaltung der lachenden Person ist relevant für die Dekodierung der Bedeutung des Lachens (nach Grammer 1995, S. 361) 112

Abb. 23: Der Dialog als Gratwanderung auf der Basis einer respektvollen Haltung (eigene Darstellung) 135

Abb. 24: Das Four-Player-Modell von David Kantor (eigene Darstellung) 138

Abb. 25: Kreis oder Rechteck? (Eigene Darstellung) 139

Abb. 26: Kreis und Rechteck, aber auch Zylinder: eine Frage der Perspektive (eigene Darstellung) 140

Abb. 27: Das seltenste Tier der Welt: Stoßmich-Ziehdich (Lofting 1995, S. 68) 144

Abb. 28: Zwölf Bereiche zur Förderung dialogischer Kompetenzen (eigene Darstellung) 156

Abb. 29: Veränderung des kortikalen Outputs von trainiertem und untrainiertem Finger beim Musikspiel (Pascual-Leone 2001, S. 318) 178

Abb. 30: Somatogramm 185

Abb. 31: Die Mountain-Range-Übung sensu Viktor Frankl (eigene Darstellung) 187

Abb. 32: Das Optionenrad: Visualisierung von fünf Kontexten mit je fünf Handlungsoptionen (eigene Darstellung nach Kuhl/Storch 2017, S. 158) 193

Abb. 33: Affektbilanz: rationale Absicht (eigene Darstellung) 193

Abb. 34: Affektbilanz: Handlungsoptionen (eigene Darstellung) 194

Abb. 35: Veränderter Abruf von Informationen beim kognitiven Interview: Vorteile des Perspektivenwechsels. Die grauen Balken zeigen die Anzahl korrekter Erinnerungen (adaptiert nach Esgate/Groome 2005, S. 55) 199

Abb. 36: Die Wirkung von Trigger-Worten: ein Experiment (adaptiert nach Langer et al. 1978, S. 637) 201

Abb. 37: Automatische Schnellreaktionen sind überlebenswichtig – und problematisch 202

Abb. 38: Wiederkehrende Erfahrungen bilden Gedächtnisspuren im Gehirn: Lernen wird ermöglicht (eigene Darstellung) 205

Abb. 39: Gesichtererkennung einmal anders: Unser Gehirn hat es oft schwer mit dem Neuen (Schwaninger et al. 2003, S. 88; Copyright © 2003 by Hogrefe & Huber Publishers) 206

Abb. 40: Wenn-dann-Denken: Warum nicht zirkulär und chaotisch? (Eigene Darstellung) 208

Tabellenverzeichnis

Tab. 1: „Künstliches" Lächeln: Der Lustigkeitsfaktor steigt (adaptiert nach Strack et al. 1988, S. 772) 40

Tab. 2: Die wesentlichen Charakteristika der vier Primären Felder im DI·ARS-Modell (eigene Darstellung) 79

Tab. 3: Reorganisieren der Denk- und Handlungsenergien im DI·ARS-Beratungsmodell (eigene Darstellung) 95

Quellenverzeichnis für Abbildungen und Tabellen

Sofern hier nicht angeführt, handelt es sich um eigene oder adaptierte Darstellungen, siehe entsprechende Hinweise bei den Abbildungen und Tabellen.

Abbildung 1 auf S. 13: Eine mehrdeutige Botschaft: Delphine oder Liebespaar? © Sandro Del-Prete, Die Liebesbotschaft der Delfine, https://www.sandrodelprete.com/index.php/dolphins.html (07.04.2020).

Abbildung 4 auf S. 26: Dreieck. Adaptiert nach: https://creativecommons.org/licenses/by-sa/3.0/ (30.03.2020).

Abbildung 7 auf S. 37: Pupillengröße. Aus: Eibl-Eibesfeldt, I. (1995). Die Biologie des menschlichen Verhaltens. Grundriss der Humanethologie. München: Piper, S. 624.

Abbildung 8 auf S. 39: Mann mit Stiften. Aus: Strack, F./Martin, L. L./Stepper, S. (1988). Inhibiting and facilitating conditions of the human smile: A nonobtrusive test of the facial feedback hypothesis. Journal of Personality and Social Psychology, 5, S. 771.

Abbildung 9 auf S. 43: Die Ballade vom alten Seemann. Quelle: University of Adelaide. Aus: https://upload.wikimedia.org/wikipedia/commons/2/26/Rime_of_the_Ancient_Mariner-Albatross-Dore.jpg (30.03.2020).

Abbildung 10 auf S. 51: Der messbare Effekt. Aus: Gross, J. J. (2002). Emotion regulation: Affective, cognitive, and social consequences. Psychophysiology, 39, S. 284.

Abbildung 11 auf S. 55: Die Vermessung der Intelligenz I. Aus: Bean, R. B. (1906). Some racial peculiarities of the negro brain. American Journal of Anatomy, 5(27), S. 389.

Abbildung 12 auf S. 55: Die Vermessung der Intelligenz II. Aus: Bean, R. B. (1906). Some racial peculiarities of the negro brain. American Journal of Anatomy, 5(27), S. 380.

Abbildung 21 auf S. 105: „Interval", © Toko Shinoda, Tokyo. Repro-Fotografie aus Pöppel, E. (2006). Der Rahmen. Ein Blick des Gehirns auf unser Ich. München: Hanser, S. 477.

Abbildung 22 auf S. 112: Triggersignale und Lachen. Aus: Grammer, K. (1995). Signale der Liebe. Die biologischen Gesetze der Partnerschaft. München: Deutscher Taschenbuch Verlag, S. 361.

Abbildung 27 auf S. 144: Das seltenste Tier der Welt: Stoßmich-Ziehdich. Aus: Lofting, H. (1995). Dr. Dolittle und seine Tiere. Hamburg: Dressler, S. 68. Wikimedia Commons unter https://archive.org/details/storyofdoctordol00loft (30.03.2020).

Abbildung 29 auf S. 178: Veränderung des kortikalen Outputs von trainiertem und untrainiertem Finger beim Musikspiel. Aus: Pascual-Leone, A. (2001). The brain that plays music is changed by it. Annals of the New-York Academy of Sciences, 930, S. 318.

Abbildung 30 auf S. 185: Somatogramm. © Sudowoodo / istockphoto.com.

Abbildung 35 auf S. 199: Veränderter Abruf von Informationen beim kognitiven Interview: Vorteile des Perspektivenwechsels. Adaptiert nach: Esgate, A./Groome, D. (2005). An Introduction to applied cognitive psychology. New York: Psychology Press, S. 55.

Abbildung 37 auf S. 202: Automatische Schnellreaktionen sind überlebenswichtig – und problematisch. © mbrand85 / istockphoto.com.

Abbildung 39 auf S. 187: Gesichterkennung mal anders. Aus: Schwaninger, A./Carbon, C. C./Leder, H. (2003). Expert face processing: Specialization and constraints. In: Schwarzer, G./Leder, H. (Hg.): Development of Face Processing, 81–97. Göttingen: Hogrefe, 88. Copyright 2003 by Hogrefe & Huber Publishers. Mit freundlicher Abdruckgenehmigung durch Hogrefe Publishing.

Literaturverzeichnis

Anderson, J. R. (2001). Kognitive Psychologie. Heidelberg: Spektrum Akademischer Verlag (3. Aufl.).
Antons, K. (2000). Praxis der Gruppendynamik. Übungen und Techniken. Göttingen: Hogrefe (8. Aufl.).
Ariely, D. (2008). Denken hilft zwar, nützt aber nichts. Warum wir immer wieder unvernünftige Entscheidungen treffen. München: Droemer.
Bach, R. (1990). Die Möwe Jonathan. Frankfurt am Main: Ullstein.
Badrinath, C. (1993). Dharma, India and the world order. Edinburgh: Saint Andrew Press.
Barenboim, D. (2009). Klang ist Leben. Die Macht der Musik. München: Siedler.
Bateson, G. (1985). Ökologie des Geistes. Frankfurt am Main: Suhrkamp.
Bateson, G./Bateson, M. C. (1993). Wo Engel zögern. Unterwegs zu einer Epistemologie des Heiligen. Frankfurt am Main: Suhrkamp.
Bauer, J. (2006). Warum ich fühle, was du fühlst. Intuitive Kommunikation und das Geheimnis der Spiegelneurone. Hamburg: Hoffmann und Campe.
Bean, R. B. (1906). Some racial peculiarities of the negro brain. American Journal of Anatomy, 5(27), 353–432.
Benesch, M. (2009). Lernen von Pygmalion. Gewaltprävention und Dialog. In: Rauscher, E. (Hg.). Schulkultur. Schuldemokratie, Gewaltprävention, Verhaltenskultur. Pädagogik für Niederösterreich, Band 3. Baden: Pädagogische Hochschule NÖ.
Bohm, D. (1996). On dialogue. New York: Routledge.
Bohm, D. (1998). On creativity. New York: Routledge.
Bohm, D. (2005). Der Dialog. Das offene Gespräch am Ende der Diskussionen. Stuttgart: Klett-Cotta.
Bohm, D. (2007). Thought as a system. Oxon: Routledge.
Buber, M. (1963). Begegnung. Autobiographische Fragmente. Darmstadt: Lambert Schneider.
Buber, M. (2006). Das dialogische Prinzip. Gütersloh: Gütersloher Verlagshaus (10. Aufl.).
Cialdini, R. B. (2006). Die Psychologie des Überzeugens. Bern: Huber (4. Aufl.).
Csíkszentmihályi, M. (2010a). Kreativität. Wie Sie das Unmögliche schaffen und Ihre Grenzen überwinden. Stuttgart: Klett-Cotta (8. Aufl.).
Csíkszentmihályi, M. (2010b). Flow. Das Geheimnis des Glücks. Stuttgart: Klett-Cotta.
Damasio, A. (2006). Descartes' Irrtum. Fühlen, Denken und das menschliche Gehirn. München: Südwest.
Damasio, A. (2016). Im Anfang war das Gefühl. Der biologische Ursprung menschlicher Kultur. München: Siedler.
Duden (1989). Duden Herkunftswörterbuch. Etymologie der deutschen Sprache. Mannheim, Wien, Zürich: Duden (2. Aufl.).
Eibl-Eibesfeldt, I. (1995). Die Biologie des menschlichen Verhaltens. Grundriss der Humanethologie. München: Piper.
Ekman, P. (2010). Gefühle lesen. Wie Sie Emotionen erkennen und richtig interpretieren. Heidelberg: Spektrum Akademischer Verlag (2. Aufl.).

Erickson, M./Rossi, E. (2004). Hypnose erleben. Veränderte Bewusstseinszustände therapeutisch nutzen. Stuttgart: Klett-Cotta.

Erickson, M./Rossi, E. (2010). Hypnotherapie. Aufbau, Beispiele, Forschungen. Stuttgart: Klett-Cotta (10. Aufl.).

Esgate, A./Groome, D. (2005). An introduction to applied cognitive psychology. New York: Psychology Press.

Farrelly, F./Brandsma, J. M. (2005). Provokative Therapie. Berlin: Springer.

Förstl, H. (2007). Theory of Mind: Anfänge und Ausläufer. In: Förstl, H. (Hg.). Theory of Mind. Neurobiologie und Psychologie sozialen Verhaltens. Berlin: Springer.

Frankl, V. (1992). Das Leiden am sinnlosen Leben. Wien: Herder.

Fröhlich, W. D. (1994). Wörterbuch zur Psychologie. München: Deutscher Taschenbuch Verlag (20. Aufl.).

Gastaut, H./Bert, J. (1954). EEG changes during cinematographic presentation: Moving picture activation of the EEG. EEG Clin Neurophysiol, Supp. 6, 433–444.

Gerrig, R. J./Zimbardo, P. (2008). Psychologie. München: Pearson (18. Aufl.).

Gigerenzer, G. (2007). Bauchentscheidungen. Die Intelligenz des Unbewussten und die Macht der Intuition. München: Bertelsmann.

Gould, S. J. (1994). Der falsch vermessene Mensch. Frankfurt am Main: Suhrkamp (2. Aufl.).

Grammer, K. (1995). Signale der Liebe. Die biologischen Gesetze der Partnerschaft. München: Deutscher Taschenbuch Verlag.

Grawe, K. (2004). Neuropsychotherapie. Göttingen: Hogrefe.

Grinder, J./Bandler, R. (2007). Therapie in Trance. Stuttgart: Klett-Cotta.

Gross, J. J. (2002). Emotion regulation: Affective, cognitive, and social consequences. Psychophysiology, 39, 281–291.

Hartkemeyer, J. F./Hartkemeyer, M. (2005). Die Kunst des Dialogs. Kreative Kommunikation entdecken. Stuttgart: Klett-Cotta.

Hartkemeyer, M./Hartkemeyer, J. F./Dhority, L. F. (2001). Miteinander Denken. Das Geheimnis des Dialogs. Stuttgart: Klett-Cotta (3. Aufl.).

Herkner, W. (1996). Lehrbuch Sozialpsychologie. Stuttgart: Huber (5. Aufl.).

Hess, E. H. (1975). The tell-tale eye. New York: Van Nostrand Reinhold.

Hofstetter, R. (1996). Die wissenschaftliche Erklärung im Lichte des konstruktiven Realismus. Wien: WUV.

Isaacs, W. (1999). Dialogic leadership. The System Thinker, 10(1), 1–5.

Isaacs, W. (2002). Dialog als Kunst gemeinsam zu denken. Bergisch Gladbach: Andreas Kohlhage.

Kandel, E. (2006). Auf der Suche nach dem Gedächtnis. Die Entstehung einer neuen Wissenschaft des Geistes. München: Siedler.

Kirsch, H. C. (2001). Martin Buber. Biografie eines deutschen Juden. Freiburg im Breisgau: Herder.

Kuhl, J. (o. J.). Eine neue Persönlichkeitstheorie. Universität Osnabrück. https://www.psi-theorie.com (abgerufen am 26.02.2020).

Kuhl, J. (2005). Spirituelle Intelligenz. Glaube zwischen Ich und Selbst. Freiburg im Breisgau: Herder.

Langer, E./Blank, A./Chanowitz, B. (1978). The mindlessness of ostensibly thoughtful action: The role of „placebic" information in interpersonal interaction. Journal of Personality and Social Psychology, 36, 635–642.

Levenson, R. W./Ekman, P./Friesen,W. V. (1990). Voluntary facial action generates emotion-specific autonomic nervous system activity. Psychophysiology, 27, 363–384.

Lofting, H. (1995). Dr. Dolittle und seine Tiere. Hamburg: Dressler.

Lorenz, K. (1988). Hier bin ich – wo bist du? Ethologie der Graugans. München: Piper.

Mandl, C./Hauser, M./Mandl, H. (2008). Die schöpferische Besprechung. Kunst und Praxis des Dialogs in Organisationen. Bergisch Gladbach: Andreas Kohlhage.

Martens, J. U./Kuhl, J. (2020). Die Kunst der Selbstmotivierung. Neue Erkenntnisse der Motivationsforschung praktisch nutzen. Stuttgart: Kohlhammer.

Maturana, H. R./Varela, F. J. (1987). Der Baum der Erkenntnis. Bern: Scherz.

Müller-Christ, G./Wessling, G. (2007). Widerspruchsbewältigung, Ambivalenz und Ambiguitätstoleranz. Eine modellhafte Verknüpfung. In: Müller-Christ, G./Arndt, L./Ehnert, I. (Hg.). Nachhaltigkeit und Widersprüche. Münster: LIT.

Mischel, W. (2015). Der Marshmallow-Test. Willensstärke, Belohnungsaufschub und die Entwicklung der Persönlichkeit. München: Siedler.

Norton, R. W. (1975). Measurement of ambiguity tolerance. Journal of Personality Assessment, 39(6), 607–619.

O'Connor, J./McDermott, I. (2003). Die Lösung lautet überall. Systemisches Denken verstehen und nutzen. Kirchzarten bei Freiburg: VAK.

Pascual-Leone, A. (2001). The brain that plays music is changed by it. Annals of the New York Academy of Sciences, 930, 315–329.

Pawlow, I. (1927). Conditioned reflexes. New York: Oxford University Press.

Peschl, M. (1991). Formen des Konstruktivismus in der Diskussion. Wien: WUV.

Piaget, J. (1996). Einführung in die genetische Erkenntnistheorie. Frankfurt am Main: Suhrkamp (6. Aufl.).

Pietschmann, H. (2009). Die Atomisierung der Gesellschaft. Wien: Ibera.

Poincaré, H. (1914). Wissenschaft und Hypothese. Leipzig: Teubner.

Pöppel, E. (2006). Der Rahmen. Ein Blick des Gehirns auf unser Ich. München: Hanser.

Postel, G. (2001). Doktorspiele. Geständnisse eines Hochstaplers. Frankfurt am Main: Eichborn.

Prechtl, P./Burhard, F. (1996). Metzler Philosophie Lexikon. Stuttgart: J. B. Metzler'sche Verlagsbuchhandlung.

Prior, M. (2007a). Beratung und Therapie optimal vorbereiten. Heidelberg: Carl Auer.

Prior, M. (2007b). MiniMax-Interventionen. Heidelberg: Carl Auer.

Prior, M. (2020). Hypnotherapie-Paket (B1, B2, B3) (DVDs). Kriftel: Therapie-Film.

Radatz, S. (2008). Beratung ohne Ratschlag. Systemisches Coaching für Führungskräfte und Beraterinnen. Wien: Verlag Systemisches Management.

Richmond, B. (1993). System thinking: Critical thinking skills for the 1990s and beyond. System Dynamics Review, 9(2), 113–133.

Rizzolatti, G./Sinigaglia, C. (2008). Empathie und Spiegelneurone. Die biologische Basis des Mitgefühls. Frankfurt am Main: Suhrkamp.

Scharmer, K. O. (2009). Theorie U. Von der Zukunft her führen. Heidelberg: Carl Auer.

Schwaninger, A./Carbon, C. C./Leder, H. (2003). Expert face processing: Specialization and constraints. In: Schwarzer, G./Leder, H. (Eds.). Development of Face Processing, 81–97. Göttingen: Hogrefe.
Senge, P. M. (1996). Die fünfte Disziplin. Kunst und Praxis der lernenden Organisation. Stuttgart: Klett-Cotta.
Senge, P. M./Kleiner, A./Smith, B./Roberts, C./Ross, R. (2004). Das Fieldbook zur Fünften Disziplin. Stuttgart: Klett-Cotta.
Simmons, A. (1999). A safe place for dangerous truths. New York: Amacom.
Smullyan, R. (1994). Das Tao ist Stille. Frankfurt am Main: Krüger.
Spitzer, M. (2007). Lernen. Gehirnforschung und die Schule des Lebens. München: Elsevier.
Spitzer, M. (2008). Selbstbestimmen. Gehirnforschung und die Frage: Was sollen wir tun? Heidelberg: Springer.
Stavemann, H. H. (2007). Sokratische Gesprächsführung in Therapie und Beratung. Weinheim: Beltz (2. Aufl.).
Steel, P. (2007). The nature of procrastination. A meta-analytic and theoretical review of quintessential and self-regulatory failure. Psychological Bulletin, 133(1), 65–94.
Storch, M./Cantieni, B./Hüther, G./Tschacher, W. (2010). Embodiment. Die Wechselwirkung von Körper und Psyche verstehen und nutzen. Bern: Huber (2. Aufl.).
Storch, M./Kuhl, J. (2017). Die Kraft aus dem Selbst. Sieben Psycho-Gyms für das Unbewusste. Bern: Huber.
Storch, M./Tschacher, W. (2014). Embodied Communication. Kommunikation beginnt im Körper, nicht im Kopf. Bern: Huber.
Strack, F./Deutsch, R. (2004). Reflective and impulsive determinants of social behavior. Personality and Social Psychology Review, 8(3), 220–247.
Strack, F./Martin, L.–L./Stepper, S. (1988). Inhibiting and facilitating conditions of the human smile: A nonobtrusive test of the facial feedback hypothesis. Journal of Personality and Social Psychology, 5, 768–777.
Suls, J. M. (1972). A two stage model for the appreciation of jokes and cartoons: An information-processing analysis. In: Goldstein, J. H./McGhee, P. E. (Eds.). The psychology of humor: Theoretical perspectives and empirical issues, 81–100. New York: Academic Press.
Taschwer, K./Föger, B. (2009). Konrad Lorenz. München: Deutscher Taschenbuch Verlag.
Tewes, U./Wildgrube, K. (1992). Psychologie-Lexikon. München: Oldenbourg.
Tuckman, B./Jensen, M. A. C. (1977). Stages of small-group development revisited. Group & Organization Studies, 2(4), 419–427.
Vaassen, B. (1996). Die narrative Gestalt(ung) der Wirklichkeit. Grundlinien einer postmodern orientierten Epistemologie der Sozialwissenschaft. Stuttgart: Vieweg.
Varela, F. J. (1988). Erkenntnis und Leben. In: Simon, F. B. (Hg.). Lebende Systeme. Wirklichkeitskonstruktionen in der systemischen Therapie. Berlin, Heidelberg: Springer.
von Ameln, F. (2004). Konstruktivismus. Tübingen: A. Francke Verlag UTB.
von Förster, H./Pörksen, B. (2006). Wahrheit ist die Erfindung eines Lügners. Gespräche für Skeptiker. Heidelberg: Carl Auer (7. Aufl.).
von Glasersfeld, E. (1985). Konstruktion der Wirklichkeit und des Begriffs der Objektivität. In: Gumin, H./Mohler, A. (Hg.). Einführung in den Konstruktivismus. München: Oldenbourg.

Wagenmakers, E.-J., et al. (2016). Registered replication report: Strack, Martin, & Stepper (1988). Perspectives on Psychological Science, 11(6), 917–928.
Watzlawick, P./Beavin, J. H./Jackson, D. D. (2003). Menschliche Kommunikation. Formen, Störungen, Paradoxien. Bern: Hans Huber (10. Aufl.).
Zimbardo, P. (1992). Psychologie. Berlin: Springer (5. Aufl.).
Zimbardo, P. (2008). Der Luzifer-Effekt. Die Macht der Umstände und die Psychologie des Bösen. Heidelberg: Spektrum Akademischer Verlag.
Zimmer, M. (2010). Der Dialog. Ein Quantenphysiker, ein Weltlehrer, ein Psychotherapeut und ein Religionsphilosoph. https://www.academia.edu/19516274/Der_Dialog_Ein_Quantenphysiker_ein_Weltlehrer_ein_Psychotherapeut_und_ein_Religionsphilosoph_Update_Dec.06.2015 (abgerufen am 26.02.2020).

Zum Autor

Mag. Dr. Michael Benesch, Jahrgang 1968, geboren in Innsbruck, Österreich, studierte Psychologie mit den Schwerpunkten Psychologische Diagnostik sowie Empirische Methoden an der Universität Wien. Als Arbeitspsychologe und Berater setzt er seit fast zwanzig Jahren schwerpunktmäßig auf den Dialog und hat mehrere unterschiedliche Zugänge zu einem Beratungskonzept verdichtet, das in seinem nunmehr zweiten Buch zum Dialog vorgestellt wird, in welchem es weniger um die Begleitung von Gruppen, sondern mehr um die einzelberaterischen Aspekte geht.

Im Rahmen von Change-Management-Prozessen in öffentlichen Institutionen und privaten Unternehmen setzt der Autor aber nach wie vor in Gruppensettings auch sehr auf die dialogische Kommunikation, die er als Ausbilder und Trainer auch in unterschiedlichen multilateralen EU-Projekten lehrt.

Homepage: www.benesch.co.at
Kontakt: office@benesch.co.at

Personenregister

Anderson 53
Antons 177
Ariely 21
Asch 22, 203

Bach 135f.
Badrinath 147
Bandler 117, 120
Barenboim 110
Bateson 26, 44, 180, 197
Bauer 17
Bean 54ff.
Benesch 45, 213, 227
Berkeley 24
Bert 16
Bohm 7, 9, 11, 28, 33ff., 38, 40f., 44, 49, 52, 71, 90f., 131, 134, 156
Brandsma 113
Broca 56
Buber 9, 33, 42, 47, 61ff., 129f.
Burhard 147, 149
Busch 149

Cialdini 18, 27
Coleridge 42
Csikszentmihalyi 92, 106, 156

Damasio 71, 80f., 83f., 94
Darwin 17
de Geus 162
Descartes 41
Deutsch 76f.

Eibl-Eibesfeldt 37
Ekman 39, 48f., 196
Ent 27
Epiktet 29, 49
Erickson 91, 108, 116
Esgate 199

Farrelly 113
Föger 19
Förstl 16
Frankl 182, 186f.
Fröhlich 16

Gastaut 16
Gigerenzer 18ff.
Glasersfeld 30
Gould 56
Grammer 111f.
Grawe 146, 179
Grinder 117, 120
Groome 199
Gross 50f.
Gerrig 14, 22, 27

Hartkemeyer 23, 33, 58, 156
Hauser 138f.
Hebb 179
Heider 14
Herkner 20, 22, 203
Hess 37
Hofstetter 149

Isaacs 9, 23, 33, 109f., 130, 136ff., 156, 179, 197, 200

Jensen 136

Kandel 84, 178
Kant 24
Kelley 14
Kirsch 63
Kuhl 7, 71f., 74, 89, 98ff., 185, 187, 191ff.

Langer 200f.
Larson 39
Levenson 37
Lofting 144
Lorenz 19

Mall 56
Mandl 139
Martens 187
Maturana 25, 29
McDermott 153
Mead 13
Mehrabian 204
Mischel 80
Müller-Christ 146

Norton 146

O'Connor 153

Pascual-Leone 178
Pawlow 146
Peschl 145
Piaget 31f.
Pietschmann 41, 147
Platon 24, 41
Poincaré 149
Pöppel 105
Postel 53
Prechtl 147, 149
Prior 8, 104, 120, 122, 128

Radatz 122, 125
Richmond 154
Rizzolatti 17
Ross 15, 58
Rossi 91, 116
Roth 144
Rubinstein 178

Scharmer 33, 45, 48, 79
Schwaninger 206
Senge 33, 54, 58, 131, 134, 143, 145, 151, 155f., 162, 179, 196, 208ff.
Simmons 132
Sinigaglia 17

Smullyan 153
Spitzer 24, 58, 97, 178, 202, 205f.
Stavemann 14
Steel 76
Storch 7, 38, 89f., 185, 191ff.
Strack 39f., 76f.
Suls 113

Taschwer 19
Tax 197
Tewes 16
Tschacher 90
Tuckman 136

Vaassen 57
Varela 25, 29f.
von Ameln 24, 29f.
von Förster 16, 29
von Glasersfeld 30

Wagenmakers 40
Watzlawick 26, 53f., 92, 152
Wessling 146
Wildgrube 16

Zappa 18
Zimbardo 13f., 22, 27, 34, 144, 154ff.

Sachregister

12 dialogische Kompetenzbereiche 156

Abbilder 31
Abbildfunktion 24, 32
Abstraktionsleiter 58, 60, 209
Achterbahn 52
Achtsamkeit/Zuhören 156f.
Adjourning 136
Affekt 71, 75, 79, 89, 91, 95ff., 103, 115, 124, 128, 172, 193f.
Affektwechsel 75
Alltagspsychologie 16, 36
Ambiguität 96, 98, 144ff., 158, 190
Ambiguitätstoleranz 74, 143, 190
Ambivalenz 144
Amygdala 89, 193
Ancient Mariner 42ff.
Ankerreiz 21
Annahmen 23, 30, 54, 58ff., 69, 71, 134, 137, 151, 156f., 159, 194f., 207, 210
Annahmen untersuchen 156f.
Antagonismus 74
Antizipierende Strategien 50
Aporie 147
Arbeitshypothese 124
Aristotelismus 41
Attributionsfehler 15
Attributionstheorie 14f.
Aufschieberitis 76, 115
Auftrag 161ff.
Auftragsklärung 161
Automatismus 20f., 41, 49, 157, 194, 201f.
Autopoietische Systeme 29
Autorität 27, 132
Autoritäten hinterfragen 156f.
Autoritätshörigkeit 27
Axiome 149

Ballade vom alten Seemann 42
Bauchgefühl 18ff.
Befehl und Gehorsam 59, 151
Begleitende Leitung 136ff.

Beobachten 28, 47, 200, 203
Beobachter 17, 30, 47, 52, 162
Beobachtung 52
Betrachten 47
Bewerten 200, 203
Bewertungen 18
Biasquellen 15
Blinder Fleck 25
Bottom-up-Prozesse 33f.
Bystander 138

Container 23
Corpus callosum 54

Denkalternativen 177
Denkfiguren respektieren 156, 158
Denkmuster 21, 104, 153, 157f., 177
Denkprodukt(e) 26, 34f., 108, 121f., 129, 150, 159, 164, 169
Denkprozesse 10, 35, 42, 81, 108, 121ff., 159, 164, 169, 191
Detailtreue 71ff., 79, 91f., 94f., 99f., 114, 123f., 171, 181, 183, 190
Detroit 20
Dialog-Facilitator 46, 60, 129, 132, 137, 163
Dialogisches Setting 22f., 147
Diskussion 56, 110, 133, 142, 147, 150, 167ff., 209
Dissonanzen 146, 159
Distinktheit 14
Doktor Dolittle 144
Doppelbotschaften 13
Dritte Möglichkeiten 147, 156, 158
Dual-Process-Modelle 76f.

Eins sein 156, 158
Ekel 17f., 49
Elliot 83, 87
Embodiment 36ff.
Emotion/en 10, 17ff., 34ff., 45, 48ff., 117, 119, 121, 140f., 144, 157, 159f., 171, 173, 175, 195

Sachregister

Emotionale Regulation 72, 80, 85f., 92ff., 98, 113, 115, 172ff.
Emotionsregulationsstrategien 50
Empathie 16, 45, 163
Entschleunigung 114, 143, 157, 169
Entspannungsübungen 101, 181
Entweder-oder 104, 125, 147, 158
Epistemologie 31
Erkunden 150ff.
Erleichterer 8, 11, 89, 104ff.
Essenzen 179
Es-Sprache 108
Experimente 17, 22, 31f., 135, 146, 177, 181, 199f.

Facial-Feedback-Hypothese 39
Fakten 47, 56, 79, 95, 97, 100, 145, 151, 173
Feedback 68, 86, 131, 146
Feedback, nicht Fehler 156, 160
Feeling 28, 36
Fehlerorientierung 79, 95
Felts 35f., 69, 159
Filter 26, 28, 54, 59
Filterprozesse 26
Filtertheorien 53
Flow 106, 108
Follower 138
Forming 136
Four-Player-Modell 138, 159
Fragmentierung 38, 40f., 159
Führung 132, 136

Gähnen 17
Ganzheitlichkeit
Gedächtnisspuren 200, 205f.
Gefühle 15ff., 36ff., 41f., 46ff., 81, 83, 125ff.
Gehirnaktivität 28
Gesamteindruck 150, 203
Gewissheit 106, 149, 205
Golf 78f.
Gruppendynamik 136f.
Gruppenmeinungen 22
Gruppenprozess 129, 136, 152, 195

Halo-Effekt 160, 203
Handlungen 17f., 27, 31, 59f., 80, 106, 160, 170, 192
Herzatmung 181f.
Herzdenken 45f.
Heuristik 18ff.
Hierarchien 47, 131, 162, 164
Holismus 71ff., 79, 91ff., 99ff., 113f., 121ff., 128, 181ff., 190f.
Humor 113ff.
Hypnose 93, 108
Hypothalamus 82
Hypothese 10, 47, 66, 89ff., 134, 146f., 171ff.

Ich-Du 61ff.
Ich-Es 61ff.
Ich-Orientierung 136
Implizit 9, 54, 65, 69, 78, 86, 91, 180, 203
In-der-Schwebe-Halten 137, 157
Inkohärenter Zustand 38
Inkonsistenz 146, 204
Innenfokussierung 104, 108, 112, 114, 116, 119, 126
Innenschau 15, 104
Inner State 42ff., 66f., 78, 84, 89, 104, 158ff.
Innere Quellen 45, 158
Innerer Zustand 29, 44f., 48
Innewerden 48, 101
Integration 74, 183, 190
Intelligenz 32, 45, 54ff., 58, 94

„Ja, aber"-Muster 207
Ja/Nein-Fragen 108, 121

Kausalattributionen 14
Kausalität 14, 118, 154, 159
Kernfähigkeiten 35
Kognition 14, 36, 38f., 49f., 72, 82, 84, 86, 173
Kognitive Interviews 199
Kommutativität 30f.
Konformität 22, 93
Konsens 14, 57
Konsistenz 14
Konstrukt 11, 57

Konstruktionen 11, 13, 18, 23, 25ff., 149, 158, 209
Konstruktivismus 23ff.
Kontrollerleben 97
Koordinatensystem 40
Kopfdenken 45f.
Körpersprache 157, 173, 204
Körperwahrnehmung 84, 185
Kovariationsprinzip 14f.

Leiter der Schlussfolgerungen 58f., 156–159
Lernerfahrung 48, 75, 96, 143f., 159, 177, 180, 206
Limbisches System 80
Lineares Denken 207
Linke Spalte 156, 209ff.

Matrix 23
Meinung ist nicht Person 156, 159
Mentale Modelle 27, 53ff., 65, 158f., 208ff.
Mentales Training 178
Milwaukee 20
Mimesis 16
Mitte 133
Modell „H" 159
Monologe 130
Motivation/Intention 75ff., 80,, 101ff., 113, 115, 186ff.
Mover 138
Möwe Jonathan 135
Muster 205
Musterunterbrechung 113, 122, 173

Nähe 22, 41f., 106, 158
Neuroplastizität 159, 177
Nominalisierung 117
Normalzustand 104, 107, 119, 125f.
Normen 136, 147
Norming 136

Oberflächenstruktur 121
Opposer 138, 140f.

Paarungsverhalten 53f.
Paraphrasieren 198

Partizipation 197f.
Pauschalisierungen 58
Performing 136
Personal Mastery 143, 145ff.
Persönlichkeitspsychologie 21, 69
Persönlichkeitswandel 83
Perspektivenwechsel 174, 199
Peyote 197
Placebo 200f.
Plädieren 150f., 159, 209
Präfrontaler Cortex 80, 83, 87
Prinzipien 175f.
Problemverschiebung 155, 160
Prokrastination 76, 97, 115
Prozess 117
Psychoanalyse 57

Quick and Dirty 77

Rahmenbedingungen 129ff., 205
Räuber-Beute-Beziehung 152
Reaktionsfokussierte Strategien 50
Realität 24, 29ff., 56, 145, 148, 155
Redesymbol 10, 15, 129f., 133, 164ff.
Reduktionismus 70f.
Reflexion 57, 98, 164, 167, 211
Reflexionsrunde(n) 131, 147, 152
Regression 154
Regulation der eigenen Emotionen 49
Rekognitionsheuristik 20
Rezeptoren 179
Ritual 44
Rohe Emotionen 88

Savant-Syndrom 16
Schachfiguren 26, 121, 150
Schlussfolgerungen 15, 26, 35, 56, 58ff., 96, 155ff., 209
Schnellschüsse 18, 21, 157, 202
Schnürsenkel 28
Schwarz-Weiß-Denken 147, 176
Schwarz-Weiß-Sichtweisen 146
Schweigen 197f.
Selbst 11, 71, 79, 81, 84, 107, 113, 121f., 124f., 128, 174, 182, 190ff.

Selbstbremsung 102
Selbsterfüllende Prophezeiungen 15, 155
Selbstkonfrontation 99, 183
Selbstkritische Distanz 159, 186
Selbstmotivierung 101f.
Selbstreflexion 163
Selbstwachstum 71, 79, 95, 100, 113f.
Selektion 59f.
Selektionsprozesse 53
Self-fulfilling Prophecies 15
Self-serving Bias 15
Sender-Empfänger-Modell 90, 129, 150, 204
Sitzkreis 129f., 133, 163
Skalierungsfragen 123f.
Somatische Marker 82ff., 185
Sowohl-als-auch 104, 158
Sozialer Druck 21ff.
Sozialisation 13
Spiegelneurone 17f.
Spiritualität 45f.
Sprachmuster 107f.
Spuren im Gehirn 34, 205
Stanford-Prison-Experiment 154f.
Storming 136
Stoßmich-Ziehdich 144
Stress 97f.
Synapsen 24, 177, 179
Synchronisierung 90, 109, 111f., 119, 127, 129, 150, 204
System 1 76
System 2 76
Systemarchetypen 23, 155f.
Systemisches Denken 152

Talking-Stick 130, 133
Teamlernen 162
Techniken 121, 156, 179ff., 194, 199,
Tertium non datur 148, 158
Teile-Persönlichkeit 120
Thatcher-Effekt 207
Theory of Mind 15ff.
Thinking 33ff.
Thought 33ff.
Tiefenstruktur 120f.
Top-down-Prozesse 33f.

Trance 66, 108, 121
Trigger feature 200f.
Übungen 177ff.
Unbestimmte Verben 117
Unbestimmter Inhaltsbezug 117
Unbewusstes 11, 89, 104, 108, 117f.
Urteile 20f., 46, 157

Verantwortung 15, 49, 65, 93, 108, 110, 132, 141, 156, 160, 175, 180
Verfügbarkeitsheuristik 20
Verhaltensfragen 123f.
Verhaltensmuster 45, 124, 155, 183, 206
Verlangsamung 114, 156f., 197
Verstand 18, 58, 77, 83, 88, 93, 96, 103ff., 116f., 120, 192
Viabilität 30, 69
Visionen 143, 145, 148, 159
Vorannahmen 28, 54, 57, 137, 201, 209
Vorurteile 24, 26ff., 54ff., 65, 109, 150, 205, 208

Wahrnehmungssystem 119, 121, 126f.
Waldläufer 30, 69
Wäschelisten-Denken 154
Weg des Lernenden 156, 159
Wenn-dann-Denkweisen 153, 208
W-Fragen 121f.
Widerstand 45, 61, 86, 91, 108, 113, 116, 133f., 148, 168
Wirklichkeit 24, 26, 29f., 54, 57, 113, 145, 147f., 200, 203
Wir-Orientierung 136
Wissenschaft 12, 55f., 149
Wortpaare 61, 63
Wurzeln offenlegen 156, 159

Zeitrahmen/Örtlichkeit 161, 163f.
Zielgruppe 161, 163
Zwischenmenschliches 129
Zynismus 46